3096 dias

NATASCHA KAMPUSCH

Com Heike Gronemeier e Corinna Milborn

3096 dias

Tradução
Ana Resende

20ª edição

Rio de Janeiro-RJ / São Paulo-SP, 2025

VERUS
EDITORA

Editora: Raïssa Castro
Coordenadora Editorial: Ana Paula Gomes
Copidesque: Maria Lúcia A. Maier
Revisão: Ana Paula Gomes
Projeto Gráfico: André S. Tavares da Silva
Diagramação: Daiane Avelino
Capa: Sabine Wimmer
Foto da capa: © Martin Moravek

Título original: *3096 Tage*

ISBN: 978-85-7686-107-2

Verus Editora Ltda. Rua Argentina, 171, São Cristóvão, Rio de Janeiro/RJ, 20921-380
www.veruseditora.com.br

CIP-BRASIL. CATALOGAÇÃO NA FONTE
SINDICATO NACIONAL DOS EDITORES DE LIVROS, RJ

K23t
20ª ed.

Kampusch, Natascha, 1988-
3.096 dias / Natascha Kampusch ; com Heike Gronemeier e Corinna Milborn ; tradução Ana Resende. - 20ª ed. - Rio de Janeiro, RJ: Verus, 2025.

Tradução de: 3096 Tage
ISBN 978-85-7686-107-2

1. Kampusch, Natascha, 1988- - Sequestro, 1998. 2. Vítimas de sequestro - Áustria. 3. Crianças desaparecidas - Áustria. I. Gronemeier, Heike, 1969-. II. Milborn, Corinna III. Título.

10-6222 CDD: 920.93628297
CDU: 929:343.433

Revisado conforme o novo acordo ortográfico

O trauma psicológico é o sofrimento dos impotentes. Ele tem início no instante em que a vítima se torna indefesa diante de uma força que a subjuga. Quando essa força é da natureza, nós a chamamos de catástrofe. Quando é exercida por outros seres humanos, nós a chamamos de violência. Eventos traumáticos sobrepujam os sistemas habituais de cuidado que oferecem às pessoas a sensação de controle, pertencimento e sentido.

JUDITH HERMAN, *Trauma and Recovery*

SUMÁRIO

MUNDO FRÁGIL

Minha infância na periferia de Viena

Minha mãe acendeu um cigarro e deu uma longa baforada.

– Já está escuro lá fora. Pense em tudo o que podia ter acontecido com você! – e balançou a cabeça.

Meu pai e eu passamos a última semana de fevereiro de 1998 na Hungria, onde ele comprara uma casa para passar os fins de semana em uma pequena aldeia não muito longe da fronteira. Era um lugar imundo, com paredes úmidas e gesso caindo. Durante alguns anos, ele reformou a casa e a mobiliou com móveis antigos e bonitos para que se tornasse habitável. Apesar disso, eu não gostava muito de ir para lá. Meu pai tinha muitos amigos na Hungria com os quais frequentemente se encontrava e, graças ao câmbio favorável, sempre bebia um pouco mais do que devia. Nos bares e restaurantes que frequentávamos à noite, eu era a única criança do grupo e costumava ficar sentada por lá, quieta e entediada.

Também dessa vez relutei em viajar com ele. O tempo parecia passar lentamente, e eu me irritava por ser pequena, dependente e não poder dizer o que queria fazer. Mesmo quando, no domingo, visitamos as termas próximas, não consegui demonstrar entusiasmo.

De má vontade, caminhei pela área de banhos até que uma conhecida veio falar comigo:

– Quer tomar uma limonada?

Assenti e a segui até o café. Era uma atriz que vivia em Viena. Eu a admirava porque ela irradiava grande tranquilidade e era muito segura. Além disso, tinha a profissão com a qual eu sonhava em segredo. Depois de alguns minutos, respirei fundo e falei:

– Sabe, queria muito ser atriz. Você acha que vou conseguir?

Ela sorriu para mim.

– Claro, Natascha! Você será uma grande atriz, se é isso o que quer!

Meu coração saltou dentro do peito. Esperava não ser levada a sério ou ser ridicularizada – como costumava acontecer.

– Quando chegar a hora, eu a ajudarei! – ela prometeu, pondo a mão em meu ombro.

No caminho de volta para a piscina, eu pulava animada e dizia para mim mesma: "Posso fazer qualquer coisa, basta querer e acreditar em mim". Estava leve e alegre, como há muito não me sentia.

Mas minha euforia durou pouco. Já estava ficando tarde e meu pai não fazia o menor esforço para deixar o local. Quando finalmente chegamos em casa, ele não parecia ter pressa. Ao contrário, queria dormir. Eu olhava nervosa para o relógio. Tínhamos prometido a minha mãe que estaríamos em casa por volta das sete horas – eu tinha aula no dia seguinte. Sabia que eles brigariam se eu não chegasse na hora. Enquanto ele roncava no sofá, o tempo passava implacavelmente. Quando meu pai finalmente acordou e decidiu voltar para casa, já estava escuro. Sentei zangada no banco de trás do carro e não disse uma só palavra. Se não conseguíssemos chegar na hora, minha mãe ficaria zangada, e tudo o que fora tão bom durante a tarde acabaria de repente. Como sempre, eu estava no meio da confusão. Os adultos estragavam tudo. Quando meu pai comprou um chocolate no posto de gasolina, enfiei-o todo na boca, de uma vez.

Só às oito e meia da noite, com uma hora e meia de atraso, chegamos ao conjunto habitacional de Rennbahn.

– Deixo você aqui do lado de fora e você corre para casa – meu pai falou, me beijando.

– Te amo – murmurei, como sempre fazia na despedida.

Então corri pelo pátio escuro até a escada e abri a porta. Na entrada, encontrei um bilhete da minha mãe junto ao telefone: "Fui ao cinema. Volto mais tarde". Pus minha bolsa no chão e hesitei por alguns instantes. Então escrevi um bilhete, dizendo que esperaria por ela com a vizinha do andar de baixo. Mais tarde, quando ela veio me buscar, estava fora de si:

– Onde está seu pai? – gritou.

– Ele não veio, me deixou aqui em frente – respondi tranquilamente. Eu não era culpada pelo atraso e também não podia explicar por que ele não tinha me acompanhado até a porta de casa. Mas me sentia culpada.

– Meu Deus! Vocês se atrasaram e eu fiquei esperando, preocupada. Como ele pôde deixar você caminhar sozinha pelo pátio? No meio da noite? Podia ter acontecido alguma coisa com você! Mas uma coisa eu lhe digo: você não vai mais ver seu pai. Já estou farta, não aguento mais!

Quando eu nasci, em 17 de fevereiro de 1988, minha mãe já tinha 38 anos e duas filhas adultas. Minha meia-irmã mais velha nasceu quando ela tinha 18 anos; a segunda, um ano depois. Era fim da década de 1960. Minha mãe estava sobrecarregada com as duas crianças pequenas e se sustentava sozinha – tinha se separado do pai das meninas depois do nascimento da segunda. Não foi fácil para ela sustentar a pequena família. Teve de lutar muito, ser prática e dura consigo mesma para poder criar as filhas. Não havia espaço para sentimentalismos ou incertezas, para lazer ou leveza em sua vida. Aos 38 anos, com as duas filhas adultas, pela primeira vez em muito tempo ela estava livre dos deveres e preocupações da criação das meninas. E foi justo nesse momento que eu nasci. Minha mãe não contava com uma nova gravidez.

A família em que nasci estava, na verdade, dissolvendo-se novamente. Virei tudo de cabeça para baixo: minha mãe teve de procurar todas as coisas de bebê, e o dia a dia precisou ser ajustado às novas necessidades. Mesmo tendo sido recebida com alegria e sendo tratada por todos como uma princesa, às vezes me sentia sobrando. Tinha de lutar por um lugar em um mundo em que todos os papéis já haviam sido atribuídos.

Meus pais estavam juntos havia três anos quando nasci. Eles se conheceram por intermédio de uma cliente da minha mãe. Como costureira experiente, mamãe ganhava o suficiente para ela e as duas filhas, costurando e consertando roupas para as mulheres da vizinhança. Uma de suas clientes era uma senhora da região de Süssenbrunn, em Viena, que, com o marido e o filho, cuidava de uma padaria e de uma pequena mercearia. De vez em quando, Ludwig Koch Junior acompanhava a mãe nas provas de roupa e sempre ficava um pouco mais que o necessário para conversar com minha mãe. Rapidamente ela se apaixonou pelo padeiro jovem e gorducho que a fazia rir com suas histórias. Após algum tempo, ele foi morar com ela e as duas meninas no grande conjunto habitacional na periferia ao norte de Viena. Ali a cidade se confundia com a paisagem rural da planície de Marchfeld, sendo difícil identificar uma e outra. A região era confusa, sem centro nem identidade. Tudo parecia possível, o acaso reinava. Zonas comerciais e fábricas eram construídas em áreas desocupadas, onde cachorros dos conjuntos habitacionais próximos perambulavam na grama alta. Em meio a tudo isso, os camponeses lutavam para manter sua identidade, que havia muito perdera suas cores, assim como a fachada das pequenas casas do período Biedermeier. Relíquias de épocas passadas foram substituídas por inúmeros conjuntos habitacionais – utopia dos planos de habitação –, construídos com grande balbúrdia sobre a planície verde e abandonados à própria sorte. Cresci em um dos maiores desses conjuntos.

O conjunto habitacional no Rennbahnweg foi planejado e construído na década de 1970 – era uma espécie de materialização de concreto da visão dos urbanistas, que queriam criar um novo ambiente para novas pessoas: famílias do futuro, felizes e trabalhadoras, residindo em modernas cidades-satélite com linhas simples, centros comerciais e excelente transporte público para Viena.

À primeira vista, o experimento parecia bem-sucedido. O complexo consistia de dois mil e quatrocentos apartamentos com mais de sete mil moradores. Os pátios entre os arranha-céus residenciais tinham medidas generosas e eram cobertos por árvores altas, e as áreas de recreação se alternavam com áreas de concreto e grandes espaços verdes. Pode-se imaginar os urbanistas colocando miniaturas de crianças brincando e de mães com carrinhos de bebê nos modelos, convencidos de que tinham criado um espaço para um tipo completamente novo de convivência social. Os apartamentos, empilhados em torres de até quinze andares, eram ventilados e tinham bom tamanho, em comparação com os prédios de apartamentos abafados e precários da cidade, pois possuíam varanda e banheiros modernos.

Mas, desde o início, o conjunto habitacional era uma espécie de estação de coleta para recém-chegados que queriam viver na cidade e, contudo, nunca tinham conseguido. Eram basicamente trabalhadores de outras províncias austríacas: da Baixa Áustria, da Burgenlândia e da Estíria. Aos poucos, foram chegando os imigrantes, com os quais os outros moradores brigavam diariamente por causa do cheiro da comida, das brincadeiras das crianças e do grau de tolerância ao barulho. Os ânimos na área tornaram-se mais agressivos, e o número de pichações nacionalistas e xenófobas aumentou. Nos centros comerciais, lojas de descontos foram abertas e, na frente delas, jovens e desempregados, que afogavam sua frustração na bebida, perambulavam durante o dia.

Hoje o conjunto habitacional foi reformado, os arranha-céus brilham em cores novas e o metrô finalmente foi terminado. Mas, durante minha infância, o Rennbahnweg era uma espécie de epicentro de conflitos sociais. Era perigoso atravessar a área à noite e, mesmo durante o dia, era desagradável abrir caminho entre os grupos de desordeiros que passavam o tempo nos pátios gritando grosserias para as mulheres. Minha mãe sempre apertava o passo nos pátios e nas escadas, enquanto segurava firme minha mão. Embora fosse uma mulher decidida e perspicaz, odiava a vulgaridade a que estava sujeita no Rennbahnweg. Tentava me proteger da melhor maneira possível: explicava por que não gostava que eu brincasse no pátio e por que achava a vizinhança vulgar. Eu era criança e não entendia o que ela dizia, mas, na maior parte das vezes, obedecia.

Lembro muito bem que, de vez em quando, eu resolvia descer e brincar no pátio. Preparava-me durante horas, imaginando o que diria para as outras crianças, e trocava de roupa várias vezes. Escolhia brinquedos para a caixa de areia e por fim os largava; pensava por muito tempo que boneca eu deveria levar para fazer amizade. Mas, quando eu descia, só ficava uns poucos minutos por lá – não conseguia superar o sentimento de não fazer parte do lugar. Tinha internalizado de tal forma a atitude negativa de meus pais que o próprio conjunto habitacional era um mundo estranho para mim. E preferia sonhar acordada, deitada na cama.

O quarto pintado de rosa com carpete claro e cortinas estampadas que minha mãe havia costurado e que nunca eram abertas, nem mesmo durante o dia, oferecia-me proteção. Nele, eu elaborava grandes planos e passava horas pensando aonde minha vida me levaria. De qualquer modo, eu sabia que não queria criar raízes no conjunto habitacional.

Nos primeiros meses de vida, fui o centro das atenções da família. Minhas irmãs cuidavam do novo bebê como se treinassem para mais tarde. Enquanto uma me alimentava e trocava minhas fraldas, a outra me levava no porta-bebê para o centro da cidade e passeava comigo para cima e para baixo nas ruas do comércio, onde os passantes costumavam se encantar com meu sorriso largo e minhas belas roupas. Quando elas contavam para nossa mãe, ela ficava radiante – se preocupava muito com minha aparência e me vestia, desde pequena, com as roupas bonitas que costurava por noites a fio. Escolhia tecidos especiais, folheava revistas de moda à procura dos últimos modelos e comprava acessórios em butiques. Todas as peças eram combinadas, até as meias. Em uma vizinhança na qual muitas mulheres andavam com bobes no cabelo e a maior parte dos homens ia ao supermercado usando calças de moletom, eu me vestia como uma pequena modelo. Essa ênfase exagerada na aparência não era apenas uma tentativa de nos distinguir do ambiente; era também a maneira pela qual minha mãe demonstrava seu amor por mim.

Com sua natureza enérgica e decidida, era difícil para ela demonstrar emoções. Não era o tipo de pessoa que pegava uma criança no colo e a abraçava. Assim como as lágrimas, manifestações de afeto excessivas a incomodavam. Como ela teve de amadurecer rapidamente com a gravidez precoce, com o tempo desenvolveu uma espécie de armadura. Não se permitia nenhuma "fraqueza" e não a tolerava nas outras pessoas. Quando pequena, eu a via frequentemente combater resfriados apenas com a força de vontade e observava, fascinada, como ela retirava, sem hesitar, a louça fumegante da máquina de lavar. "Um índio não sabe o que é dor" era seu credo, e, segundo ela, um pouco de severidade não fazia mal, até ajudava a se estabelecer no mundo.

Meu pai, nesse aspecto, era o oposto. Ele me recebia de braços abertos quando eu queria carinho e fazia muitas brincadeiras comigo – quando estava acordado. Na época em que ainda morava conosco, eu o via sempre dormindo. Ele gostava de sair à noite e beber generosamente com os amigos. E era pouco afeito ao trabalho. Herdara a padaria do pai, mas nunca se entusiasmara com o negócio. Sua maior aflição era ter de levantar cedo. Costumava ficar nos bares e, quando o alarme tocava às duas horas da manhã, mal conseguia se levantar. Depois de entregar o pão, roncava horas a fio no sofá. Sua enorme barriga redonda subia e descia de modo impressionante diante de meus olhos infantis e fascinados. Eu brincava com aquele homem grande e sonolento: colocava ursos de pelúcia em seu rosto, enfeitava-o com fitas e laços, vestia-lhe bonés e pintava suas unhas. À tarde, quando ele acordava, costumava me girar no ar e tirar das mangas pequenas surpresas, como por mágica. Então saía de novo para os bares e cafés da cidade.

Minha referência mais importante na época era a minha avó. Com ela – que dirigia a padaria com meu pai –, eu me sentia completamente à vontade e segura. Ela morava a poucos minutos de casa, mas parecia um outro mundo. Süssenbrunn é uma das vilas antigas na periferia ao norte de Viena, e a cidade em expansão não era capaz de mudar suas características rurais. Vielas tranquilas ladeavam casas particulares antigas com jardins nos quais ainda se plantavam vegetais. A casa de minha avó, que incluía uma pequena mercearia e a padaria, ainda tinha a aparência da época do império.

Minha avó era de Wachau, uma região pitoresca no vale do Danúbio, onde videiras eram plantadas em terraços ensolarados. Seus pais eram viticultores, e, como era costume na época, minha avó teve de ajudar na viticultura desde muito pequena. Ela falava com tristeza e nostalgia da juventude naquela região, que foi transformada, nos filmes de Hans Moser da década de 1950, em um idílio encantador. Na verdade, sua vida naquela paisagem pitoresca girava, sobretudo, em torno de trabalho, trabalho e mais trabalho. Um dia, na balsa que levava as pessoas de um lado ao outro do Danúbio, conheceu um padeiro de Spitz e, decidida a agarrar a oportunidade de fugir daquela vida predestinada, casou-se com ele. Ludwig Koch Senior era vinte e quatro anos mais velho que ela, e é difícil imaginar que o amor fosse a única motivação para a decisão de se casar. Mas, durante toda sua vida, ela falou com grande respeito do marido, que eu não conheci, porque ele faleceu pouco depois de meu nascimento.

Apesar de todos esses anos na cidade, minha avó continuou a ser uma mulher de modos rústicos e um pouco esquisita. Usava saias de lã e, por cima, aventais floridos, fazia cachos no cabelo e cheirava a comida e a unguento. Sempre que eu encostava o rosto em sua saia, aquele cheiro me envolvia. Eu gostava até do leve odor de álcool que sempre a rodeava. Sendo filha de um casal de viticultores, ela bebia em todas as refeições um grande copo de vinho, como se fosse água, sem nunca demonstrar o menor sinal de embriaguez. E continuou fiel aos costumes, cozinhando em um antigo fogão a lenha e limpando as panelas com uma escova de arame antiquada. Dedicava-se às flores com especial devoção. No grande quintal atrás da casa, havia diversas panelas, baldes e uma gamela grande e antiga sobre lajes de concreto que, na primavera e no verão, se transformavam em pequenas ilhas para flores violeta, amarelas, brancas e cor-de-rosa. No pomar vizinho, cresciam damascos, cerejas, ameixas e muitas groselhas. O contraste com o conjunto habitacional no Rennbahnweg não podia ser maior.

Em meus primeiros anos de vida, minha avó foi para mim o epítome de um lar. Frequentemente eu passava a noite na casa dela e deixava que me mimasse com chocolates, aconchegando-me a ela no sofá velho. À tarde, eu visitava uma amiga na vila, cujos pais tinham uma pequena piscina no jardim. Andava de bicicleta com outras crianças da rua e explorava, curiosa, uma vizinhança por entre a qual tinha liberdade para circular. Mais tarde, meus pais abriram uma loja ali, e era bastante comum que eu atravessasse de bicicleta a distância até a casa de minha avó para uma visita-surpresa. Lembro que ela costumava estar debaixo do secador de cabelo e não ouvia a campainha nem as batidas na porta. Então eu escalava a cerca, me esgueirava por trás de minha avó e achava muito engraçado assustá-la. Ainda com os bobes no cabelo, ela me expulsava pela cozinha, rindo e dizendo:

– Espera até eu te pegar!

E me punha de "castigo" trabalhando no jardim. Eu adorava colher com ela as cerejas vermelho-escuras da árvore ou pegar com cuidado os galhos carregados de groselhas dos arbustos.

Mas minha avó não me oferecia apenas uma parte da infância divertida e despreocupada – também aprendi com ela a criar espaço para os sentimentos em um mundo que não os permitia. Quando eu a visitava, costumava acompanhá-la quase que diariamente ao pequeno cemitério, que ficava um pouco fora dos limites da vila, em campo aberto. A sepultura de meu avô, com sua pedra negra e reluzente, ficava na parte de trás de uma trilha nova de pedras, próxima ao muro. No verão, o sol batia nas sepulturas e, exceto pelo barulho de um automóvel que ocasionalmente passava pela estrada principal, só se ouvia o rumor dos grilos e dos bandos de pássaros voando. Minha avó depositava flores novas na sepultura e chorava tranquilamente. Quando eu era pequena, sempre tentava consolá-la:

– Não chore, vovó. O vovô quer ver você sorrindo!

Depois, já em idade escolar, percebi que as mulheres da família, que no dia a dia não queriam demonstrar fraqueza, precisavam de um lugar para dar vazão aos sentimentos. Um lugar protegido, só delas.

Conforme fui crescendo, comecei a me entediar com as tardes passadas com as amigas de minha avó, que frequentemente se juntavam a nós para visitar o cemitério. Embora gostasse de comer tortas e conversar com as velhas senhoras, não sentia mais prazer em me sentar em salas de estar antiquadas com móveis escuros e toalhinhas de centro, nas quais não se podia tocar em nada, enquanto aquelas senhoras elogiavam os netinhos. Na época, minha avó se ressentiu por eu ter "dado as costas" a ela.

– Acho que vou procurar outra netinha para mim – disse certo dia.

E fiquei profundamente magoada quando ela começou a dar sorvetes e doces para uma menina pequena que sempre ia à loja.

Esse desentendimento foi resolvido, mas, desde então, minhas visitas a Süssenbrunn tornaram-se menos frequentes. De qualquer forma, minha mãe tinha uma relação tensa com a sogra, e não era inconveniente para ela que eu agora não passasse mais as noites com minha avó. Embora nossa relação, como costuma ocorrer com avós e netos, fosse limitada, em virtude do horário da escola pública, ela sempre foi meu norte, pois me dava uma sensação de segurança e proteção que eu não tinha em casa.

Três anos antes do meu nascimento, meus pais abriram uma pequena mercearia com um café contíguo no conjunto habitacional Marco Polo, que ficava a mais ou menos quinze minutos de carro do Rennbahnweg. Em 1988, eles compraram uma mercearia na Pröbstlgasse, em Süssenbrunn, a poucas centenas de metros da casa da minha avó, na estrada principal da vila. Em uma casa rosa de esquina, antiga, de um piso só, com uma porta antiquada e um balcão da década de 1960, vendiam pães e bolos, petiscos, jornais e revistas especiais para motoristas de caminhão, que tinham ali a última parada na estrada principal da periferia de Viena. Nas prateleiras, havia mercadorias para as necessidades cotidianas, que as pessoas ainda compravam na mercearia, mesmo que há muito elas pudessem ser encontradas no supermercado: embalagens pequenas de sabão em pó, macarrão, sopas instantâneas e, sobretudo, doces. No pequeno quintal, havia uma câmara frigorífica antiga, pintada de rosa.

Mais tarde, as duas lojas – e a casa de minha avó – se tornariam o ponto central de minha infância. Na loja do conjunto habitacional Marco Polo, passei incontáveis tardes após o jardim de infância ou a escola, enquanto minha mãe se ocupava da contabilidade ou atendia os clientes. Eu costumava brincar de esconde-esconde com outras crianças ou rolava pela pequena pista de esqui que a prefeitura construíra. O conjunto habitacional era menor e mais tranquilo que o nosso: eu podia andar livremente e era fácil fazer amigos. Da loja, podia observar os clientes no café – eram donas de casa, homens que saíam do trabalho e outras pessoas que, já no fim da manhã, tomavam a primeira cerveja e pediam um sanduíche para acompanhar. Essas lojas estavam desaparecendo aos poucos da cidade, mas, graças ao maior tempo de funcionamento, à venda de bebidas e ao atendimento personalizado, constituíam um nicho importante para muitas pessoas.

Meu pai era responsável pela padaria e pela entrega dos pães e bolos, e minha mãe se ocupava de todo o resto. Quando eu tinha mais ou menos 5 anos, ele começou a me levar em suas viagens. Íamos na caminhonete pelos vastos subúrbios e vilas, parando em tabernas, bares e cafés, em barraquinhas de cachorro-quente e pequenas lojas. Por isso, eu conhecia melhor a região ao norte do Danúbio que outras crianças da minha idade – e passava mais tempo em bares e cafés do que convinha. Aproveitava enormemente o tempo que passava com meu pai e me sentia muito adulta e levada a sério. Mas os passeios pelos bares também tinham aspectos desagradáveis.

– Que gracinha de menina!

Ouvi essa frase milhares de vezes. Embora fosse um elogio e eu estivesse no centro das atenções, não tenho boas lembranças disso. As pessoas que apertavam minhas bochechas e compravam chocolate para mim eram completas estranhas. Além disso, eu odiava ser o centro das atenções contra minha vontade, e isso me deixava com um profundo sentimento de aflição.

Nesse caso, era meu pai que gostava de se apresentar comigo diante dos clientes. Ele era um homem jovial, que apreciava grandes entradas, e a filha pequena em roupinhas impecáveis era um acessório perfeito. Ele tinha amigos por toda parte, mas, mesmo quando criança, eu percebia que nem todas aquelas pessoas eram realmente próximas dele. A maioria o deixava pagar uma bebida ou pegava dinheiro emprestado dele. Em sua busca por aprovação, ele pagava satisfeito.

Naqueles bares do subúrbio cheios de fumaça, eu me sentava em bancos altos e ouvia os adultos que se interessavam por mim apenas nos primeiros instantes. Eram, na maioria, desempregados, que passavam por dificuldades, bebiam cerveja e vinho e jogavam cartas durante o dia. Muitos deles já haviam tido uma profissão: tinham sido professores ou funcionários públicos, mas, em algum momento, perderam o rumo. Hoje isso se chama síndrome de *burnout*. Na época, era a regra no subúrbio.

Raramente alguém perguntava o que eu fazia nesses locais. A maioria achava normal minha presença ali e era exageradamente afável.

– Grande garota! – meu pai dizia de modo apreciativo, dando-me um tapinha na bochecha.

Quando alguém comprava doces ou limonada para mim, esperava pela recompensa:

– Dá um beijinho no tio. Dá um beijinho na tia.

Eu evitava esse contato mais íntimo com estranhos, dos quais me ressentia por roubarem a atenção de meu pai, que era minha. Esses passeios tinham reviravoltas constantes: em um momento, eu era o centro das atenções, era apresentada com orgulho e recebia um doce; no seguinte, mal prestavam atenção em mim, e eu podia até ser atropelada por um carro sem ninguém perceber. Essa oscilação entre atenção e negligência em um mundo de relações superficiais acabava com a minha autoconfiança. Aprendi a ser o centro das atenções e a me manter ali tanto quanto possível. Hoje percebo que essa atração pelos palcos – e o sonho de ser atriz que eu tinha desde pequena – não era uma escolha minha. Era uma maneira de imitar meus pais extrovertidos – e um modo de sobreviver em um mundo em que ou o admiram ou o ignoram.

Pouco depois, essa tensão entre atenção e negligência, que minava minha autoconfiança, estendeu-se aos parentes mais próximos. O mundo da minha primeira infância começou lentamente a desmoronar. Primeiro, as fendas em minhas relações familiares eram tão pequenas e imperceptíveis que eu não podia vê-las nem me sentir culpada por ser a causa da discórdia. Mas, então, elas se tornaram maiores, até toda a estrutura familiar ruir. Meu pai percebeu muito tarde que fora longe demais e que minha mãe há muito decidira se separar. Ele continuava a viver uma vida extravagante como rei do subúrbio, que andava pelos bares e sempre comprava carros grandes e imponentes. Eram Mercedes ou Cadillacs com os quais ele queria impressionar os "amigos". E pegava dinheiro emprestado para isso. Mesmo quando me dava mesada, a pedia de volta pouco depois para comprar cigarros ou tomar um café. Pegou tantos empréstimos usando a casa da minha avó como garantia que, no fim, ela foi confiscada. Em meados da década de 1990, ele já acumulara tantas dívidas que pôs em risco a subsistência da família. Durante o refinanciamento, minha mãe se ocupou da mercearia na Pröbstlgasse e da loja no conjunto habitacional Marco Polo. Mas as fendas iam muito além da questão financeira. Minha mãe já estava cheia do marido que tanto festejava, mas que não conhecia a fidelidade.

E toda a minha vida mudou com a separação gradual de meus pais. Em vez de ser mimada e protegida, eles me deixavam de lado e discutiam alto durante horas. Enquanto um se trancava no quarto, o outro continuava a gritar na sala de estar. Quando eu tentava perguntar timidamente o que estava acontecendo, eles me colocavam no quarto, fechavam a porta e continuavam brigando. Sentia-me aprisionada e não entendia mais o mundo.

Com o travesseiro sobre a cabeça, tentava parar de ouvir aquelas discussões em voz alta e me transportar para minha primeira e alegre infância. Raramente isso ocorria. Eu não entendia por que meu pai, que já fora tão radiante, parecia agora desamparado e perdido e não tirava mais nenhuma surpresa da manga para me animar. Seu inesgotável estoque de balas de ursinho subitamente acabara.

Após uma briga violenta, minha mãe deixou o apartamento e não voltou por vários dias. Queria mostrar a meu pai como era não saber onde o parceiro estava – para ele, uma ou duas noites fora de casa não era nada excepcional. Mas eu era muito pequena para entender as razões dela e sentia medo. A percepção do tempo nessa idade é diferente, e a ausência de minha mãe parecia infinitamente longa. Eu não sabia se ela voltaria. O sentimento de abandono e de rejeição criou raízes profundas em mim. E começou uma fase da minha infância em que eu não encontrava mais o meu lugar no mundo e não me sentia mais amada. A criança pequena e autoconfiante deu lugar, aos poucos, a uma menina insegura, que deixou de confiar nos familiares.

Nessa época difícil, comecei a frequentar o jardim de infância. Foi uma etapa em que o controle externo sobre a minha vida, que eu não podia evitar quando pequena, chegou ao ponto máximo.

Minha mãe me matriculara em uma escolinha particular que não ficava muito distante de nosso conjunto habitacional. Desde o início, sentia-me incompreendida e muito pouco aceita, por isso comecei a odiar o jardim de infância. Logo no primeiro dia, tive uma experiência que estabeleceu a base dessa relação. Eu estava do lado de fora, no jardim, com outras crianças, e descobri uma tulipa que me encantou. Inclinei-me sobre ela e a segurei cuidadosamente para poder cheirá-la. A professora deve ter pensado que eu queria arrancar a flor e, com um movimento abrupto, bateu no dorso da minha mão. Gritei indignada:

– Vou contar para minha mãe!

Mas, à noite, tive de entender que ela não estava mais ao meu lado e que delegara a autoridade a outra pessoa. Quando lhe contei sobre o incidente – convencida de que ela me defenderia em solidariedade e que a professora seria repreendida no dia seguinte –, ela apenas disse que era assim no jardim de infância: era preciso seguir as regras. E, referindo-se ao incidente de modo superficial, disse:

– Não vou me meter porque eu não estava lá.

Essa frase tornou-se a resposta-padrão dela quando eu tinha problemas com as professoras do jardim de infância. E, quando eu contava sobre as zombarias das outras crianças, ela se limitava a dizer:

– Então você tem que revidar.

Eu tinha de aprender a lidar sozinha com as dificuldades. A época do jardim de infância transformou-se em um período difícil. Eu odiava regras estritas e me opunha a ter de descansar com as outras crianças no dormitório após o almoço, apesar de não estar cansada. As professoras executavam o trabalho de rotina, mas não se interessavam por nós de modo particular. Enquanto nos supervisionavam com um olho, liam romances e jornais, fofocavam e pintavam as unhas.

Demorei a fazer amizade com as outras crianças e, apesar de estar rodeada de meninos e meninas da minha idade, me sentia mais solitária do que antes.

"Os fatores de risco, sobretudo na enurese secundária, estão associados à perda em sentido amplo, como separação ou divórcio dos pais, mortes, nascimento de irmãos, pobreza extrema, delinquência dos pais, privação, negligência, falta de apoio em etapas importantes do desenvolvimento."

É assim que o dicionário descreve as causas de um problema com o qual lutei nessa época. De menina precoce, que muito cedo deixou de usar fraldas, me transformei em criança que urinava na cama. Fazer xixi na cama se tornou um estigma que prejudicou toda minha vida e virou motivo de frequentes repreensões e zombarias.

Como eu me urinava repetidas vezes, minha mãe reagia sempre da mesma maneira. Ela pensava que era má-criação, que se podia corrigir com castigo e coerção. E me dava uma palmada no bumbum, enquanto perguntava com raiva:

– Por que você está fazendo isso comigo?

Ela se zangava, se desesperava e se sentia impotente. E eu continuava molhando a cama. Ela comprou um forro de borracha e o colocou na minha cama. Foi uma experiência humilhante. Eu sabia, pelas conversas com as amigas da minha avó, que forros de borracha e roupas de cama especiais eram feitos para pessoas velhas e doentes. E eu queria ser tratada como mocinha.

Mas não conseguia parar. Minha mãe me acordava à noite para ir ao banheiro. Mas, quando eu molhava a cama, ela trocava o lençol e o pijama e me xingava. Muitas vezes, eu acordava seca e me orgulhava disso, mas ela acabava com minha alegria:

– Não se lembra que eu tive que trocar você de noite? – gritava. – Veja com que pijama está vestida!

Eram censuras às quais eu não podia me opor. Ela me castigava com desprezo e zombaria. Quando eu quis a roupa de cama da Barbie, ela riu – eu só a ganharia quando parasse de urinar na cama. E eu morria de vergonha.

Finalmente, ela começou a controlar quanto líquido eu tomava. Sempre tive muita sede, bebia bastante água, o dia todo. Mas agora a ingestão de líquidos era controlada. Durante o dia eu bebia pouco e, à noite, menos ainda. Quanto mais me proibiam de tomar água ou suco, mais sede eu tinha, até não conseguir pensar em mais nada. Cada gole e cada ida ao banheiro eram controlados e comentados, mas apenas quando estávamos sozinhas. O que as pessoas iriam pensar?

No jardim de infância, molhar a cama adquiriu uma nova dimensão. Agora também me urinava durante o dia. As crianças riam de mim, e as professoras simplesmente as incentivavam e, outras vezes, me ridicularizavam diante do grupo. Pensavam que a zombaria podia me levar a controlar melhor a bexiga. Mas a humilhação piorou o problema. Ir ao banheiro e tomar um copo de água tornaram-se uma tortura. Elas me forçavam a fazer essas coisas quando eu não queria e me proibiam quando eu precisava delas desesperadamente. Tínhamos de pedir permissão para ir ao banheiro. No meu caso, toda vez que eu perguntava, diziam:

– Mas você acabou de ir. Por que quer ir de novo?

Inversamente, elas me obrigavam a ir ao banheiro antes de qualquer passeio, antes das refeições, antes do cochilo da tarde e me supervisionavam. Uma vez, as professoras suspeitaram que eu tivesse me molhado de novo e me forçaram a mostrar a calcinha para as outras crianças.

Quando eu saía de casa com minha mãe, ela sempre levava uma sacola com uma muda de roupa, o que aumentava minha vergonha e minha insegurança. Parecia que os adultos esperavam que eu me urinasse. E, quanto mais pareciam esperar, me xingando e ridicularizando, mais tinham razão. Era um círculo vicioso, do qual não consegui sair durante a escola primária. Eu continuava a ser a menina que fazia xixi na cama, que era ridicularizada, humilhada e estava sempre com sede.

Após dois anos de brigas e algumas tentativas de reconciliação, meu pai finalmente saiu de casa. Eu tinha 5 anos e, de um bebê feliz, havia me transformado em uma criança insegura e introvertida, que não gostava mais da vida e demonstrava isso de diferentes maneiras. Ora fugia, ora gritava, vomitava e tinha crises de choro diante da dor e do sentimento de incompreensão. Durante semanas, sofri com uma gastrite.

Minha mãe, que também estava muito abalada pela separação, transferiu para mim seu modo de lidar com a situação. Assim como ela suportava a dor e a incerteza e seguia corajosamente, exigia que eu engolisse o choro. Ela não conseguia lidar com o fato de que, por ser pequena, eu não estava em condições de fazê-lo. Quando eu ficava sensível demais para ela, ela reagia de maneira agressiva aos meus ataques. Reprovava minha autocomiseração e tentava me conquistar com prêmios ou me ameaçar com castigos, se eu não parasse.

Minha raiva daquela situação, que eu não conseguia entender, gradualmente se voltou contra a pessoa que ficou depois da saída de meu pai: minha mãe. Mais de uma vez eu a odiei a tal ponto que resolvi sair do apartamento. Embrulhei algumas coisas em minha bolsa de ginástica e me despedi. Mas ela sabia que eu não iria muito além da porta e comentou, disfarçando:

– Ok, se cuida!

Uma outra vez, tirei do quarto todas as bonecas que ela me dera e as enfileirei no corredor. Ela deveria entender que eu estava decidida a barrá-la do meu pequeno domínio no quarto. Mas, naturalmente, essas manobras contra minha mãe não resolviam meu problema. Com a separação de meus pais, eu tinha perdido meu ponto de apoio e não podia mais baseá-lo em pessoas que até então sempre estiveram ali para isso.

Eu sofria uma forma diária de violência – não era suficientemente brutal para ser considerada abuso, mas era uma indiferença tão grande que lentamente acabou com minha autoconfiança. Quando se fala em violência contra crianças, pensa-se em pancadas sistemáticas que resultam em ferimentos corporais. Eu não experimentei nada disso na infância. Antes, era uma mistura de repressão verbal e tapas "clássicos" que me mostrou que, como criança, eu era a parte mais fraca.

Não era nem a raiva nem o comportamento frio e calculista que estimulavam a violência de minha mãe, mas uma agressão crescente, que ardia como uma chama e se apagava rapidamente. Os tapas que eu recebia tornaram-se a parte mais dolorosa e humilhante de minha infância. Eu apanhava quando ela estava sobrecarregada e quando fazia algo errado. Quando eu ficava triste e ditados como "Meninas grandes não choram" ou "Índios não sentem dor" não secavam minhas lágrimas, ela me batia no rosto e dizia: "Assim pelo menos você vai saber por que está chorando". De vez em quando, eu levava um tapa na cara sem razão aparente: "Agora você já tem o que fazer". Ela odiava quando eu choramingava, fazia perguntas ou pedia explicações – também nessas ocasiões eu merecia apanhar. A maior humilhação eram os tapas com o dorso da mão, que ela dava rápido em minhas bochechas. O rosto inteiro ficava dormente, e as lágrimas brotavam de meus olhos.

Na época e naquela região, não era incomum tratar as crianças assim. Ao contrário, eu tinha uma vida muito mais "fácil" do que muitas crianças da vizinhança. No pátio, eu podia observar, de vez em quando, mães que gritavam com os filhos, os empurravam ao chão e batiam neles. Minha mãe nunca faria isso, e seu modo de me dar bofetadas casualmente não despertaria incompreensão. Mesmo quando ela me batia em público no rosto, ninguém interferia. Na maioria das vezes, porém, ela era elegante demais para correr o risco de ser pega em uma discussão. A violência aberta era algo para as outras mulheres do conjunto habitacional. Por outro lado, eu era obrigada a secar as lágrimas ou esfriar a face antes de sair de casa ou entrar no carro.

Ao mesmo tempo, minha mãe tentava aliviar a consciência pesada com presentes. Ela sempre competia com meu pai para ver quem comprava as roupas mais bonitas ou passeava comigo nos fins de semana. Mas eu não queria presentes. Nessa fase da minha vida, eu só precisava de alguém que me desse apoio e amor incondicionais. Meus pais não podiam fazer isso.

Um acontecimento da época da escola pública demonstra quanto eu internalizei o fato de que não podia esperar ajuda dos adultos. Eu tinha mais ou menos 8 anos e fui passar uma semana na sede da escola no interior, na província da Estíria. Eu não era uma criança atlética e não me atrevia às brincadeiras radicais com as quais as outras crianças passavam o tempo. Mas queria ao menos fazer uma tentativa no pátio do recreio.

A dor tomou conta do meu braço quando bati no chão ao cair do brinquedo. Queria me sentar, mas meu braço não me obedecia e caí para trás. O riso alegre das crianças, que brincavam ao meu redor no pátio do recreio, soou abafado em meus ouvidos. Eu queria gritar. As lágrimas corriam pelo meu rosto, mas eu não conseguia fazer barulho. Foi somente quando uma colega se aproximou que consegui pedir que ela chamasse a professora. A menina correu. Mas a professora a mandou de volta para me dizer que eu tinha que ir até lá se quisesse algo.

Tentei me levantar, mas não pude me mover por causa da dor no braço. Fiquei lá deitada, sem nenhuma ajuda. Somente depois de um tempo uma professora de outra classe me ajudou a levantar. Cerrei os dentes, não chorei e não reclamei. Não queria fazer confusão. Mais tarde, minha professora percebeu que havia algo errado comigo. Ela suspeitou que eu tivesse me machucado na queda e me deixou passar a tarde na sala de televisão.

À noite, eu estava deitada na cama do dormitório e mal podia respirar com a dor. E, ainda assim, não pedi ajuda. No dia seguinte, mais tarde, estávamos no zoológico de Herberstein, minha professora percebeu que eu estava seriamente machucada e me levou ao médico, que me enviou imediatamente ao hospital em Graz. Meu braço estava quebrado.

Minha mãe me pegou no hospital acompanhada do namorado. O novo homem na vida dela era conhecido – meu padrinho. Eu não gostava dele. A viagem de volta a Viena foi uma tortura. Durante três horas, ele reclamou que, graças à minha falta de jeito, eles tinham de fazer uma viagem tão longa de carro. Ela tentou acalmar os ânimos, mas ele não parava de reclamar. Eu estava sentada no banco traseiro e chorava baixinho. Envergonhava-me por ter caído e do trabalho que estava dando a todos. "Não se aborreça." "Não faça uma cena." "Não fique histérica." "Meninas grandes não choram." Esses lemas de minha infância, ouvidos mil vezes, me fizeram suportar por um dia e meio as dores em meu braço quebrado. Agora, durante a viagem na estrada, uma voz interior os repetia em minha cabeça, em meio às críticas do namorado de minha mãe.

Minha professora sofreu um processo disciplinar, porque não me levou imediatamente ao hospital. Era verdade que ela negligenciara o cuidado comigo. Mas eu também fora, em grande parte, negligente. A confiança em minha própria percepção, na época, era tão pequena que nem com um braço quebrado eu achava que podia pedir ajuda.

Nesse meio-tempo, papai me via apenas nos fins de semana ou quando me levava em uma de suas viagens. Ele também estava novamente apaixonado após se separar de minha mãe. Sua namorada era simpática, mas reservada. Uma vez, ela disse pensativamente para mim:

– Agora sei por que você é tão problemática. Seus pais não a amam.

Protestei em voz alta – mas a frase ficou na minha alma magoada de criança. E se ela tivesse razão? Afinal de contas, ela era adulta, e adultos sempre têm razão.

Durante vários dias, esse pensamento não me deixou.

Quando eu tinha 9 anos, comecei a compensar minha frustração com comida. Eu nunca fora uma criança magra e cresci em uma família em que a comida tinha um papel importante. Minha mãe era o tipo de mulher que podia comer o que quisesse sem engordar um grama, graças ao hipertireoidismo ou à personalidade ativa. Comia pão com banha de porco, bolo, porco assado com cominho, sanduíche de presunto e não engordava. E também não se cansava de enfatizar isso diante de outras pessoas:

– Posso comer o que quiser – assobiava, segurando uma fatia de pão com uma cobertura gordurosa.

Dela, herdei o exagero na comida, mas não a capacidade de queimar todas aquelas calorias.

Meu pai, ao contrário, era tão gordo que, quando eu era pequena, tinha vergonha de ser vista com ele. Sua barriga era enorme e muito esticada, como a de uma grávida de oito meses. Quando ele deitava no sofá, ela se erguia nas alturas como uma montanha, e eu sempre dava um tapinha nela, perguntando:

– Quando o bebê vai nascer?

Ele ria afavelmente. De seu prato, sempre se erguia uma pilha de carne e bolinhos, que nadavam em um verdadeiro mar de molho. Ele consumia porções enormes e continuava a comer quando não tinha mais fome.

Quando saíamos em nossos passeios de família – primeiro com minha mãe, depois com a nova namorada –, tudo girava em torno de comida. Enquanto outras famílias passeavam pelas montanhas, andavam de bicicleta ou visitavam museus, nós nos dirigíamos a destinos culinários. Íamos até uma cantina nova ou fazíamos passeios a hotéis no interior, em castelos, não pelas excursões históricas, mas para compartilhar os banquetes medievais: montes de carne e bolinhos, enfiados na boca com as mãos, e canecas cheias de cerveja – esse era um passeio bem ao gosto de meu pai.

Mesmo nas lojas em Süssenbrunn e no conjunto habitacional Marco Polo – que minha mãe assumiu depois de se separar de meu pai –, eu estava sempre cercada de comida. Quando minha mãe me pegava depois da escola e me levava para a loja, eu combatia o tédio com guloseimas: um sorvete, ursinhos de gelatina, um pedaço de chocolate, um pepino em conserva. Em geral, ela cedia – estava sempre ocupada demais para se preocupar com as coisas com que eu me empanturrava.

Mas comecei a comer demais sistematicamente. Devorava um pacote inteiro de chocolate, bebia uma garrafa grande de Coca-Cola, depois comia mais chocolate, até minha barriga ficar tão esticada que parecia que ia explodir. Mesmo quando eu não conseguia pôr mais nada na boca, continuava comendo. No último ano antes do sequestro, engordei tanto que de rechonchuda passei a ser uma criança realmente gorda. Fazia ainda menos exercício, as outras crianças me importunavam ainda mais, e eu compensava a solidão com mais comida. No meu décimo aniversário, eu pesava quarenta e cinco quilos.

Mamãe me frustrava ainda mais, dizendo:

– Gosto de você de qualquer jeito, não importa sua aparência.

Ou então:

– Uma criança feia só pode usar roupas bonitas.

Quando eu reagia, magoada, ela ria e explicava:

– Não estou falando de você, tesouro. Não seja tão sensível.

"Sensível" – nada podia ser pior que isso. Hoje sempre me espanto com o fato de que a palavra "sensível" pode ser empregada em sentido positivo. Em minha infância, era um xingamento para pessoas delicadas demais para este mundo. Eu desejava então ter podido ser frágil. Mais tarde, essa dureza que principalmente minha mãe me impôs salvou minha vida.

Cercada de todo tipo de doces, eu passava horas sozinha diante da televisão ou no quarto, com um livro na mão. Queria fugir da realidade, que só me trazia humilhação, rumo a outros mundos. Tínhamos em casa todos os canais de televisão, e ninguém se importava com o que eu assistia. Eu trocava de canal a esmo: via programas infantis, noticiário e filmes policiais, que me davam medo, mas cujo conteúdo eu absorvia como uma esponja. No verão de 1997, um assunto dominava os meios de comunicação: na região de Salzkammergut, fora presa uma quadrilha de pornografia infantil. Com medo, eu ouvia na televisão que sete homens tinham atraído com pequenas somas de dinheiro um número desconhecido de meninos até um quarto especialmente equipado em uma casa. Em seguida, eles foram violentados, e os vídeos gravados foram vendidos para todo o mundo. Em 24 de janeiro de 1998, mais um caso abalou a Alta Áustria. Vídeos que exibiam abusos de meninas de 5 a 7 anos foram distribuídos pelo correio. Um deles mostrava um homem atraindo uma garota de 7 anos da vizinhança até o sótão, onde ela foi violentada.

Fiquei ainda mais abalada com as notícias sobre os assassinatos em série de meninas que ocorriam na Alemanha. Lembro que não havia um único mês, na época da escola, em que não se noticiasse sobre uma garota sequestrada, violentada ou assassinada. As notícias não poupavam detalhes sobre as dramáticas operações de busca e as investigações da polícia. Eu via cães farejadores nas florestas e mergulhadores que buscavam os corpos das meninas desaparecidas em mares e lagos. E ouvia, repetidas vezes, os relatos dolorosos dos parentes: como elas haviam desaparecido enquanto brincavam ao ar livre ou simplesmente não voltaram mais da escola para casa. Como os pais desesperados haviam procurado por elas até receber a terrível notícia de que as filhas não seriam mais vistas com vida.

Os casos que chegavam aos meios de comunicação tinham uma presença tão grande que também conversávamos sobre eles na escola. Os professores explicavam como poderíamos nos proteger de ataques. Assistíamos a filmes em que meninas eram molestadas pelos irmãos mais velhos, ou meninos aprendiam a dizer "não" para os pais excitados. E os professores repetiam as advertências que nós, crianças, ouvíamos sempre em casa: "Nunca saiam com um estranho! Não entrem no carro de um desconhecido. Não aceitem doces! Atravessem para o outro lado da rua se algo estranho ocorrer".

Quando vejo hoje a lista de casos que ocorreram naqueles anos, fico tão abalada quanto na época:

- Yvonne (12 anos) foi assassinada em julho de 1995 no lago Pinnow, em Brandemburgo, porque reagiu a uma tentativa de estupro.
- Annette (15 anos), de Mardorf, no lago Steinhude, foi achada nua, violentada e assassinada em uma plantação de milho, em 1995. O assassino nunca foi encontrado.
- Maria (7 anos) foi sequestrada, violentada e abandonada em um lago em novembro de 1995, em Haldensleben, Saxônia-Anhalt.

- Elmedina (6 anos) foi sequestrada, violentada e asfixiada em Siegen, em fevereiro de 1996.
- Claudia (11 anos) foi sequestrada, violentada e queimada viva em maio de 1996, em Grevenbroich.
- Ulrike (13 anos) não voltou de um passeio com sua charrete puxada por um pônei, em 11 de junho de 1996. Seu corpo foi encontrado dois anos depois.
- Ramona (10 anos) desapareceu de um *shopping center*, em Jena, em 15 de agosto de 1996, sem deixar vestígios. Seu corpo foi encontrado próximo a Eisenach, em janeiro de 1997.
- Natalie (7 anos) foi sequestrada a caminho da escola, violentada e assassinada por um homem de 29 anos, em 20 de setembro de 1996, em Epfach, na Alta Baviera.
- Kim (10 anos), de Varel, na Frísia, foi sequestrada, violentada e assassinada em janeiro de 1997.
- Anne-Katrin (8 anos) foi encontrada morta por espancamento em 9 de junho de 1997, nas proximidades da casa dos pais, em Seebeck, Brandemburgo.
- Loren (9 anos) foi violentada e assassinada por um homem de 20 anos, em julho de 1997, no porão da casa dos pais, em Prenzlau.
- Jennifer (11 anos) foi atraída pelo tio até seu carro, violentada e estrangulada, em Versmold, próximo a Gütersloh, em 13 de janeiro de 1998.
- Carla (12 anos) foi atacada e violentada a caminho da escola e abandonada inconsciente em uma represa, em 22 de janeiro de 1998, em Fürth. Faleceu depois de cinco dias em coma.

Os casos de Jennifer e Carla me comoveram em particular. Após a prisão, o tio de Jennifer confessou que queria abusar sexualmente da menina em seu carro. Como ela se defendeu, ele a estrangulou e escondeu o corpo em um bosque. As notícias realmente me impressionavam. Os psicólogos entrevistados aconselhavam a não se defender dos ataques, para não pôr em risco a própria vida. Mais assustadoras eram as matérias na televisão sobre o assassinato de Carla. Ainda hoje vejo os repórteres – como eles ficavam diante do lago em Wilhermsdorf e informavam que se podia afirmar que a menina lutara pela vida por causa do solo remexido. O funeral foi transmitido pela televisão. Eu me sentava diante da tela com os olhos arregalados de medo. Todas aquelas meninas tinham a minha idade. O que me acalmava quando eu via suas fotos no noticiário era o fato de que eu não era a menina loura e delicada que os sequestradores pareciam preferir.

Eu não tinha a menor ideia de como estava errada.

O QUE PODERIA ACONTECER?

O último dia de minha vida antiga

NO DIA SEGUINTE ao retorno da Hungria com meu pai, acordei triste e com raiva. Estava aborrecida com a raiva de minha mãe contra meu pai, que agora se voltava contra mim. E isso me apertava o peito. Porém o que mais me afligia era o fato de que ela tivesse me proibido de vê-lo. Fora uma dessas decisões estúpidas que os adultos jogam sobre a cabeça das crianças – por raiva ou por um mau humor súbito –, sem lembrar que não se trata apenas deles, mas também das necessidades mais profundas daqueles que têm de enfrentar, de modo impotente, tais decisões.

Eu odiava esse sentimento de impotência, que me fazia recordar de que eu ainda era criança. Eu queria finalmente ser adulta, na esperança de que as discussões com minha mãe não me fizessem tanto mal. Queria aprender a controlar meus sentimentos e, com eles, o medo profundo que as brigas entre os pais sempre causam nos filhos.

Com meu décimo aniversário, deixei para trás o primeiro e mais dependente período de minha vida. A data mágica, em que minha independência seria oficialmente determinada, se aproximava: mais oito anos e eu poderia sair de casa e procurar um emprego. Então eu não seria mais dependente das decisões dos adultos à minha volta, que se importavam mais com suas pequenas brigas e seus ciúmes do que com as minhas necessidades. Mais oito anos, que eu utilizaria para me preparar para uma vida em que tomaria minhas próprias decisões.

Já dera um passo importante rumo à independência havia algumas semanas: tinha convencido minha mãe de que eu podia ir sozinha até a escola. Embora eu já estivesse na quarta série, ela sempre me deixava de carro na frente da escola. O trajeto não durava nem cinco minutos. Diariamente eu me envergonhava diante das outras crianças por minha fraqueza, que era visível quando eu descia do carro e minha mãe me dava um beijo de despedida. Havia um bom tempo eu negociava com ela que aquele era o momento de assumir a responsabilidade de ir sozinha para a escola. Com isso, queria mostrar não apenas para meus pais, mas sobretudo para mim, que não era mais uma criancinha. E que podia vencer meus medos.

Minha insegurança era algo que me afligia profundamente. Ela me atacava ao descer as escadas, crescia quando eu atravessava o pátio e me dominava quando caminhava pelas ruas do conjunto habitacional do Rennbahn. Eu me sentia indefesa e pequena e me odiava por isso. Nesse dia, já me decidira: queria tentar ser forte. Esse dia seria o primeiro de minha nova vida e o último da vida antiga. Depois do que passei, parece irônico que justamente nesse dia minha vida como eu a conhecia tenha terminado realmente. Mas de um modo que eu nunca imaginara.

Decidida, empurrei o edredom estampado para o lado e me levantei. Como sempre, minha mãe já tinha separado a roupa que eu deveria usar: um vestido com a parte de cima *jeans* e a saia quadriculada, de flanela cinza. Eu me sentia gorda e apertada com aquela roupa, como se o vestido me mantivesse presa a uma etapa da qual havia muito queria me livrar.

Mal-humorada, pus o vestido e, em seguida, passei pelo corredor até a cozinha. Sobre a mesa, minha mãe tinha deixado sanduíches para a hora do recreio, enrolados em guardanapos de papel com o logo do pequeno café do conjunto habitacional Marco Polo e o nome dela. Como já estava na hora de ir, vesti meu casaco vermelho e joguei sobre os ombros a mochila colorida. Acariciei os gatos e me despedi deles. Então abri a porta para a escada e saí. No último trecho, parei e hesitei, pensando na frase que mamãe tinha me dito dezenas de vezes:

– Nunca vá embora com raiva. Nunca se sabe se vamos nos ver de novo!

Ela podia se irritar, pois era impulsiva, e até me dar um tapa, como fizera diversas vezes. Mas, quando eu ia me despedir, era sempre carinhosa. Será que eu devia sair sem dizer nada? Dei meia-volta, mas então venceu o sentimento de decepção que a noite anterior deixara em mim. Eu não a beijaria mais e a castigaria com meu silêncio. Além disso, o que poderia acontecer?

– O que poderia acontecer? – murmurei em voz baixa.

As palavras ressoaram nas escadas de ladrilhos cinza. Eu me virei novamente e desci os degraus. O que poderia acontecer? Essa frase era o meu mantra pelo caminho na rua e através dos blocos de casas até a escola. Meu mantra contra o medo e contra a consciência pesada por não ter me despedido.

Deixei o conjunto habitacional, passei diante de seu interminável muro e esperei na faixa de pedestres. O bonde elétrico passou dando solavancos, lotado de pessoas a caminho do trabalho. Minha coragem diminuía. Tudo ao meu redor parecia subitamente grande demais para mim. A briga com minha mãe ainda me aborrecia, e o sentimento de afundar nessa nova rede de relacionamentos entre meus pais, que brigavam, e seus novos parceiros, que não me aceitavam, me deixava angustiada. A atmosfera de otimismo, que eu queria sentir naquele momento, dava lugar à certeza de que, mais uma vez, eu teria de lutar por um lugar nessa rede. E que eu não conseguiria mudar minha vida, se a faixa de pedestres me parecia um obstáculo insuperável.

Comecei a chorar e senti o impulso opressivo de simplesmente desaparecer e me dissolver no ar. Deixei o tráfego passar por mim e imaginei que atravessaria a rua e seria atropelada, arrastada por alguns metros e então estaria morta. Minha mochila ficaria perto de mim, e meu casaco vermelho seria como um semáforo sobre o asfalto, gritando: "Vejam o que vocês fizeram com essa menina!" Minha mãe se precipitaria de casa para lamentar e perceber todos os seus erros. Sim, ela faria isso. Com toda certeza.

Naturalmente, não me joguei na frente de um carro nem do bonde elétrico. Nunca ia querer chamar tanta atenção. Em vez disso, fiz um esforço, atravessei a rua e continuei pelo Rennbahnweg na direção da escola pública na Brioschiweg. O caminho levava a dois becos tranquilos, ladeados por pequenas casas da década de 50 com jardins modestos. Em uma região conhecida pelos edifícios industriais e conjuntos de casas pré-fabricadas, elas pareciam, ao mesmo tempo, anacrônicas e tranquilizadoras. Quando virei na Melangasse, sequei as últimas lágrimas e, em seguida, caminhei com a cabeça baixa.

Não lembro mais o que me fez levantar a cabeça. Um barulho? Um pássaro? De qualquer modo, meu olhar se deteve em uma caminhonete branca. Estava estacionada no meio-fio, no lado direito da rua, e parecia estranhamente inapropriada naquela vizinhança tranquila. Vi um homem parado diante dela. Era magro, não muito alto e olhava ao redor sem interesse, como se esperasse por alguma coisa que não soubesse o que era.

Diminuí o passo e me retesei. O medo, que eu mal podia controlar, de repente retornou e agora me arrepiava os pelos dos braços. No mesmo instante, senti o impulso de atravessar para o outro lado da rua. Uma sequência rápida de imagens e trechos de conversas passou pela minha mente: não fale com estranhos... não entre no carro de um desconhecido... sequestro... abuso... as muitas histórias que eu vira na televisão sobre meninas raptadas. Mas, se eu queria realmente ser adulta, não podia ceder a esse impulso. Tinha de enfrentá-lo, por isso me forcei a continuar andando. O que poderia acontecer? O caminho da escola era um teste para mim. Eu continuaria, sem me desviar.

Olhando para trás, não sei dizer por que a presença da caminhonete ali logo me alarmou: podia ser uma intuição, mas talvez fosse simplesmente pela quantidade de notícias sobre violência sexual a que estávamos sujeitos na época do caso Groër. Em 1995, o cardeal Hans Hermann Groër foi acusado de abusar de crianças, e a reação do Vaticano causou um escândalo nos meios de comunicação, o que levou ao referendo católico na Áustria. Por isso, havia tantas notícias sobre meninas sequestradas e assassinadas, que eu podia ver nos programas de TV. Assim, provavelmente teria medo de qualquer homem que encontrasse na rua em uma situação incomum. Ser sequestrada era, a meus olhos infantis, uma possibilidade real – mas, em meu íntimo, era algo que só acontecia na televisão, e não em minha vizinhança.

Quando estava a cerca de dois metros do homem, ele me encarou. Nesse momento, meu medo desapareceu. Ele tinha olhos azuis e, com os cabelos talvez excessivamente compridos, parecia um estudante saído de algum filme antigo feito para televisão na década de 1970. Seu olhar parecia estranhamente vazio. *Pobre homem*, pensei, porque ele parecia precisar de proteção, e eu o teria ajudado de boa vontade. Isso pode soar estranho, como uma espécie de sujeição à crença infantil na bondade dos seres humanos. Mas, quando ele me olhou pela primeira vez naquela manhã, parecia perdido e muito frágil.

Sim, eu passaria no teste. Passaria por aquele homem, mantendo a distância que a calçada estreita permitia. Não gostava muito de esbarrar em outras pessoas, e queria pelo menos me afastar o suficiente para não encostar nele.

Então aconteceu tudo muito rápido.

No momento em que tentei passar por ele, de olhos baixos, ele me pegou pela cintura, me ergueu em direção à porta aberta da caminhonete e me jogou lá dentro. Tudo ocorreu em um único movimento, como se a cena tivesse sido coreografada, como se a tivéssemos ensaiado juntos. Uma coreografia de terror.

Se eu gritei? Acho que não. No entanto, tudo em mim era um único grito. Que queria sair, mas permanecia preso em minha garganta: um berro mudo, como se fosse um daqueles pesadelos em que se tenta gritar, mas não se ouve som algum, em que se quer correr, mas as pernas se movem como em areia movediça.

Se eu resisti? Se tentei acabar com a coreografia perfeita? Devo ter resistido, porque, no dia seguinte, eu tinha um olho roxo. Mas não me lembro da dor do golpe, apenas de uma sensação de impotência paralisante. O sequestrador levou a melhor. Ele tinha um metro e setenta e dois, e eu, apenas um metro e meio. Eu era gorda e lenta, além do mais a mochila pesada limitava meus movimentos. A cena toda durou poucos segundos.

No mesmo instante em que a porta do veículo se fechou atrás de mim, percebi que tinha sido sequestrada e que provavelmente morreria. Diante de meus olhos, passavam as imagens do funeral de Jennifer, que, em janeiro, fora violentada e assassinada em um carro, quando tentara escapar. As imagens da apreensão dos pais da menina Carla, que fora violentada e encontrada inconsciente em uma represa, vindo a falecer uma semana mais tarde. Eu já tinha me perguntado como seria morrer e o que viria depois. Se haveria dor um pouco antes. E se realmente se podia ver uma luz.

Essas imagens se misturavam à confusão de ideias que se passavam em minha cabeça. *Será que isso está realmente acontecendo? Comigo?*, perguntava uma voz. *Mas que ideia maluca, sequestrar uma criança! Isso nunca dá certo!*, dizia outra. *Por que eu? Sou baixa e gorda e não tenho o perfil típico da vítima de um sequestrador*, alegava outra, em seguida. A voz do sequestrador me trouxe de volta ao presente. Ele me mandou sentar no bagageiro e ordenou que eu não me movesse. Se eu não seguisse suas instruções, talvez não continuasse viva. Então ele sentou no banco da frente e partiu.

Como não havia nenhuma divisória entre a cabine do motorista e o bagageiro, eu podia ver as costas dele. Também podia ouvi-lo, enquanto ele digitava números freneticamente no telefone do carro. Mas ele não conseguia falar com ninguém.

Enquanto isso, as perguntas martelavam minha cabeça: *Ele vai pedir resgate? Quem vai pagar? Para onde está me levando? Que tipo de veículo é este? Que horas são?* As janelas da caminhonete eram escuras, com exceção de uma faixa estreita na borda superior. Do chão, eu não podia ver para onde estávamos indo e não tinha coragem de levantar a cabeça para ver através do para-brisa. A viagem me parecia longa e sem destino, e rapidamente perdi a noção de tempo e espaço. Mas a copa das árvores e os postes que de vez em quando passavam por mim davam-me a sensação de que estávamos andando em círculos pela vizinhança.

Falar. Você tem que falar com ele. Mas como? Como se fala com um sequestrador? Criminosos não merecem respeito, por isso a polidez não me parecia apropriada. Resolvi tratá-lo por você – o tratamento que eu reservava às pessoas próximas.

Por mais absurdo que pareça, a primeira coisa que perguntei foi quanto ele calçava. Eu já observara isso em programas televisivos do tipo "casos de polícia". Eu tinha que ser capaz de descrever o sequestrador, e cada detalhe era importante. Mas, naturalmente, não obtive resposta. Em vez disso, o homem me disse bruscamente para ficar quieta, pois assim nada ia me acontecer. Até hoje, não sei como arrumei coragem para desobedecer às suas ordens. Talvez porque eu tivesse certeza de que morreria de qualquer jeito – de que as coisas não poderiam piorar.

– Você vai me violentar? – perguntei em seguida.

Dessa vez ele respondeu.

– Você é muito nova para isso – disse. – Eu nunca faria isso.

Então tentou telefonar novamente. Depois de desligar, falou:

– Vou levar você para uma floresta e entregá-la para os outros. Então não terei mais nada a ver com isso.

Ele repetiu a frase diversas vezes, de modo rápido e agitado:

– Eu entrego você e não tenho mais nada a ver com isso. Não nos veremos mais.

Se ele queria me assustar, encontrara as palavras certas – dizer que ia me entregar para "os outros" me deixou sem ar. E eu me retesava de medo. Ele não precisava falar mais nada, eu sabia o que queria dizer com isso – quadrilhas de pornografia infantil eram, havia meses, tema dos noticiários. Desde o verão anterior, não havia uma semana em que não se falasse sobre criminosos que atacavam crianças, violentando-as enquanto as filmavam. Vi tudo isso diante de mim em pensamento: grupos de homens que me arrastariam até um porão e me tocariam, enquanto outros tirariam fotos. Até aquele momento, eu estava convencida de que ia simplesmente morrer. Mas agora essa ameaça me parecia pior.

Não lembro mais quanto tempo durou a viagem, até que paramos. Estávamos em uma floresta de pinheiros igual a tantas outras nos arredores de Viena. O sequestrador desligou o motor e voltou a telefonar. Algo parecia ter saído errado.

– Eles não vêm! Eles não estão aqui! – xingou baixinho.

Parecia assustado e agitado. Mas talvez fosse apenas um truque – talvez ele quisesse que eu me unisse a ele contra "os outros" a quem deveria me entregar e que agora o deixavam esperando. Talvez os tivesse inventado para aumentar meu medo e com isso me paralisar.

O sequestrador desceu do carro e ordenou que eu não saísse do lugar. Obedeci em silêncio. Será que Jennifer queria fugir de dentro do carro? Será que ela tentou? E o que deu errado? Em minha cabeça, só havia pensamentos confusos. Se ele não tivesse trancado a porta, eu poderia tentar abri-la. Mas e depois? Dois passos e ele já teria me alcançado. Eu não conseguia correr muito rápido. Não tinha ideia de onde estávamos e em que direção deveria correr. E havia "os outros", que deveriam me pegar, e que poderiam estar em qualquer lugar. Imaginei claramente como eles me perseguiriam, me agarrariam e me jogariam no chão. Então me imaginei como um cadáver na floresta, enterrada entre os pinheiros.

E pensei em meus pais. Minha mãe chegando à tarde na escola para me pegar, e a auxiliar dizendo:

– Mas a Natascha não esteve aqui hoje!

Minha mãe se desesperaria e eu não teria como protegê-la. Cortou-me o coração pensar que ela iria até a escola e eu não estaria lá.

O que poderia acontecer? Eu saíra de manhã sem me despedir, sem beijá-la. Nunca se sabe se vamos nos ver de novo!

As palavras do sequestrador me assustaram.

– Eles não vêm.

Em seguida, ele entrou no carro, ligou o motor e partiu. Dessa vez, reconheci as cumeeiras e os telhados das casas, através das pequenas faixas das janelas laterais. Podia ver para onde o carro ia: de volta para a periferia e então para a estrada principal, na direção de Gänserndorf.

– Para onde estamos indo? – perguntei.

– Para Strasshof – disse, com sinceridade, o sequestrador.

À medida que atravessávamos Süssenbrunn, caí numa tristeza profunda. Passamos pela antiga loja de minha mãe, que ela fechara havia pouco tempo. Apenas três semanas antes, ela estava ali, de manhã, sentada na escrivaninha e organizando a papelada. Podia vê-la agora e queria gritar, mas só consegui emitir um lamento fraco quando passamos pela rua que levava até a casa de minha avó. Ali eu passara os momentos mais felizes de minha infância.

O carro parou em uma garagem. O sequestrador me mandou ficar deitada no bagageiro e desligou o motor. Então desceu do carro, segurando um cobertor azul, e jogou-o em cima de mim, me enrolando firmemente nele. Eu mal podia respirar, e ao meu redor estava tudo escuro. Quando ele me ergueu como um embrulho e me tirou do carro, o pânico tomou conta de mim. Eu tinha de sair do cobertor. Tinha de ir ao banheiro.

Minha voz soou abafada e estranha debaixo do cobertor, enquanto eu pedia que ele me pusesse no chão e me deixasse ir ao banheiro. Ele esperou um instante e, em seguida, me desenrolou e me levou por um corredor até um pequeno banheiro de hóspedes. No corredor, pude ver rapidamente os cômodos vizinhos. A mobília parecia antiquada e cara – para mim, isso era outra evidência de que eu realmente fora vítima de um crime. Nos programas policiais da televisão, os criminosos sempre tinham casas grandes com mobília cara.

O sequestrador parou diante da porta e aguardou. Girei a chave imediatamente e suspirei. Mas o momento de alívio durou poucos segundos: o banheiro não tinha janela. Eu estava presa. A única saída era a porta, e eu não podia ficar trancada ali eternamente. Seria fácil para ele derrubá-la.

Quando saí do banheiro, depois de algum tempo, o sequestrador novamente me cobriu com o cobertor. Escuridão, ar asfixiante. Ele me ergueu, e percebi que descia me carregando por muitos degraus: um porão? Chegando embaixo, me pôs no chão, afastou uma parte do cobertor, me colocou nos ombros novamente e continuou. Aquilo me pareceu uma eternidade, até que ele novamente me pôs no chão. Então ouvi seus passos se afastando.

Prendi a respiração e prestei atenção. Nada. Não ouvia absolutamente nada. Mesmo assim, demorou até que eu me atrevesse a tirar cuidadosamente o cobertor. À minha volta, reinava uma escuridão absoluta. O lugar cheirava a pó, e o ar malcheiroso era estranhamente quente. Embaixo de mim, senti o chão frio e nu. Enrolei-me no cobertor e chorei baixinho. Minha voz soou tão estranha naquele silêncio que parei assustada. Quanto tempo fiquei assim, não sei dizer. No início, tentei contar os segundos e os minutos.

– Vinte e um, vinte e dois – murmurava baixinho, medindo os segundos. Com os dedos, tentava contar os minutos. Perdia a conta, mas não podia deixar isso acontecer agora! Tinha de me concentrar, me lembrar de cada detalhe! Mas rapidamente perdi a noção do tempo. A escuridão e o fedor me davam nojo, e tudo isso descia sobre mim como um pano preto.

Quando o sequestrador voltou, trouxe uma lâmpada, que atarraxou em um bocal na parede. A luz brilhante, que acendeu tão subitamente, me cegou e não trouxe nenhum alívio, pois agora eu via onde estava. O cômodo era pequeno e vazio, as paredes eram revestidas de madeira, e um estrado estava preso com ganchos na parede. O chão era de laminado claro. No canto, havia um vaso sanitário sem tampa e, em uma das paredes, uma bancada com duas pias de aço inoxidável.

Era assim que deveria parecer o esconderijo de uma quadrilha de bandidos? Um clube de sexo? As paredes de madeira clara me lembravam uma sauna e me despertaram uma sequência de ideias: sauna no porão – pedófilos – bandidos. Via homens gordos e suados em cima de mim, me violentando naquele cômodo estreito. Para mim, uma sauna no porão era o local ao qual tais pessoas atraíam suas vítimas para então abusar delas. Mas não havia nenhum aquecedor nem os cestos de madeira que normalmente são encontrados em saunas.

O sequestrador me disse para ficar de pé a certa distância dele e não me mover. Depois, começou a soltar o estrado de madeira e a desparafusar da parede os ganchos aos quais ele estava preso. Enquanto isso, falava com uma voz que as pessoas normalmente reservam para seus animais de estimação, tranquilizadora e gentil. Eu não deveria sentir medo, tudo daria certo se eu fizesse o que ele mandava. Ele me olhava como um dono observa orgulhosamente seu novo gato, ou pior: como uma criança olha para um brinquedo novo, antecipando e, ao mesmo tempo, incerta sobre tudo o que pode fazer com ele.

Depois de algum tempo, meu pânico diminuiu e criei coragem para falar. Pedi que me deixasse sair:

– Não vou contar para ninguém. Se você me deixar ir embora agora, ninguém vai saber. Só vou dizer que fugi. Se você não me mantiver aqui até a noite, nada vai acontecer.

Eu tentava explicar que ele cometera um erro grave, que eles já estavam procurando por mim e certamente me encontrariam. Apelei para seu sentimento de responsabilidade e pedi compaixão. Mas foi em vão. Ele deixou claro que eu passaria a noite no cativeiro.

Se eu imaginasse que aquele cômodo seria, ao mesmo tempo, meu refúgio e minha prisão por 3.096 noites, não sei como teria reagido. Quando olho para trás, vejo que o fato de saber que teria de passar aquela primeira noite no porão pôs em marcha um mecanismo que salvou minha vida – sendo ao mesmo tempo perigoso. O que parecia impensável era agora um fato: eu estava trancada no porão de um criminoso e não seria libertada naquele dia. Um tremor percorreu meu mundo e a realidade se deslocou um pouco. Aceitei o que estava acontecendo e, em vez de me desesperar e lutar contra a nova situação, tentei me adaptar. Quando se é adulto, se sabe que é preciso abrir mão de uma parte de si mesmo para resistir a circunstâncias que, até ocorrerem, estão completamente fora de cogitação. O mundo no qual se encontra sua personalidade desaba. E, no entanto, a única reação correta é se adaptar para garantir a sobrevivência. As crianças agem de modo mais intuitivo. Eu estava apavorada e não oferecia resistência, mas começava a me ajustar à situação – por enquanto, apenas durante aquela noite.

Hoje me parece desconcertante como o pânico deu lugar a certo pragmatismo. E como percebi rapidamente que minhas súplicas não teriam sentido e que cada palavra a mais seria em vão para aquele estranho homem. Eu sentia instintivamente que teria de aceitar a situação para sobreviver àquela interminável noite no porão.

Quando o sequestrador desatarraxou o estrado da parede, me perguntou se eu precisava de alguma coisa. Uma situação absurda, pois era como se eu fosse passar a noite em um hotel e tivesse esquecido meus artigos de higiene pessoal.

– Uma escova de cabelo, pasta e escova de dentes e um porta-escovas. Um pote de iogurte vazio serve.

Eu começava a raciocinar.

Ele me explicou que precisaria viajar até Viena para me trazer um colchão de sua casa lá.

– Esta não é sua casa? – perguntei, mas ele não respondeu.

– Por que você não pode me deixar na casa de Viena?

Ele disse que seria muito perigoso: paredes finas, vizinhança intrometida, eu poderia gritar. Prometi que ficaria quieta se ele me levasse para Viena. Mas não adiantou.

No momento em que ele saiu do cômodo e fechou a porta, minha estratégia de sobrevivência começou a desmoronar. Eu faria qualquer coisa para que ele ficasse ou me levasse com ele; qualquer coisa para não ficar sozinha.

Eu me encolhi no chão, meus braços e pernas estavam estranhamente dormentes, e minha língua parecia grudada no céu da boca. Minhas ideias giravam em torno da escola, à medida que eu buscava uma estrutura temporal sobre a qual me apoiar, pois havia muito eu a perdera. O que estariam ensinando? Será que já acabara o intervalo da hora do almoço? Quando eles perceberam que eu não estava lá? E quando perceberiam que eu não chegaria? Será que vão avisar meus pais? Como eles vão reagir?

Pensar em meus pais me trouxe lágrimas aos olhos. Mas eu não podia chorar. Tinha de ser forte e manter o controle. Um índio não conhece dor e, além disso, amanhã tudo seria passado. E tudo voltaria ao normal. Meus pais já teriam se recuperado do choque de quase ter me perdido, me pegariam e me tratariam com carinho. Eu os via em pensamento, sentados à mesa da sala de jantar, me perguntando, orgulhosos e admirados, como eu tinha lidado com tudo aquilo. Eu imaginava o primeiro dia na volta à escola. Será que zombariam de mim? Ou me festejariam como um milagre porque eu fora libertada, enquanto outras que haviam passado pelas mesmas coisas terminaram como um cadáver na represa ou em uma floresta? Eu imaginava como seria triunfal – e também um pouco embaraçoso – quando todos se reunissem ao meu redor e fizessem perguntas inesgotáveis: "Foi a polícia que libertou você?" Será que a polícia conseguiria me libertar? Como eles me encontrariam? "Como você conseguiu fugir?" "Como teve coragem?" Eu teria coragem de fugir?

O pânico crescia novamente dentro de mim. Eu não tinha ideia de como sairia dali. Na televisão, o sequestrador era "dominado". Mas como? Será que eu teria de matá-lo? Eu sabia que se pode morrer com uma facada no fígado – já havia lido isso no jornal. Mas onde ficava o fígado? Será que eu encontraria o local certo? Com o que eu poderia apunhalá-lo? Eu seria capaz disso? De matar um homem – eu, uma garotinha? Comecei a pensar em Deus. Será que era permitido a alguém em minha situação matar, se não houvesse outra escolha? *Não matarás*. Tentava me lembrar se, nas aulas de religião, havíamos conversado sobre esse mandamento – e se havia exceções na Bíblia. Mas não me lembrei de nenhuma.

Um barulho seco me tirou de meus pensamentos. O sequestrador havia voltado.

Trouxe um colchão estreito com mais ou menos oito centímetros de espessura, que estendeu no chão. Parecia ser do exército ou de uma espreguiçadeira. Quando me sentei nele, o ar saiu do tecido fino e acabei me deitando no chão duro embaixo de mim. O sequestrador trouxe tudo o que eu pedira. Até biscoitos. Biscoitos amanteigados com uma grossa camada de chocolate. Meus biscoitos preferidos, que eu não podia mais comer porque estava gorda. Associei-os a uma saudade incontrolável e a uma sequência de momentos humilhantes, como o olhar de alguém que me dizia: "Mas você não vai comer *isso* agora. Você já está bem gordinha". A vergonha quando todas as outras crianças pegavam o biscoito, enquanto um adulto segurava minha mão. E o prazer quando o chocolate derretia lentamente na boca.

Quando o sequestrador abriu o saco de biscoitos, minhas mãos começaram a tremer. Eu queria comê-los, mas minha boca estava completamente seca de medo e nervoso. Eu sabia que não conseguiria engoli-los. Ele segurou o pacote debaixo do meu nariz até eu retirar um, que quebrei em pedaços pequenos. Com isso, alguns pedaços de chocolate se partiram, e eu os coloquei na boca. Mas não podia comer mais nada.

Depois de um tempo, o sequestrador se afastou e caminhou até minha mochila, que estava em um canto no chão. Quando a pegou e se preparou para sair, pedi que deixasse a bolsa – a ideia de ficar sem minhas únicas coisas pessoais naquele ambiente perturbador me fez perder o chão. Ele me encarou com uma expressão desconcertante e falou:

– Você pode ter escondido um transmissor aí dentro e querer pedir ajuda. Está tentando me enganar, fingindo ser inocente! Você é muito mais esperta do que aparenta!

Sua mudança súbita de humor me assustou. Será que eu tinha feito algo errado? E por que eu teria um transmissor em minha mochila, na qual, fora livros e canetas, havia apenas o lanche? Naquele momento, eu ainda não sabia nada sobre seu estranho comportamento. Hoje sei que essa frase fora o primeiro sinal de que o sequestrador era paranoico e psicótico. Na época, não havia nenhum transmissor que se pudesse dar às crianças para que elas pudessem ser localizadas – e mesmo hoje, quando há essa possibilidade, é muito improvável que se faça isso. Mas, para o sequestrador, era um perigo real que eu, no ano de 1998, pudesse esconder em minha bolsa um aparelho de comunicação futurista. Tão real que, em sua loucura, ele tinha medo que uma criança pequena destruísse o mundo que existia apenas em sua mente.

Seu papel naquele mundo mudava rapidamente: em um instante, ele parecia querer fazer de minha estada forçada em seu porão algo tão agradável quanto possível; no momento seguinte, via em mim – uma garotinha pequena, que não tinha força, nenhuma arma e certamente nenhum equipamento de rastreamento – um inimigo que o perseguia. Eu era vítima de um louco e me tornara um brinquedo na fantasia doentia de sua mente. Mas, na época, eu não sabia disso. Eu não sabia nada sobre doenças mentais, compulsões e desordens psíquicas, que podem criar na mente da pessoa afetada uma nova realidade. Então, eu o tratava como um adulto normal. Como criança, eu não compreendia suas ideias e motivações.

Meus pedidos e súplicas foram em vão: o sequestrador pegou minha mochila e dirigiu-se para a porta. Ela abria para o lado de dentro e não havia maçaneta, só um pequeno ressalto, fixado de modo tão frouxo na madeira que se podia arrancá-lo.

Quando a porta se fechou, comecei a chorar. Eu estava sozinha, confinada em um cômodo vazio, em alguma parte abaixo do solo. Sem minha mochila, sem os sanduíches que minha mãe preparara para mim poucas horas antes. Sem os guardanapos nos quais eles estavam enrolados. Era como se ele tivesse arrancado uma parte de mim, como se tivesse cortado minha ligação com minha mãe e minha antiga vida.

Encolhi-me em um canto sobre o colchão e chorei baixinho. As paredes revestidas de madeira pareciam aproximar-se, o teto parecia desmoronar. Minha respiração era rápida e curta; eu sentia falta de ar, enquanto o medo me oprimia cada vez mais. Era um sentimento terrível.

Já pensei muito sobre isso, depois de adulta – como pude sobreviver naquele momento. A situação era tão assustadora que podia ter me destruído. Mas a mente humana pode lidar com as situações mais espantosas – na medida em que ela mesma se engana e se retrai para não naufragar diante de circunstâncias que não podem ser compreendidas logicamente.

Hoje eu sei que, na época, regredi psicologicamente. O entendimento da menina de 10 anos que eu era regrediu até o nível de uma criança pequena, de 4 ou 5 anos. Uma criança que aceitava o mundo ao seu redor como algo dado, para quem os pequenos rituais cotidianos da vida infantil, e não a compreensão lógica da realidade, representavam o ponto de apoio para perceber a normalidade. Para não desmoronar. Minha situação era tão diferente de tudo o que se podia prever que regredi inconscientemente para esse estágio – eu me sentia pequena, à mercê de outra pessoa e isenta de qualquer responsabilidade. Aquele homem que me confinara era o único adulto presente e a única autoridade que saberia o que fazer. Eu só tinha de fazer o que ele dizia e tudo ficaria bem. Então tudo terminaria como sempre: com o ritual noturno, a mão de minha mãe no edredom, o beijo de boa-noite e uma pessoa amada que deixaria uma lâmpada acesa quando saísse silenciosamente do quarto.

Essa regressão intuitiva ao comportamento de criança pequena foi a segunda modificação importante naquele primeiro dia de cativeiro. Era uma tentativa desesperada de criar uma pequena ilha íntima em uma situação sem esperança. Quando o sequestrador voltou ao quarto, pedi que ele ficasse comigo, me colocasse na cama e me contasse uma história. Eu queria que ele me desse um beijo de boa-noite, como minha mãe me dava antes de fechar a porta do quarto, em silêncio. Tudo para manter a ilusão de normalidade. E ele colaborou. Da minha mochila, que deixara em alguma parte do cativeiro, trouxe um livrinho com contos de fadas e pequenas histórias. Então me deitou no colchão, me cobriu com um cobertor fino, se sentou no chão e começou a ler: *A princesa e a ervilha, parte 2*. No início, ele sempre gaguejava. Timidamente e em voz baixa, contava a história do príncipe e da princesa. No fim, me deu um beijo na testa. Por um instante, me senti como se estivesse em minha cama macia, em meu quarto seguro. Ele até deixou a luz acesa.

Somente quando fechou a porta atrás de si, a ilusão protetora se rompeu como uma bolha de sabão.

Não dormi aquela noite. Rolei nervosa sobre o colchão fino, vestida com as roupas que não quisera tirar. O vestido, no qual eu parecia tão gorda, era a última coisa que restara de minha vida.

ESPERANDO EM VÃO PELO RESGATE

As primeiras semanas no cativeiro

Autoridades austríacas investigam o desaparecimento de uma menina de 10 anos, Natascha Kampusch. A menina foi vista pela última vez em 2 de março. O caminho até a escola, no qual ela foi vista, é relativamente longo. Supostamente, uma menina de casaco vermelho foi atraída para uma caminhonete branca.

Casos de polícia, 27 de março de 1998

Eu ouvira o sequestrador por um bom tempo antes de ele entrar no quarto no dia seguinte. Na época, eu não sabia quanto a entrada estava protegida, mas podia afirmar – pelos sons que se aproximavam gradualmente – que ele levava muito tempo para abrir meu cativeiro.

Eu estava sentada no canto, olhos fixos na porta, quando ele entrou no cômodo de cinco metros quadrados. Parecia mais jovem do que no dia do sequestro: um homem frágil, de traços joviais e o cabelo castanho cuidadosamente repartido, como um aluno-modelo de um ginásio do subúrbio. O rosto era delicado e, à primeira vista, não transparecia maldade. Somente quando se observava mais detidamente é que se podiam perceber traços de loucura escondidos por trás da aparência convencional e burguesa. Uma fachada que só mais tarde mostraria as primeiras rachaduras.

Inundei-o de perguntas:

– Quando você vai me libertar? Por que está me mantendo aqui? O que vai fazer comigo?

Ele respondia com monossílabos e observava cada um de meus movimentos como se observa um animal enjaulado. Nunca me dava as costas, e eu sempre tinha de ficar a mais ou menos um metro de distância dele.

Tentei ameaçá-lo:

– Se você não me deixar ir embora imediatamente, vai se dar mal! Os policiais estão me procurando há muito tempo. Eles vão me achar e logo estarão aqui! E aí você vai para a cadeia! Você não quer isso, ou quer? Deixe-me ir e tudo ficará bem. Por favor, me deixe ir embora.

Ele prometeu que me soltaria em breve. E, como se tivesse respondido a todas as minhas perguntas, virou-se, arrancou a maçaneta da porta e trancou-a pelo lado de fora.

Desesperada, eu tentava ouvir algo, na esperança de que ele voltasse. Nada. Eu estava completamente isolada do mundo exterior. Nenhum som podia entrar, nenhuma luz penetrava através das ranhuras nas tábuas da parede. O ar era fedorento e me cobria como uma membrana úmida, da qual não conseguia me livrar. O único ruído que me acompanhava era o barulho do ventilador, que soprava ar do sótão através de um tubo no teto, que passava pela garagem até o cativeiro. O barulho era uma verdadeira tortura: dia e noite, zunia pelo cômodo microscópico até se tornar irreal e estridente, enquanto eu, desesperada, apertava as mãos contra os ouvidos para não escutá-lo. Quando o ventilador esquentava, começava a feder e as pás entortavam. O barulho de algo arranhando se tornava mais lento e um novo som surgia: toc, toc, toc. E novamente o barulho de algo arranhando. Havia dias em que esse barulho torturante preenchia não só cada canto do cômodo, mas também cada canto da minha mente.

Nos primeiros dias de cativeiro, o sequestrador deixava a luz acesa o dia inteiro. Eu tinha pedido isso a ele porque tinha medo da solidão no escuro total em que o quarto mergulhava quando ele desatarraxava a lâmpada. Mas a claridade constante era tão ruim quanto isso. Fazia mal aos meus olhos e me forçava a um estado de vigília artificial, do qual não conseguia mais sair – mesmo quando eu cobria a cabeça com o cobertor para diminuir a claridade, meu sono era agitado e superficial. O medo e a luz forte não me permitiam mais que um leve cochilo, do qual eu sempre acordava com a sensação de dia claro. Mas, na luz artificial do porão hermeticamente fechado, não havia mais distinção entre dia e noite.

Hoje eu sei que deixar os prisioneiros continuamente sob luz artificial é um método de tortura bastante comum – e em muitos países ainda é adotado. As plantas murcham com a exposição excessiva e constante à luz, e os animais morrem. Para os seres humanos, é uma tortura mais pérfida e eficaz do que a violência física – o biorritmo e o padrão de sono ficam tão confusos que o corpo reage como se estivesse paralisado por um profundo esgotamento, e o cérebro, depois de poucos dias, já não funciona direito. Igualmente cruel e eficaz é a tortura pelo barulho permanente, que não se pode evitar. Como o do ventilador que arranhava e zunia.

Eu me sentia como se estivesse sendo mantida viva em uma caixa-forte subterrânea. Meu cativeiro não era quadrado – tinha cerca de dois metros e setenta de comprimento, um metro e oitenta de largura e quase dois metros e quarenta de altura. Onze e meio metros cúbicos de ar malcheiroso. Não chegava a cinco metros quadrados, e era nesse espaço que eu andava como um tigre enjaulado, sempre de uma parede a outra. Seis passos pequenos para frente e seis passos para trás correspondiam ao comprimento. A largura podia ser percorrida em quatro passos para frente e quatro para trás. Com vinte passos, eu dava a volta no cativeiro.

Andar diminuía ligeiramente o pânico. Assim que eu parava e o barulho de meus pés sobre o chão cessava, ele aumentava novamente. Eu me sentia mal e tinha medo de enlouquecer. *O que poderia acontecer? Vinte e um, vinte e dois... sessenta. Seis para frente, quatro para a esquerda. Quatro para a direita, seis para trás.*

A sensação de desesperança me oprimia cada vez mais. Ao mesmo tempo, eu sabia que, para não me deixar esmagar pelo medo, tinha de fazer algo. Então pegava uma das garrafas de água mineral com que o sequestrador trazia água da torneira para mim e batia com toda a força no revestimento da parede. Primeiro de modo rítmico, depois com energia, até os braços ficarem dormentes. No fim, não eram mais do que pancadas desesperadas misturadas a um pedido de ajuda. Até que a garrafa caísse de minha mão.

Ninguém vinha, ninguém me ouvia, talvez nem mesmo o sequestrador. Eu me deixava cair esgotada no colchão e me enrolava como um animal pequeno. Meus gritos se transformavam em soluços. O choro resolvia por pouco tempo meu desespero, e então eu me acalmava. Aquilo me fazia lembrar de minha infância, quando eu chorava sem motivo e rapidamente esquecia o porquê.

❧

Na véspera, minha mãe notificara a polícia. Como não apareci na hora esperada em casa, ela foi primeiro à escola. Ninguém tinha uma explicação para meu desaparecimento. No dia seguinte, a polícia iniciou as buscas. Lendo os jornais antigos, soube que uma centena de policiais vasculhou a área ao redor da escola pública e do conjunto habitacional com a ajuda de cães. Não havia pistas que pudessem delimitar o raio das buscas. Quintais, becos e passeios públicos foram examinados, assim como as margens do Danúbio. Helicópteros sobrevoaram a área, e em todas as escolas foram afixados cartazes. A toda hora chegavam informações de pessoas que teriam me visto em diversos locais. Mas nenhuma delas os levou até mim.

❧

Nos primeiros dias do sequestro, ficava tentando imaginar o que minha mãe estaria fazendo. Como ela estaria me procurando e como sua esperança diminuía a cada dia. Eu sentia tanta falta dela que o sentimento de perda ameaçava me corroer por dentro. Eu daria tudo para tê-la perto de mim, com sua energia e sua força. Depois do que aconteceu, fiquei impressionada com o peso que os meios de comunicação atribuíram à briga com minha mãe na interpretação do caso. Como se sair sem me despedir fosse um indício da relação com ela. Mesmo que eu tenha me sentido rejeitada e ignorada, especialmente durante a separação de meus pais, deveria estar claro para qualquer um que uma criança em situação extrema chora quase que automaticamente pela mãe. Sem mãe nem pai, eu estava desprotegida, e saber que eles não tinham notícias minhas me deixava muito triste. Havia dias em que a preocupação com meus pais me oprimia mais que o próprio medo. Eu passava horas pensando em como poderia ao menos lhes dizer que estava viva. Assim, eles não ficariam tão desesperados nem desistiriam das buscas.

Nos primeiros tempos no cativeiro, eu esperava a cada dia, a cada hora, que a porta se abrisse e alguém me resgatasse. A esperança de que uma pessoa não poderia simplesmente me fazer desaparecer me ajudava a suportar as intermináveis horas no porão. Mas, dia após dia, ninguém aparecia. Exceto o sequestrador.

Depois do que ocorreu, parece evidente que ele planejara o sequestro durante muito tempo – por que ele teria construído, durante anos, um quarto que só podia ser aberto pelo lado de fora, grande o suficiente para uma pessoa viver ali? O sequestrador, porém – e eu testemunhei isso cada vez mais nos anos de cativeiro –, era um homem paranoico e angustiado, convencido de que o mundo era mau e de que as pessoas o perseguiam. Talvez ele tivesse construído o cativeiro como um *bunker*, esperando por uma explosão atômica, pela Terceira Guerra Mundial, ou ainda como refúgio contra aqueles que supostamente o perseguiam.

Ninguém pode afirmar qual a resposta correta a essa pergunta. Mesmo as declarações de seu antigo colega de trabalho, Ernst Holzapfel, permitem as duas interpretações. Em seu depoimento à polícia, mais tarde, ele declarou que o sequestrador tinha lhe perguntado como isolar acusticamente um cômodo, de modo que nem uma furadeira fosse ouvida no restante da casa.

Para mim, o sequestrador não se comportava como uma pessoa que planejava havia muito tempo o sequestro de uma criança e cujo desejo fora finalmente realizado. Ao contrário, ele agia como alguém com quem um conhecido distante abandonara uma criança indesejada e que agora não sabia o que fazer com aquela pequena criatura, que tinha necessidades com as quais ele não sabia lidar.

Durante meus primeiros dias no cativeiro, ele me tratava como se eu fosse uma criança pequena. Até certo ponto era cômodo, porque eu já regredira psicologicamente para o estado emocional de uma criança de jardim de infância. Ele me trazia tudo o que eu quisesse comer – e eu me comportava como se estivesse passando a noite com uma tia-avó distante, que podia ser genuinamente convencida de que chocolate é um café da manhã adequado. Assim, na primeira manhã, ele me perguntou o que eu queria comer. Pedi chá de frutas e *croissants*. Ele voltou depois de algum tempo com uma garrafa térmica cheia de chá de rosas e um brioche da padaria mais famosa do local. A marca no saco de papel confirmou minha suspeita de que eu me encontrava em alguma parte de Strasshof. Outra vez, pedi palitos salgados com mostarda e mel. Essas "ordens" eram prontamente atendidas. Parecia muito esquisito que aquele homem satisfizesse todos os meus desejos, já que tirara todo o resto de mim.

Sua tendência de me tratar como uma criança pequena tinha, porém, um aspecto negativo. Ele descascava a laranja e a colocava, gomo a gomo, em minha boca, como se eu não fosse capaz de comê-la sozinha. Quando pedi chiclete, ele negou, por medo de que eu pudesse engasgar. À noite, segurava minha boca aberta e escovava meus dentes, como se eu fosse uma criança de 3 anos incapaz de segurar a própria escova. Depois de alguns dias, agarrou rudemente minha mão, apertando-a com força, e cortou minhas unhas.

Eu me sentia diminuída, como se ele tivesse roubado o pouco de dignidade que ainda me restava e que eu tentava manter naquelas circunstâncias. Ao mesmo tempo, sabia que, em grande parte, eu mesma era responsável por me encontrar naquele estado, que até certo ponto me protegia. Porque, desde o primeiro dia, eu percebera que o sequestrador oscilava em sua paranoia, me tratando ora como criança pequena, ora como muito independente.

Eu me resignava a desempenhar meu papel. Quando o sequestrador voltava ao cativeiro para me trazer comida, eu fazia de tudo para ele ficar. Pedia, implorava, chamava a atenção dele para que ficasse e brincasse comigo. Ficar sozinha ali estava me deixando louca.

Depois de alguns dias, eu estava sentada com ele no cativeiro jogando xadrez chinês, trilha e ludo. As circunstâncias me pareciam irreais, como em um filme absurdo: ninguém no mundo exterior acreditaria que uma vítima de sequestro pudesse se sentar com seu sequestrador para jogar ludo. Mas o mundo exterior não era mais meu mundo. Eu era uma criança e estava só. E havia apenas uma pessoa que podia me tirar da solidão opressiva – a mesma que criara aquela solidão para mim.

Eu me sentava com o sequestrador no colchão, jogava os dados e movia as peças. Olhava os desenhos no tabuleiro, as pequenas figuras coloridas, e tentava esquecer o cômodo à minha volta, imaginando o sequestrador como um amigo paternal, que passava o tempo brincando generosamente com uma criança. Quanto mais conseguia me deixar absorver pelo jogo, mais o pânico diminuía. Mas eu sabia que ele estava em algum canto, sempre à espreita. E, quando eu estava perto de ganhar uma rodada, discretamente cometia um erro para adiar a ameaça de solidão.

Nesses primeiros dias, a presença do sequestrador parecia uma garantia de que eu seria poupada daquilo que mais temia. Em todas as visitas, ele falava de seus supostos clientes, que tinham me "adquirido" e a quem ele telefonara de modo muito agitado durante o sequestro. Eu supunha – como antes – que se tratava de uma quadrilha de pornografia infantil. Ele mesmo murmurava algo sobre pessoas que viriam me fotografar e sobre "o que fariam comigo", o que confirmava minhas suspeitas. Às vezes me passava pela cabeça que as histórias que ele contava eram contraditórias e que esses clientes ameaçadores provavelmente não existiam. Aparentemente ele inventara as pessoas por trás do sequestro para me intimidar. Porém eu não podia ter certeza e, mesmo que fossem inventadas, elas cumpriam sua finalidade: eu vivia em permanente medo de que, a qualquer momento, uma horda de homens maus invadisse meu cativeiro e me atacasse.

As imagens e os fragmentos de histórias que eu vira nos meios de comunicação criavam cenários cada vez mais apavorantes. Eu tentava apagá-los da mente – e imaginava, ao mesmo tempo, o que os sequestradores fariam comigo, como costumavam agir com uma criança, que objetos usariam, se fariam ali mesmo, no cativeiro, ou me levariam a uma casa de campo, sauna ou sótão, como ocorrera no último caso veiculado na mídia.

Quando eu estava só, tentava manter os olhos na porta. À noite, dormia como um animal enjaulado, fechando apenas um olho, em alerta constante. Não queria ser surpreendida indefesa pelos homens que supostamente viriam me pegar. Vivia tensa a cada segundo, com cada vez mais adrenalina, impelida pelo medo de não poder fugir daquele pequeno cômodo. O medo dos supostos "verdadeiros sequestradores" permitia àquele homem, que fingia ter me sequestrado a pedido deles, me oferecer carinho e um apoio amigável. Contanto que eu estivesse com ele, meu maior temor não se tornaria realidade.

Nos dias que se seguiram ao sequestro, o cativeiro começou a ficar cheio de todo tipo de coisas. Primeiro, o sequestrador trouxe roupas novas. Eu só tinha o que estava vestindo: calcinha, meia-calça, vestido e o casaco. Ele havia queimado meus sapatos para destruir possíveis vestígios. Eram sapatos com sola de plataforma grossa que eu havia ganhado no dia em que completara 10 anos.

Quando cheguei aquele dia à cozinha, encontrei sobre a mesa um bolo com dez velas e, ao lado, uma caixa embrulhada em papel brilhante e colorido. Tomei fôlego e soprei as velas. Então tirei a fita adesiva e rasguei o papel. Durante semanas, insistira para que minha mãe comprasse os tais sapatos que todas as outras meninas estavam usando. Ela se recusara categoricamente, dizendo que eles não eram adequados para crianças e que não se podia andar direito com eles. E agora estavam na minha frente – sapatilhas de camurça preta com uma tira estreita sobre o peito do pé e, embaixo, uma plataforma de borracha grossa. Eu estava tão feliz! Os sapatos, que me deixavam três centímetros mais alta, certamente facilitariam o acesso à minha nova vida com mais autoconfiança.

O último presente de minha mãe. E ele os queimou. Assim, tirou de mim não só outra ligação com minha antiga vida, mas também um símbolo da força que eu esperava dos sapatos.

O sequestrador me deu um pulôver velho e uma camiseta de malha verde-oliva, que aparentemente guardara da época do exército. À noite, isso diminuía o frio que vinha do lado de fora. Mas, para me proteger, eu continuava vestindo uma de minhas próprias roupas.

Depois de duas semanas, ele me trouxe uma espreguiçadeira para substituir o fino colchão de espuma. A parte de cima era suspensa por molas de metal, que rangiam baixinho ao menor movimento. Nos seis meses seguintes, esse barulho foi meu companheiro durante os longos dias e noites no cativeiro. Como eu sentia muito frio – não passava de quinze graus no quarto o ano todo –, o sequestrador trouxe um aquecedor elétrico grande e pesado para o pequeno cômodo. E trouxe de volta meu material escolar. Mas a bolsa – assim me disse –, ele havia queimado com os sapatos.

Minha primeira ideia foi enviar um recado aos meus pais. Peguei papel e lápis e comecei a escrever uma carta para eles. Passei muitas horas pesando cuidadosamente cada palavra – e até encontrei uma possibilidade de lhes dizer onde estava. Eu sabia que estava em alguma parte de Strasshof, onde moravam os sogros de minha irmã. E esperava que a menção à família dela bastasse para colocá-los – e também a polícia – na pista certa.

Para provar que fora eu mesma quem escrevera a carta, acrescentei uma foto que estava guardada em meu estojo, tirada no inverno do ano anterior, na qual eu patinava no gelo, embrulhada em um macacão grosso e sorrindo com as bochechas vermelhas. Era como o retrato de um mundo muito distante, com crianças rindo alto, música *pop* saindo de alto-falantes que tremiam e muito ar fresco e gelado. Um mundo no qual, depois de uma tarde no gelo, eu iria para casa, tomaria um banho e veria televisão bebendo chocolate quente. Olhei a foto durante alguns minutos, memorizando cada detalhe para nunca esquecer o sentimento que associava àquele passeio. Eu sabia que tinha de conservar cada lembrança feliz para poder recorrer a elas em momentos difíceis. Então, juntei a foto à carta e fiz um envelope com outra folha de papel.

Com um misto de ingenuidade e confiança, esperei pelo sequestrador. Quando ele veio, fiz um esforço para ser calma e amigável.

– Você tem que enviar essa carta para meus pais saberem que estou viva!

Ele abriu o envelope, leu o que estava escrito e disse que não. Pedi e implorei, dizendo que meus pais não podiam ficar na incerteza. E recorri à consciência que imaginava que ele tinha:

– Você não pode ser uma pessoa tão má assim – disse. – O que você fez foi ruim, mas deixar meus pais sofrerem é muito pior.

Eu tentava encontrar novas razões para enviar a carta e assegurava a ele que nada aconteceria por causa dela. Ele mesmo a lera e sabia que eu não o tinha denunciado... O sequestrador disse "não" por um longo tempo – e então, subitamente, mudou de ideia e me garantiu que a enviaria a meus pais pelo correio.

Aquilo era de uma enorme ingenuidade, mas eu queria tanto acreditar nele. Deitei-me na espreguiçadeira e imaginei como meus pais abririam a carta, encontrariam as pistas escondidas e me libertariam. Paciência, eu tinha que ter paciência, e logo aquele pesadelo acabaria.

No dia seguinte, minha fantasia ruiu como um castelo de cartas. O sequestrador apareceu no cativeiro com o dedo machucado e disse que "alguém" havia lhe arrancado a carta em uma briga e que fora ferido ao tentar recuperá-la. Deixou escapar que foram os mandantes do sequestro, que não queriam que eu tivesse contato com meus pais. Com isso, os vilões fictícios da quadrilha de pornografia adquiriam uma realidade ameaçadora. E, ao mesmo tempo, o sequestrador passava para a posição de protetor – afinal de contas, tentara cumprir meu pedido e fora ferido.

Hoje sei que ele nunca teve a intenção de enviar a carta e deve tê-la queimado, como as outras coisas que tirou de mim. Na época, eu queria acreditar nele.

Nas primeiras semanas, o sequestrador fez de tudo para não prejudicar a imagem de meu suposto protetor. Realizou até meu maior desejo: um computador. Era um Commodore C64 antigo, com pouca capacidade de memória, mas alguns disquetes de jogos com os quais eu podia me distrair. Meu jogo preferido era "de comer": o jogador tinha de mover um homenzinho através de um labirinto subterrâneo para fugir dos monstros e comer os pontos – uma versão um pouco mais sofisticada do Pacman. Eu passava horas juntando pontos. Quando o sequestrador estava no cativeiro, de vez em quando jogávamos em uma tela dividida. Frequentemente ele me deixava – a criança pequena – ganhar. Hoje vejo a analogia com minha própria situação no porão: a qualquer momento, monstros poderiam invadi-lo e eu teria de fugir deles. Meus pontos eram prêmios, como aquele computador, "conquistados" por um comportamento "irrepreensível".

Quando me cansei do jogo, ele trocou para o Space Pilot, em que o jogador tinha de voar pelo universo e atirar em naves alienígenas. O terceiro jogo no C64 era de estratégia, chamado Kaiser, no qual era necessário invadir e dominar as nações para se tornar imperador. Era o jogo preferido do sequestrador. Entusiasmado, ele enviava suas tropas para a guerra e as deixava morrer de fome ou realizar trabalhos forçados, desde que isso servisse para aumentar seu poder e suas legiões não fossem dizimadas.

Isso tudo acontecia em um mundo virtual. Mas não demoraria muito até ele me mostrar sua outra face.

– Se não fizer o que eu mandar, tiro a luz de você.

– Se não for boazinha, vou ter que prendê-la.

Nessas circunstâncias, só me restava ser "boazinha", sem saber o que ele queria dizer. Às vezes, bastava eu fazer um movimento brusco para ele mudar de humor. Ou olhar para ele, apesar da ordem de manter os olhos fixos no chão. Tudo o que não correspondia aos padrões que ele estabelecera para meu comportamento estimulava sua paranoia. Então ele me repreendia e me acusava repetidamente de querer enganá-lo e iludi-lo. Provavelmente o que estimulava seus delírios verbais era a incerteza quanto à possibilidade de eu me comunicar com o mundo exterior. Ele não gostava quando eu insistia que ele era injusto comigo. E queria ouvir aplausos quando trazia algo para mim, elogios pelo esforço que fizera por minha causa – como arrastar o pesado aquecedor até o cativeiro. Na época, ele começou a exigir demonstrações de gratidão. E eu as recusava tanto quanto podia:

– Só estou aqui porque você me prendeu.

Em segredo, naturalmente eu não podia fazer outra coisa senão me alegrar quando ele trazia comida ou algo de que eu precisava desesperadamente.

Hoje que sou adulta, acho impressionante o fato de que meu medo, meu pânico recorrente, não era dirigido à pessoa do sequestrador. Isso podia ser uma reação à sua aparência indefinível, à sua insegurança, ou uma estratégia dele para que eu me sentisse segura naquela situação intolerável – e assim o visse como uma figura indispensável. O que era assustador naquelas circunstâncias era o cativeiro no subsolo, as paredes e portas fechadas e os supostos mandantes do sequestro. O próprio sequestrador agia, muitas vezes, como se seu crime fosse apenas uma atitude assumida por ele, mas que não coincidia com sua personalidade. Em minha imaginação infantil, ele decidira ser um criminoso e cometera uma má ação. Eu não duvidava de que suas ações eram um crime que precisava ser punido, mas eu as distinguia da pessoa que as cometera. O vilão era apenas um papel que ele desempenhava.

– A partir de agora, você vai preparar sua comida.

Em uma manhã durante a primeira semana, o sequestrador apareceu no cativeiro com uma caixa de compensado escuro. Ele a encostou na parede, pôs uma chapa elétrica e um pequeno forno em cima e ligou os dois na eletricidade. Em seguida, desapareceu novamente. Quando voltou, trazia nos braços uma panela de aço inoxidável e uma pilha de refeições prontas: latas de feijão e *goulash* e uma seleção de refeições instantâneas em pequenos potes de plástico branco embalados em papelão colorido, que se aqueciam em banho-maria. Então me explicou como funcionava a chapa elétrica.

Eu estava feliz por recuperar uma parte de minha independência. Mas, quando despejei a primeira lata na pequena panela e a coloquei na chapa, não sabia até que temperatura ela tinha de esquentar nem quanto tempo levaria até a comida ficar pronta. Nunca cozinhara e me sentia sozinha e sobrecarregada. Sentia saudade de minha mãe.

Olhando para trás, me admira que ele deixasse uma criança de 10 anos cozinhar, sobretudo porque normalmente era muito cauteloso, vendo em mim apenas uma criança pequena e indefesa. Mas, daquele momento em diante, eu aqueceria uma refeição por dia na chapa elétrica. O sequestrador vinha todas as manhãs e mais uma vez à tarde ou à noite. Todas as manhãs, trazia uma xícara de chá ou de chocolate quente, uma fatia de bolo ou uma tigela de cereal. À tarde ou à noite – dependendo de quando ele tinha tempo –, trazia salada de tomate, um sanduíche ou um prato quente, que dividia comigo. Macarrão com carne e molho, arroz com carne, comida caseira austríaca, que sua mãe preparava. Na época, eu não tinha ideia de onde vinha a comida e de como ele vivia. Se a família era cúmplice e se sentava confortavelmente com ele na sala de estar, enquanto eu deitava no colchão fino no porão. Ou ainda se os mandantes do sequestro também viviam na casa e ele só era enviado para baixo para me alimentar. Na verdade, ele cuidava para que eu comesse de modo saudável e me trazia regularmente laticínios e frutas.

Um dia ele me trouxe dois limões partidos em quatro pedaços, que me deram uma ideia. Era um plano infantil e ingênuo – mas, na ocasião, me pareceu genial: eu queria fingir uma doença que obrigasse o sequestrador a me levar até um médico. Sempre ouvira minha avó e as amigas dela contarem histórias da época da ocupação russa na Áustria Oriental, sobre como as mulheres evitavam estupros e raptos, que na época eram comuns. Um dos truques era aplicar geleia vermelha na face para parecer uma terrível doença de pele. Outro envolvia limões.

Assim que fiquei sozinha, descasquei cuidadosamente a pele fina do limão. Então a colei no meu braço com creme. Parecia repulsivo, como se eu realmente tivesse uma inflamação purulenta. Quando o sequestrador voltou, mostrei o braço e fingi uma grande dor. Chorei e pedi que me levasse ao médico. Ele me olhou fixamente, então limpou com um só gesto a pele do limão que estava no meu braço.

Nesse dia, me deixou sem luz. Deitei no escuro e atormentei minha mente com outras possibilidades para obrigá-lo a me libertar. Não consegui pensar em nenhuma.

Naqueles dias, minha única esperança era a polícia. Naquele momento, eu ainda acreditava firmemente em minha libertação e esperava que o resgate ocorresse antes que ele me entregasse aos mandantes ameaçadores – ou encontrasse mais alguém que soubesse o que fazer com uma menina sequestrada. Esperava pelo dia em que homens de uniforme derrubariam a parede do cativeiro. Na verdade, no mundo exterior, a busca em larga escala fora cancelada na quinta-feira – apenas três dias depois do sequestro. A procura pelas redondezas não teve sucesso, e agora a polícia interrogava as pessoas de meu círculo familiar. Nos meios de comunicação, ainda apareciam diariamente chamadas com minha foto e a mesma descrição de sempre:

> Menina de cerca de 1,45 metro de altura, 45 quilos e estrutura larga. Cabelos castanho-claros, lisos, com franja, e olhos azuis. Na ocasião de seu desaparecimento, a menina de 10 anos vestia um casaco de esqui vermelho com capuz, um vestido *jeans* azul com pala, mangas xadrez cinza e branco, meia-calça azul-clara e sapatos de camurça pretos tamanho 34. Natascha Kampusch usava óculos de armação azul-clara oval de plástico com a ponte amarela. De acordo com a polícia, é levemente estrábica. A criança carregava uma mochila azul e amarela com tiras turquesa.

Lendo o registro policial, soube que, depois de quatro dias, cento e trinta pistas já haviam sido recebidas. As pessoas diziam ter me visto com minha mãe em um supermercado em Viena, sozinha em uma parada na estrada, uma vez em Wels e três vezes no Tirol. Durante três dias, a polícia procurou por mim em Kitzbühel. Uma equipe de oficiais austríacos viajou até a Hungria, onde alguém teria me descoberto em Sopron. A pequena aldeia na qual eu passara o fim de semana anterior com meu pai foi sistematicamente vasculhada pelos policiais húngaros, e montou-se um esquema de vigilância dos arredores e da casa de meu pai – supunha-se que eu pudesse ter fugido para lá. Um homem ligou para a polícia e exigiu um resgate de um milhão de xelins por mim. Era um aproveitador, um impostor – como tantos outros que ainda apareceriam.

Seis dias depois do sequestro, o responsável pelas investigações informou aos meios de comunicação: "Na Áustria e na Hungria, oficiais uniformizados procuram por Natascha com cartazes de busca. Ainda não desistimos. Entretanto, não acreditamos que veremos a criança com vida novamente". Nenhuma das inúmeras pistas forneceu dicas quentes.

E a polícia não investigou a única pista que poderia ter levado até mim: na terça-feira, um dia após o sequestro, uma menina de 12 anos relatou que uma criança fora arrastada para dentro de uma caminhonete branca com vidros escuros na Melangasse. Mas a princípio a polícia não levou a sério essa informação.

Em meu cativeiro, eu não imaginava que já se começava a falar, do lado de fora, que eu poderia estar morta. Estava convencida de que a busca em larga escala ainda acontecia. Quando eu deitava na espreguiçadeira e fitava o teto branco rebaixado com a lâmpada nua, imaginava que a polícia estaria falando com meus colegas de escola e pensava nas respostas de cada um. Via a assistente da escola na minha frente, como ela descreveria quando e onde me vira pela última vez. E imaginava quem dos muitos vizinhos no conjunto habitacional de Rennbahn teria me observado ao deixar a casa e se alguém na Melangasse vira o sequestro e a caminhonete branca.

Cada vez mais tendia a fantasias de que o sequestrador exigiria o resgate e me libertaria após o pagamento. Sempre que eu aquecia a comida na chapa elétrica, rasgava com cuidado as pequenas imagens da embalagem da refeição e as escondia no bolso do vestido. Eu vira nos filmes que os sequestradores, às vezes, tinham de provar que as vítimas ainda estavam vivas para receber o resgate. E, com as imagens, eu poderia provar que me alimentava regularmente. E poderia provar a mim mesma que ainda estava viva.

Por segurança, arranquei um pequeno pedaço da tinta da bancada em que esquentava a comida e também o guardei no vestido. Com isso, nada mais podia dar errado. Eu imaginava que, após o pagamento do resgate, o sequestrador me abandonaria em um local desconhecido e eu ficaria sozinha. Meus pais iriam até o local e me pegariam. Avisaríamos a polícia e eu daria aos oficiais a lasca de tinta. Então a polícia só precisaria examinar todas as garagens em Strasshof em busca do cativeiro no porão. A bancada lascada seria a principal evidência.

Em minha mente, eu guardava cada detalhe sobre o sequestrador, de modo que pudesse descrevê-lo após minha libertação. Mas eu dependia muito das aparências, que não revelavam quase nada sobre ele. Em suas idas ao cativeiro, costumava vestir uma camiseta e calças esportivas da Adidas – uma roupa prática para ele poder se espremer pelo corredor estreito que levava até o cativeiro.

Qual a idade dele? Eu o comparava aos adultos de minha família – mais jovem que minha mãe, mas mais velho que minhas irmãs, que na época tinham por volta de 30 anos. Embora ele parecesse jovem, uma vez comentei:

– Você tem 35 anos.

Só muito mais tarde descobri que estava certa.

Também descobri o nome dele – para esquecer em seguida.

– Veja, esse é meu nome – ele disse certa vez, nervoso com minhas constantes perguntas, enquanto segurava, por alguns segundos, o cartão de visita diante do meu rosto. – Está escrito Wolfgang Priklopil. Naturalmente, não é meu nome verdadeiro – acrescentou, rindo.

Eu acreditei. Parecia impossível que um bandido perigoso tivesse um nome tão comum quanto Wolfgang. Não pude ler o sobrenome tão rápido – era algo complicado e difícil para uma criança nervosa lembrar.

– Talvez eu me chame Holzapfel* – acrescentou ele, antes de fechar a porta atrás de si.

---

* Maçã ácida, em alemão. (N. da T.)

Na época, eu não tinha ideia do que significava esse nome. Hoje sei que Ernst Holzapfel era algo como o melhor amigo de Wolfgang Priklopil.

Quanto mais próximo chegávamos de 25 de março, mais nervosa eu ficava. Desde o dia do sequestro, perguntava diariamente a Priklopil a data e a hora para não ficar completamente desorientada. Para mim, não havia dia ou noite e, embora já fosse primavera no lado de fora, no cativeiro continuava fazendo um frio congelante quando o aquecedor era desligado. Uma manhã, ele respondeu:

– Segunda-feira, 23 de março.

Fazia três semanas que eu não tinha o menor contato com o mundo exterior. E em dois dias seria o aniversário da minha mãe.

A data tinha para mim uma grande força simbólica – se eu tivesse de vê-la passar sem poder parabenizar minha mãe, o cativeiro deixaria de ser um pesadelo passageiro para se tornar algo inegavelmente real. Até então, eu apenas perdera alguns dias de aula. Mas não estar em casa no dia de uma comemoração familiar importante constituía um marco significativo. "Esse foi o aniversário em que Natascha não estava aqui", ouvia minha mãe contar aos netos. Ou pior: "Foi o primeiro aniversário em que Natascha não esteve aqui".

Eu me afligia profundamente pelo fato de ter saído brigada com minha mãe, e agora, no dia de seu aniversário, não poder dizer a ela que falara aquelas coisas da boca para fora e que a amava. Na minha cabeça, eu tentava parar o tempo e imaginava, desesperadamente, como poderia lhe enviar notícias. Talvez dessa vez funcionasse, diferentemente do que ocorrera com a carta. Eu abandonaria a ideia de esconder alguma pista sobre o local em que me encontrava. Tudo o que queria era dar um sinal de vida no dia do aniversário dela.

Na refeição seguinte, tentei convencer o sequestrador, até que ele se mostrou disposto a trazer um gravador para o cativeiro. Com ele, eu poderia enviar notícias para minha mãe!

Reuni todas as forças para parecer alegre na fita:

– Mãezinha querida, estou bem. Não se preocupe comigo. Feliz aniversário. Sinto muito sua falta.

Tive de recomeçar várias vezes, porque as lágrimas escorriam pelo meu rosto, e eu não queria que minha mãe me ouvisse soluçar.

Depois que terminei, Priklopil pegou a fita e me garantiu que entraria em contato com minha mãe e a tocaria para ela. Eu queria tanto acreditar nele. Seria um alívio enorme se minha mãe não sofresse tanto por minha causa.

Mas ela nunca ouviu a fita.

Para o sequestrador, dizer que tocara a gravação para minha mãe foi um movimento importante em seu jogo de dominação, pois, pouco tempo mais tarde, ele mudou de estratégia e não falou mais de mandantes, mas de sequestro por resgate.

Ele falava seguidamente que entrara em contato com meus pais, mas eles não tinham manifestado interesse em me libertar.

– Seus pais não amam você. Eles não a querem de volta. Estão felizes porque finalmente se livraram de você.

Essas frases penetravam como ácido nas feridas abertas de uma criança que não se sentia amada. Mas eu não acreditava que meus pais não quisessem me libertar. Sabia que eles não tinham muito dinheiro, mas estava firmemente convencida de que fariam de tudo para juntar o valor do resgate.

– Eu sei que meus pais me amam, eles sempre me dizem isso – falava, sem medo, diante das observações maliciosas do sequestrador, que lamentava ainda não ter tido resposta deles.

Mas a dúvida – já semeada antes do cativeiro – aumentava.

Sistematicamente ele minou a crença em minha família e, com isso, uma base importante de minha já instável autoconfiança. A certeza de ter o apoio de uma família, que faria de tudo para me libertar, diminuía lentamente, porque dia após dia ninguém vinha me socorrer.

Por que eu me tornara vítima daquele criminoso? Por que ele me escolhera e prendera? Essas perguntas começavam a me torturar e ainda hoje ocupam meus pensamentos. Era muito difícil entender as razões do criminoso, e eu buscava desesperadamente uma resposta – queria que o sequestro tivesse um sentido, uma lógica clara, que, mesmo escondida, fizesse dele mais do que um ataque casual. Até hoje é difícil lidar com o fato de que perdi minha adolescência apenas em razão do capricho e da doença mental de um homem.

Nunca obtive resposta para essa pergunta, embora eu sempre a tenha feito. Uma vez, ele respondeu:

– Vi você em uma foto escolar e a escolhi.

Mas depois desmentiu e passou a dizer:

– Você foi até mim como um gato de rua. E podemos ficar com gatos.

Ou então:

– Eu a salvei. Você deveria me agradecer.

Perto do fim do cativeiro, ele falou com mais sinceridade:

– Sempre quis uma escrava.

Até ouvir essa frase, passaram-se anos.

Eu nunca soube por que ele me sequestrou. Porque era óbvio me escolher como vítima? Priklopil vivia no mesmo distrito de Viena onde eu crescera. Na época em que eu acompanhava meu pai em suas entregas nos bares, ele era um jovem no fim da casa dos 20 anos que também vivia lá. Eu sempre me espantava, na época da escola pública, com o número de pessoas que me cumprimentavam alegremente porque me conheciam desses passeios com meu pai, que me exibia satisfeito em roupinhas bonitas e impecáveis. Ele podia ter sido uma dessas pessoas cuja atenção atraí.

Mas também era possível que o motivo fosse outro. Talvez coincidisse com a história da quadrilha de pornografia. Na época, havia na Áustria, assim como na Alemanha, muitos desses bandos, que não hesitariam em sequestrar crianças para atos bárbaros. E a descoberta do cativeiro na casa de Marc Dutroux, na Bélgica, que sequestrou e violentou meninas, havia ocorrido apenas dois anos antes. No entanto, não sei até hoje se Priklopil – como ele sempre dizia no início – me sequestrou a pedido de outras pessoas ou se fez tudo sozinho. Tento afastar as ideias sobre essa possibilidade – é muito assustador supor que, em alguma parte do mundo, os verdadeiros culpados ainda estejam livres. Durante o cativeiro, não houve indicação de comparsas, apesar das insinuações iniciais de Priklopil.

Na época, eu tinha uma imagem clara das vítimas de sequestro: meninas louras, pequenas e muito magras, quase transparentes, que flutuavam pelo mundo de modo angelical e indefeso. Eu as imaginava como criaturas com cabelos tão sedosos que era preciso tocá-los. Sua beleza paralisava homens doentes, transformando-os em bandidos violentos para mantê-las por perto. Eu, ao contrário, tinha cabelos escuros e me sentia gorda e normal. E na manhã do sequestro, mais do que nunca, eu me sentia assim. Não me adequava à imagem que fizera de uma menina sequestrada.

Hoje acho que essa imagem era falsa. Crianças pouco atraentes, com baixa autoestima, é que são escolhidas como vítimas de sequestradores. A beleza não é um fator quando se trata de sequestro ou violência sexual. Pesquisas mostram que deficientes físicos e mentais, assim como crianças sem ligações familiares, correm maior risco de se tornar vítimas de um sequestrador. Nessas "listas" aparecem, em seguida, crianças como a que eu era na manhã do dia 2 de março: assustada, com medo e chorando. Caminhava insegura até a escola, meus passos eram pequenos e incertos. Talvez ele tivesse visto isso. Talvez tivesse percebido como eu me sentia insignificante e resolvera espontaneamente que eu seria sua vítima.

Pela falta de indicação aparente do motivo pelo qual fui escolhida como vítima, comecei a me culpar no cativeiro. A briga com minha mãe na tarde anterior ao sequestro passava continuamente diante de meus olhos. Tinha medo de pensar que o sequestro poderia ser um castigo por ter sido uma filha má, porque saíra sem uma palavra de reconciliação. Eu reconsiderava tudo isso e buscava no passado os erros que cometera, cada palavra desagradável, cada situação em que não fora educada, boa ou amável. Hoje sei que é comum a vítima atribuir a si mesma a culpa pelo crime que cometeram contra ela. Na época, era uma espécie de redemoinho que me arrastava e ao qual eu não podia resistir.

A claridade torturante, que me mantivera acordada durante as primeiras noites, transformara-se, nesse meio-tempo, em escuridão total. À noite, quando o sequestrador desatarraxava a lâmpada e fechava a porta, eu me sentia separada de tudo: cega, surda pelo zumbido constante do ventilador, incapaz de me orientar no espaço e, algumas vezes, também de me perceber. Na linguagem dos psicólogos, isso se chama "privação sensorial". Restrição de estímulos. A retirada de todas as impressões sensoriais. Na época, eu só sabia que corria o risco de perder o juízo naquela escuridão solitária.

A partir do momento em que me deitava sozinha à noite até o café da manhã, eu era prisioneira de um estado de suspensão completamente privado de luz. Não podia fazer nada além de me deitar e fitar a escuridão. Algumas vezes, chorava ou batia nas paredes, em um esforço desesperado para que alguém me ouvisse.

Sozinha e com medo, era deixada à própria sorte. E tentava ganhar coragem e combater o pânico por meios "racionais". Havia palavras que me salvavam. Como outras pessoas fazem crochê e, no fim, criam um delicado centro de mesa, eu tecia palavras em minha mente e escrevia longas cartas para mim mesma, ou pequenas histórias, que ninguém poria no papel.

O ponto de partida de minhas histórias eram, na maioria das vezes, meus planos para o futuro. Eu imaginava, com todos os detalhes, como seria a vida depois da libertação. Eu melhoraria em todas as matérias da escola e superaria meu medo das pessoas. Seria mais atlética e emagreceria para participar das brincadeiras com as outras crianças. Eu imaginava como seria ir a outra escola depois de ser libertada – estava na quarta série e deveria mudar de colégio para a quinta – e como as outras crianças agiriam comigo. Será que eu me tornaria conhecida lá por causa do sequestro? Será que elas acreditariam em mim e me aceitariam como uma delas? Mas o que eu mais gostava de imaginar era o reencontro com meus pais. Como eles me tomariam nos braços, como meu pai me ergueria e giraria no ar. Como o mundo idílico de minha primeira infância retornaria e a época de brigas e humilhações seria esquecida.

Em outras noites, não bastavam as fantasias sobre o futuro. Então eu assumia o papel de minha mãe ausente, me dividia em duas e tentava me encorajar:

– É como se você tivesse tirado férias. Você está longe de casa, mas não pode simplesmente telefonar. Nas férias, não há telefonemas, e você não pode interrompê-las apenas porque teve uma noite ruim. Quando elas acabarem, você volta para casa e retoma as aulas também.

Nesses monólogos, eu imaginava minha mãe na minha frente. E ouvia quando ela dizia, com a voz firme:

– Recomponha-se, não tem sentido se aborrecer. Agora você tem que passar por isso e depois tudo vai ficar bem de novo.

Sim. Se eu fosse forte, tudo ficaria bem de novo.

E, quando nada disso adiantava, eu tentava recordar uma situação em que me sentira segura. Para isso, tinha a ajuda de uma garrafa de unguento que pedira ao sequestrador. Minha avó sempre friccionava um pouco de unguento na pele. O cheiro azedo e fresco imediatamente me transportava para a casa dela em Süssenbrunn e me dava uma sensação quente de segurança. Quando o cérebro não era mais suficiente, o nariz ajudava a não perder a ligação comigo mesma e com meu raciocínio.

Com o tempo, tentei me acostumar com o sequestrador. Eu me adaptava intuitivamente a ele, assim como alguém se adapta a costumes incompreensíveis em um país distante.

Hoje acho que o fato de ser criança me ajudou. Se eu fosse adulta, talvez não sobrevivesse às formas de controle externo e tortura psicológica a que era submetida como prisioneira em um porão. Mas as crianças são orientadas, desde pequenas, a perceber os adultos do círculo mais íntimo como autoridades inquestionáveis, que as ensinam e determinam o que é certo e errado, como devem se vestir, quando devem ir para a cama. Crianças comem o que é posto na mesa e muitas vezes não podem evitar aquilo de que não gostam. Os pais frequentemente lhes negam o que elas querem ter. Mesmo quando os adultos retiram da criança o chocolate ou o dinheiro que ela ganhou dos parentes por seu aniversário, é uma intervenção que ela precisa aceitar, acreditando que os pais estão fazendo a coisa certa. Senão, sucumbe na discrepância entre o querer próprio e o comportamento de negação daqueles que a amam.

Eu estava acostumada a obedecer às ordens dos adultos mesmo quando elas me pareciam infundadas. Se pudesse escolher, nunca teria ido para uma escola em que era dito às crianças quando lhes era permitido saciar suas necessidades mais básicas – a que horas deveriam comer, dormir e ir ao banheiro. E não teria ido todos os dias depois da escola para a loja de minha mãe, onde combatia o tédio com sorvete e pepinos em conserva.

Até mesmo tirar a liberdade das crianças, ao menos temporariamente, era algo que, para mim, não parecia inconcebível. Embora eu nunca tivesse passado por isso, um castigo comum em muitas famílias na época era trancar as crianças desobedientes em um porão escuro. E, no bonde elétrico, senhoras censuravam as mães de crianças barulhentas, dizendo:

– Se essa criança fosse minha, eu a trancaria.

As crianças podem se adaptar às circunstâncias mais adversas – veem nos adultos que batem nelas apenas alguém que as ama e chamam um barraco mofado de lar. Meu novo lar era um porão, e minha referência era o sequestrador. Meu mundo saíra dos eixos, e ele era a única pessoa naquele pesadelo que se transformara em meu mundo. Eu era tão dependente dele quanto os bebês são de seus pais – cada gesto de afeição, cada porção de alimento, a luz, o ar, minha sobrevivência física e mental, tudo dependia de um homem que me trancara em um cativeiro no porão. E ao dizer que meus pais não respondiam aos pedidos de resgate, ele me fazia ainda mais dependente dele emocionalmente.

Se eu quisesse sobreviver naquele novo mundo, tinha de estar do mesmo lado que ele. Para quem nunca esteve em uma situação extrema de opressão, pode ser difícil entender, mas hoje tenho orgulho de dizer que consegui dar um passo na direção do homem que tirou tudo de mim. Porque esse passo salvou minha vida, mesmo que eu tivesse de dedicar cada vez mais energia para manter esse "acesso positivo" ao sequestrador. Ele se transformava sucessivamente em feitor de escravos e ditador. Mas eu nunca me afastei da imagem que tinha dele.

Ele ainda mantinha a fachada de benfeitor, que queria tornar minha vida tão agradável quanto possível. Na verdade, desenvolveu-se uma espécie de rotina. Algumas semanas após meu sequestro, Priklopil trouxe para o cativeiro uma mesa de jardim, duas cadeiras dobráveis, um pano de prato, que eu usava como toalha de mesa, e alguns pratos. Quando ele chegava com a comida, eu arrumava o pano de prato sobre a mesa, dois copos e os garfos ao lado dos pratos. Faltavam apenas guardanapos, que ele era miserável demais para trazer. Então nos sentávamos juntos à mesa dobrável, comíamos a refeição pré-cozida e bebíamos suco de fruta. Na época, ele ainda não racionava nada, e eu gostava de poder beber quanto quisesse. Havia uma espécie de intimidade, e eu começava a me alegrar por aquelas refeições com o sequestrador. Elas interrompiam minha solidão. E se tornaram importantes para mim.

As circunstâncias eram tão absurdas que eu não podia classificá-las sob nenhuma categoria que conhecesse em minha realidade anterior. Aquele pequeno mundo escuro que subitamente me aprisionara escapava, sob todos os pontos de vista, a uma avaliação normal. Eu precisava buscá-la em outro lugar. Será que eu me encontrava em um conto de fadas? Em um lugar saído da imaginação dos irmãos Grimm, distante da normalidade? Naturalmente. Strasshof já não estivera envolvida em uma aura de maldade? Os detestados sogros de minha irmã moravam ali, em um bairro chamado Silberwald.* Quando eu era pequena, temia os encontros com eles no apartamento de minha irmã. O nome do lugar e o humor hostil da família já haviam transformado Silberwald – e Strasshof também – em uma floresta enfeitiçada mesmo antes de meu sequestro. Sim, eu tinha certeza absoluta de ter aterrissado em um conto de fadas cujo sentido não estava claro para mim.

A única coisa que não se adequava aos contos de fadas malévolos era o banho à noite. Não me lembrava de ter lido algo sobre isso antes. No cativeiro, havia apenas uma pia dupla de aço inoxidável e água fria. O aquecimento de água que o sequestrador instalara não funcionava. Ele trazia água quente em garrafas de plástico. Eu tinha de me despir, sentar em uma das pias e colocar os pés na outra. No começo, ele só derramava água quente em mim. Depois, tive a ideia de fazer pequenos buracos nas garrafas, como se fosse um chuveiro. Como havia pouco espaço, ele me ajudava no banho. Eu não estava acostumada a ficar nua na frente de um homem estranho. Em que ele estaria pensando? Eu o olhava insegura, mas ele me esfregava como se eu fosse um automóvel. Em seus gestos, não havia delicadeza nem agressividade. Ele cuidava de mim como se conservasse um equipamento doméstico.

---

* Floresta de prata, em alemão. (N. da T.)

Justamente nesses dias em que a imagem dos contos de fadas maus começava a se impor sobre a realidade, a polícia finalmente resolveu investigar a pista da menina que vira o sequestro. Em 18 de março foi divulgada a declaração da única testemunha, com o anúncio de que, nos próximos dias, setecentas caminhonetes brancas seriam examinadas. O sequestrador teve tempo suficiente para se preparar.

Na Sexta-Feira da Paixão, o quadragésimo dia de sequestro, a polícia chegou a Strasshof e solicitou a Wolfgang Priklopil que apresentasse o automóvel. Ele o enchera de entulho e disse à polícia que estava usando a caminhonete para a reforma da casa. Em 2 de março, segundo a declaração de Priklopil, ele passara o dia todo em casa. Mas não havia testemunhas. O sequestrador não tinha álibi – fato que foi encoberto pela polícia mesmo nos anos seguintes à minha fuga.

Os policiais ficaram satisfeitos e desistiram de examinar a casa, o que Priklopil aparentemente oferecera de bom grado. Enquanto eu estava no cativeiro, esperando pelo resgate e tentando não perder o juízo, eles tiraram algumas fotos do automóvel com o qual eu fora sequestrada e as anexaram aos autos. Em minhas fantasias de resgate, os especialistas examinavam a área em busca de vestígios de DNA ou de fibras de minhas roupas. Mas, lá em cima, a imagem era outra – a polícia não fez nada disso. Eles apenas se desculparam com Priklopil e saíram sem examinar com mais cuidado a caminhonete ou a casa.

Somente após a fuga descobri quão perto o sequestrador esteve de ser preso, se a polícia realmente tivesse levado a sério a questão. De todo modo, dois dias depois, ficou claro para mim que eu não seria mais libertada.

O Domingo de Páscoa do ano de 1998 caiu em 12 de abril. O sequestrador me trouxe uma pequena cesta com ovos de chocolate coloridos e um coelho de chocolate. "Celebramos" a ressurreição de Cristo à luz da lâmpada nua na pequena mesa de jardim, em meu cativeiro fedorento. Eu me alegrei pelos doces e tentei, por todos os meios, afastar o pensamento do mundo exterior, de Páscoas anteriores. A grama. A luz. O sol. As árvores. O ar. As pessoas. Meus pais.

Nesse dia, o sequestrador me explicou que desistira de pedir o resgate, porque meus pais não tinham se comunicado.

– Obviamente eles não estão muito interessados em você – disse.

Então veio a sentença: prisão perpétua.

– Você já viu meu rosto e me conhece muito bem. Não posso libertá-la. Não vou poder devolvê-la a seus pais, mas vou cuidar de você, na medida do possível.

Minhas esperanças foram destruídas com um único golpe no Domingo de Páscoa. Chorei e pedi que ele me deixasse sair:

– Eu tenho a vida inteira pela frente! Você não pode me prender aqui! E a escola? E meus pais? – e jurei por Deus e por tudo o que era mais sagrado que não o denunciaria.

Mas ele não acreditou em mim – livre, eu esqueceria rapidamente o juramento ou não suportaria a pressão da polícia. Eu tentava argumentar que ele não queria passar o resto da vida com uma vítima de sequestro no porão e implorei que me levasse para longe, com os olhos vendados – eu não seria capaz de encontrar a casa e não teria nenhum nome para a polícia chegar até ele. Criei até planos de fuga para ele. Ele podia emigrar, afinal viver em outro país seria melhor do que me prender para sempre no cativeiro e ter de se preocupar comigo.

Solucei, pedi e então comecei a gritar:

– A polícia vai me encontrar! E então eles vão prender você! Ou atirar! E se eles não encontrarem, meus pais me encontrarão!

Até que a voz falhou.

Priklopil permaneceu totalmente calmo.

– Já esqueceu que eles não se interessam por você? E, se eles aparecerem aqui, vou matá-los.

Em seguida, saiu e fechou a porta pelo lado de fora.

Eu estava só agora.

Somente dez anos depois – dois longos anos depois de minha fuga e durante um escândalo policial em torno dos erros da investigação e da tentativa de acobertá-los –, descobri quão perto estive de ser resgatada pela segunda vez naquela Páscoa. Na terça-feira seguinte, dia 14 de abril, a polícia divulgou outra pista. Testemunhas declararam ter visto, na manhã do sequestro, uma caminhonete com vidros escuros nas proximidades do conjunto habitacional. Na placa, lia-se Gänserndorf – o distrito onde se localiza Strasshof.

Mas uma segunda pista não foi divulgada pela polícia. No mesmo dia 14 de abril, um adestrador de cães da polícia de Viena ligou para uma delegacia. O oficial em serviço ouviu o seguinte aviso (erros no original):

> Em 14 de abril de 1998, às 14h45, um homem desconhecido telefonou e comunicou a seguinte informação:
> Em relação à busca da caminhonete branca com vidros escuros no distrito de Gänserndorf e ao desaparecimento de Kampusch Natasche, há uma pessoa em Strasshof/Nordbahn que pode estar associada ao desaparecimento e que também é proprietário de uma caminhonete branca, modelo Mercedes, com vidros escuros. O homem é conhecido como um "lobo solitário", tem extrema dificuldade com a vizinhança e problemas de relacionamento. Ele vive com a mãe em Strasshof/Nordbahn, Heinestrasse 60 (casa particular), totalmente gradeada e com sistema de alarme elétrico. O homem possivelmente também guarda armas em casa. A caminhonete branca, modelo Mercedes, placa desconhecida, com vidros laterais e traseiro totalmente escurecidos, tem sido vista frequentemente diante da casa, na Heinestrasse 60. Anteriormente o homem era engenheiro de telecomunicações na Siemens e talvez ainda seja funcionário da empresa. Possivelmente o homem vive com a mãe idosa na casa e supõe-se que tenha preferência sexual por "crianças". Não se sabe se tem antecedentes criminais relacionados a isso.
> O nome do homem é desconhecido do autor da chamada, que só o conhece da vizinhança. O homem tem cerca de 35 anos, cabelos louros, entre 175 e 180 centímetros de altura e é magro.
> O autor anônimo da chamada não pôde fornecer mais informações.

ENTERRADA VIVA

O pesadelo se torna realidade

A toca do coelho se alongava como um túnel e então subitamente parecia mergulhar – tão subitamente que Alice não teve um instante sequer para pensar em parar, antes de perceber que caía no que parecia ser um poço muito profundo. [...] Caindo, caindo, caindo. Será que a queda *nunca* teria fim? [...]

– De que adianta chorar assim? – perguntou-se severamente. – É bom parar com isso agora mesmo!

Em geral, dava bons conselhos a si mesma (muito embora raramente os seguisse), mas às vezes era tão dura que lágrimas lhe vinham aos olhos; certa vez ela se lembrou de ter puxado as próprias orelhas por trapacear em um jogo de *croquet* que jogava consigo mesma, pois essa curiosa menina gostava muito de fingir que era duas pessoas.

– Mas agora não vai adiantar – pensou a pobre Alice – querer ser duas pessoas! Pois se quase nada restou para fazer *uma* pessoa respeitável!

LEWIS CARROLL, *Alice no País das Maravilhas*

UM DOS PRIMEIROS LIVROS que li no cativeiro foi *Alice no País das Maravilhas*, de Lewis Carroll. O livro me afetou de modo estranho e desagradável. Alice – uma menina da minha idade – segue, em sonho, um coelho branco falante até a casa dele. Quando ela entra na toca do coelho, cai nas profundezas e chega a um lugar com muitas portas. Está presa em um mundo intermediário debaixo da terra, mas o caminho para a superfície está bloqueado. Alice encontra uma chave para a porta menor e um frasco com uma bebida mágica que a faz encolher. Mal passa pela minúscula porta, esta se fecha atrás dela. No mundo subterrâneo em que entra, nada faz sentido. As dimensões se modificam continuamente, e os animais falantes que ela encontra ali fazem coisas que contradizem a lógica. Mas ninguém parece se incomodar com isso. Tudo parece deslocado e fora de equilíbrio. O livro inteiro é um único pesadelo extravagante, em que todas as leis da natureza são suspensas. Nada nem ninguém é normal – a menina está sozinha em um mundo que não compreende e no qual não tem ninguém para conversar. Ela tem de criar coragem para não chorar e para agir de acordo com as regras dos outros. Visita os intermináveis chás do chapeleiro, em que todo tipo de convidados malucos aparece, e participa do terrível jogo de *croquet* da malvada Rainha de Copas, em que, ao final, todos os outros participantes são condenados à morte.

– Cortem-lhe a cabeça! – grita a rainha, rindo de modo insano.

Alice consegue abandonar esse mundo subterrâneo porque acorda do sonho. Quanto a mim, quando eu abria os olhos depois de algumas horas de sono, o pesadelo continuava. Essa era minha realidade.

O livro todo, publicado originalmente como *As aventuras de Alice no subterrâneo*, era uma descrição exagerada de minha condição. Eu também era prisioneira no subterrâneo, em um cômodo que o sequestrador separara do mundo exterior com muitas portas. Eu também estava presa em um mundo em que todas as regras que eu conhecia eram inoperantes. Tudo o que eu aplicava à minha vida havia muito tempo não fazia sentido ali. Eu me tornara parte da fantasia doentia de um psicopata, uma fantasia que eu não compreendia. E não podia compreender. Não havia mais nenhuma conexão com o outro mundo no qual eu vivera. Nenhuma voz conhecida, nenhum ruído familiar que me indicasse que o mundo lá em cima ainda existia. Nessas circunstâncias, como manter uma conexão com a realidade e comigo mesma?

Eu esperava em vão – como Alice – acordar subitamente em meu quarto antigo, assustada com um pesadelo maluco, que não tinha nenhuma conexão com meu "mundo real". Mas não se tratava de um sonho meu no qual eu estava presa; era o sonho do sequestrador. E ele não estava dormindo, mas fazia de sua vida a concretização de uma fantasia cruel da qual não havia saída, nem para ele.

Nesse momento, parei de tentar convencer o sequestrador a me libertar. Eu sabia que não adiantaria.

O mundo em que eu vivia tinha encolhido para cinco metros quadrados. Se eu não quisesse enlouquecer, teria de tentar reivindicá-lo para mim. E não podia esperar, tremendo, pelo terrível "Cortem-lhe a cabeça", como os homens feitos de cartas de baralho de *Alice no País das Maravilhas*, nem me submeter, como as criaturas coloridas daquela realidade confusa. Precisava tentar criar, naquele local sombrio, um refúgio, uma espécie de casulo protetor que mantivesse o antigo mundo a meu redor, mesmo sabendo que o sequestrador podia entrar ali a qualquer momento.

Comecei a enfeitar o cativeiro e a transformar a prisão do sequestrador em *meu* espaço, em *meu* quarto. As primeiras coisas que quis foram um calendário e um despertador. Eu estava presa em uma lacuna temporal, em que o sequestrador era o dono do tempo. As horas e os minutos se confundiam em uma massa densa, que se estendia, sufocante, sobre tudo. Como um deus, Priklopil tinha o poder sobre a luz e as trevas em meu mundo. "E Deus falou: Faça-se a luz. E a luz se fez. E Deus chamou a luz de dia e a escuridão de noite." Uma lâmpada me dizia quando dormir e quando despertar.

Todos os dias, eu perguntava o dia da semana e a data. Não sabia se ele mentia, mas isso não tinha importância. O mais importante para mim era a sensação de ter uma conexão com minha vida anterior, "no andar de cima". Saber se era dia de escola ou fim de semana. Se era um feriado ou um aniversário, que eu gostaria de passar com minha família. Medir o tempo – aprendi na época – talvez seja a referência mais importante em um mundo que ameaça se dissolver. O calendário me devolvia uma pequena parcela de orientação e imagens às quais o sequestrador não tinha acesso. Agora, eu sabia se naquele dia as outras crianças levantariam cedo ou dormiriam até tarde. Em minha fantasia, eu acompanhava a rotina de minha mãe: hoje ela iria até a loja; depois de amanhã, talvez visitasse uma amiga e, no fim de semana, viajasse com o namorado. Os números e os nomes dos dias da semana assumiam vida própria, que me dava apoio.

O despertador era quase tão importante quanto o calendário. Eu havia pedido um antigo, que acompanhasse o ponteiro dos segundos com um tique-taque alto e monótono. Minha querida avó tinha um despertador desses. Quando eu era pequena, detestava o tique-taque, que perturbava meu sono e parecia invadir meus sonhos. Agora eu me agarrava a esse som como alguém debaixo da água se agarra a um último canudo, através do qual ainda pode sorver um pouco do ar da superfície para os pulmões. O despertador me mostrava, a cada tique-taque, que o tempo não havia parado e que a Terra continuava girando. Em meu estado de suspensão, sem noção de tempo e espaço, o despertador assinalava com seu tique-taque minha conexão com o mundo real.

Quando eu me esforçava, me concentrava tanto nesse ruído que podia bloquear por alguns minutos o zumbido enervante do ventilador, que preenchia o quarto até o limite do suportável. À noite, quando me deitava e não conseguia dormir, o tique-taque do despertador era como uma longa tábua de salvação, com a qual eu podia sair do cativeiro e me enfiar em minha cama no apartamento de minha avó. Lá eu poderia dormir tranquila, sabendo que ela tomava conta de mim no quarto ao lado. Nessas noites, eu esfregava um pouco de unguento na mão. Quando a encostava no rosto e sentia o cheiro característico, uma incrível sensação de proximidade se apoderava de mim. Como antigamente, enterrava o rosto no avental de minha avó, e era assim que conseguia dormir.

Durante o dia, me ocupava em arrumar o cômodo minúsculo de modo tão confortável quanto possível. Pedira ao sequestrador material de limpeza para afastar o cheiro úmido de prisão e morte suspenso no ar. No chão, um mofo preto, superficial, se formava graças à umidade extra causada pela minha presença, o que piorava o ar fedorento, dificultando a respiração. O laminado estava encharcado e havia manchas, porque a umidade do solo penetrara ali. Essas manchas eram uma lembrança persistente e dolorosa de que provavelmente eu me encontrava debaixo da superfície da terra. O sequestrador trouxera para mim uma vassoura vermelha, um pote de limpador multiuso, um *spray* ambiente e panos de limpeza com aroma de tomilho que eu vira em propagandas na TV.

Eu varria diariamente cada canto do cativeiro e mantinha o chão brilhante. Começava a esfregar próximo à porta. A parede ali era um pouco mais larga que a porta estreita. Dessa parede, eu ia para a esquerda em ângulo oblíquo com a parte do cômodo onde ficavam o vaso sanitário e a pia dupla. Eu podia passar horas limpando com solução descalcificante as pequenas gotas de água no metal da pia até que brilhasse imaculada, e deixar o vaso sanitário tão limpo como uma valiosa flor de porcelana. Então eu limpava cuidadosamente da porta até o restante do cômodo: primeiro, ao longo do lado mais comprido da parede; em seguida, ao longo do lado mais curto, até chegar à parede estreita diante da porta. Finalmente, empurrava a espreguiçadeira para o lado e limpava o centro do cômodo, tomando cuidado para não usar muito detergente e aumentar ainda mais a umidade.

Quando terminava, uma versão química de frescor, natureza e vida pairava no ar, que eu absorvia com sofreguidão. Depois de borrifar um pouco de *spray* ambiente, podia descansar por alguns instantes. O cheiro de lavanda não era particularmente bom, mas me dava a ilusão de planícies em flor. E, quando eu fechava os olhos, a imagem impressa no rótulo do aerossol se tornava um cenário que se desenrolava diante das paredes de minha prisão – em pensamento, eu percorria a sequência infinita de flores azul-violáceas, sentia a terra sob meus pés e o aroma fresco da vegetação. O ar quente estava impregnado de zumbidos de abelhas, e o sol queimava minha nuca. Acima de mim, estendia-se o céu azul, infinitamente alto, infinitamente vasto. Os campos erguiam-se na direção do horizonte, sem muros e sem limites. E eu corria, tão rápido que tinha a sensação de voar. Nada podia me deter naquela infinidade azul-violácea.

Quando abria os olhos, as paredes nuas subitamente me traziam de volta de minha viagem de fantasia.

Imagens. Eu precisava de mais imagens, do *meu* mundo, que *eu* pudesse criar. Que *não* correspondessem às fantasias doentias do sequestrador, que me assaltavam de cada canto do cômodo. Comecei, pouco a pouco, a pintar com os lápis de cera da escola o revestimento de madeira das paredes. Queria deixar nelas uma parte de mim, como os prisioneiros que rabiscam as paredes das celas. Com imagens, frases e incisões para cada dia.

Agora eu percebia que eles não fazem isso por tédio – desenhar é um meio de evitar a sensação de impotência e de estar à mercê dos outros. Eles fazem isso para provar a si mesmos e a quem quer que entre na cela que eles existem, ou ao menos alguma vez existiram.

As pinturas nas paredes tinham, para mim, uma segunda finalidade: criar um cenário no qual podia imaginar que estava em casa. Primeiro, tentei pintar a área de entrada do apartamento – na porta do cativeiro, desenhei a maçaneta de nossa porta e, na parede ao lado, a pequena cômoda, que ainda hoje fica no corredor do apartamento de minha mãe. Desenhei o contorno meticulosamente e pintei as maçanetas das gavetas – não tinha muitas cores, mas eram suficientes para criar a ilusão. Quando me deitava e olhava para a porta, imaginava que ela se abriria a qualquer momento, minha mãe entraria para me beijar e deixaria as chaves sobre a cômoda.

Depois, desenhei minha árvore genealógica na parede. Meu nome ficava embaixo, depois vinha o nome de minhas irmãs, seus maridos e filhos, de minha mãe e do namorado, de meu pai e da namorada e, por fim, de meus avós. Passei muito tempo criando essa árvore genealógica. Ela me oferecia um lugar no mundo e me garantia que eu era parte de uma família, parte de um todo, e não um átomo disperso fora do mundo real, como frequentemente eu me sentia.

Na parede oposta, desenhei um grande automóvel, um Mercedes SL prata – meu preferido. Eu tinha uma miniatura em casa e queria comprá-lo quando crescesse. No lugar das rodas, pintei seios fartos. Vira isso em um grafite em uma parede de concreto próxima ao conjunto habitacional. Não sei mais por que desenhei isso. Aparentemente queria algo forte, supostamente adulto. Já nos últimos meses na escola pública, eu provocava os professores. Antes do início da aula, podíamos desenhar com giz no quadro-negro, desde que apagássemos tudo na hora certa. Enquanto as outras crianças desenhavam flores e personagens de desenhos, eu rabiscava palavras como "Protesto!", "Revolução!", ou ainda "Abaixo os professores!". Não era um comportamento apropriado a uma turma pequena de vinte crianças, na qual estudávamos protegidos, como em um jardim de infância prolongado. Não sei se, na época, havia chegado à puberdade antes dos colegas de classe ou se queria marcar pontos com aqueles que sempre me importunavam. De qualquer modo, no cativeiro, a pequena rebeldia que havia nesse desenho me dava força, assim como o palavrão que rabisquei em letras pequenas em um local escondido na parede: "m..." Queria mostrar minha capacidade de resistir, fazer algo proibido. O sequestrador pareceu não se importar; em todo caso, não fez comentários sobre a imagem.

A mudança mais importante veio com a chegada da televisão e de um videocassete ao cativeiro. Eu sempre pedia a Priklopil e, um dia, ele trouxe os dois equipamentos para baixo e os colocou sobre a cômoda, perto do computador. Depois de semanas nas quais eu encontrava "vida" em uma única forma – na pessoa do sequestrador –, agora eu podia ter, com ajuda da tela da televisão, uma imitação colorida de companhia humana.

No início, ele simplesmente gravava ao acaso a programação de um dia. Mas devia ser cansativo para ele cortar as notícias que falavam sobre mim. Ele nunca permitiu que eu recebesse indícios de que não havia sido esquecida no mundo exterior. A imagem de que minha vida não tinha valor para ninguém, em especial para meus pais, era, afinal, um de seus instrumentos psicológicos para me manter manipulável e dependente.

Por isso, depois de um tempo ele apenas gravava programas isolados ou trazia fitas de vídeo com filmes que gravara no início da década de 1990. O peludo *Alf, o ETeimoso*, *Jeannie é um gênio*, Al Bundy, de *Married with Children*, ou a família Taylor, de *Gente pra frente*, foram minha família e meus amigos. Eu me alegrava diariamente por reencontrá-los e os observava mais de perto que qualquer outro espectador. Cada aspecto do relacionamento, cada pequeno diálogo parecia emocionante e eletrizante. Eu analisava cada detalhe dos cenários, que delimitavam o horizonte a que eu tinha acesso. Eles eram minha única "janela" para outras casas e, no entanto, algumas vezes, eram fabricados de modo tão superficial e pobre que a ilusão de acesso à "vida real" rapidamente desmoronava. Talvez essa seja a razão pela qual, mais tarde, me senti atraída sobretudo por séries e filmes de ficção científica: *Jornada nas estrelas*, *Stargate*, *Contratempos*, *De volta para o futuro* – tudo que tratasse de viagens no tempo e no espaço me encantava. Os heróis dos filmes viajavam para novos lugares, em galáxias desconhecidas. E tinham os meios técnicos para poder simplesmente desaparecer em situações difíceis e circunstâncias ameaçadoras.

Um dia, na primavera, que eu acompanhava pelo calendário, o sequestrador trouxe um rádio para o cativeiro. Mal consegui conter a alegria. Um rádio significava uma conexão efetiva com o mundo real! Notícias, os conhecidos programas matinais, que eu sempre ouvia na cozinha enquanto tomava café, música – e talvez uma pista casual de que meus pais não tinham me esquecido.

– Naturalmente você não poderá ouvir nenhum programa austríaco – observou o sequestrador, destruindo minhas ilusões de modo inesperado ao ligar o aparelho na corrente elétrica.

Apesar de tudo, eu podia ouvir música. Mas, quando o locutor dizia algo, eu não entendia uma palavra – o sequestrador manipulara o rádio e eu só recebia transmissões em tcheco.

Eu passava horas mexendo no pequeno aparelho, que poderia ser minha passagem para o mundo exterior. Sempre na esperança de ouvir uma palavra em alemão ou um *jingle* conhecido. Nada. Apenas uma voz que eu não compreendia – que se, por um lado, me dava a impressão de não estar sozinha, por outro fortalecia em mim a sensação de estranhamento, de isolamento.

Desesperada, eu girava milímetro a milímetro o botão do aparelho para lá e para cá e ajustava a antena. Mas, fora daquela frequência, só havia estática.

Depois, ganhei um *walkman* do sequestrador. Como achava que ele tinha música de bandas antigas em casa, pedi fitas dos Beatles e do Abba. À noite, quando a luz se apagava, já não deitava mais sozinha na escuridão com meus temores, mas, se as pilhas durassem, podia ouvir música. Sempre as mesmas músicas.

Meu apoio mais importante contra o tédio e a loucura eram os livros. O primeiro livro que o sequestrador me trouxe foi *A sala de aula voadora*, de Erich Kästner. Então seguiram-se os clássicos: *A cabana do pai Tomás*, *Robinson Crusoé*, *Tom Sawyer*, *Alice no País das Maravilhas*, *O livro da selva*, *A ilha do tesouro* e *A expedição Kon-Tiki*. Eu devorara as revistas em quadrinhos do Pato Donald e seus três sobrinhos, do avarento Tio Patinhas e do inventivo Professor Pardal. Mais tarde, quis ler Agatha Christie, cujos livros eu conhecia por causa da minha mãe, e li uma pilha de romances policiais, como *Jerry Cotton*, e histórias de ficção científica. Os romances me lançavam para um outro mundo e atraíam minha atenção de tal modo que eu esquecia durante horas onde estava. E era justamente isso o que fazia da leitura algo tão importante para minha sobrevivência. Enquanto a televisão e o rádio mantinham a ilusão de companhia no cativeiro, em meus pensamentos eu podia esquecê-lo por horas a fio com a leitura.

Os livros de Karl May tiveram especial importância nesse primeiro período, quando eu ainda era uma criança de 10 anos. Eu devorava as aventuras de Winnetou e Old Shatterhand e lia as histórias sobre o "oeste selvagem norte-americano". Uma canção que os colonizadores alemães cantaram para Winnetou moribundo me tocou tanto que a copiei palavra por palavra e a colei na parede com creme Nivea. Na época, eu não tinha fita adesiva ou cola no cativeiro. Era uma oração à mãe de Jesus:

A claridade do dia finda;
e cerra-se agora o silêncio da noite.
Ai, se a dor do coração
pudesse findar como o dia!
Lanço a teus pés esta súplica:
Leve-a para junto do trono de Deus.
Oh, Virgem Maria, deixai-me saudá-la
em tom de oração:
Ave Maria!

A claridade da fé finda;
e cerra-se agora a incerteza da noite.

A crença da mocidade em Deus
deve ser abolida.
Conservai em mim, Virgem Maria, mesmo em idade avançada
a alegre confiança da fé.
Proteja minha harpa e meu saltério;
és minha salvação, és minha luz!
Ave Maria!

A claridade da vida finda;
e cerra-se agora a morte da noite.
A alma quer abrir suas asas
e eu devo perecer.
Ai, Virgem Maria, em tuas mãos
deixo meu último e ardoroso pedido:
Suplique para mim um fim confiante
e uma bem-aventurada ressurreição!
Ave Maria!

Eu lia, sussurrava e rezava esse poema com tanta frequência que ainda hoje posso recitá-lo de cor. Parecia que ele havia sido escrito para mim. A "claridade da vida" fora retirada de mim e, nas horas mais escuras, eu também não via outra saída do cativeiro senão a morte.

O sequestrador sabia quanto eu era dependente do fornecimento de filmes, música e publicações e, com isso, tinha um novo instrumento de poder nas mãos. Retirando-os, poderia me pressionar.

Quando eu me comportava, segundo ele, "de modo impróprio", já podia esperar que ele fechasse a porta para o mundo das palavras e dos sons, que, ao menos em certa medida, correspondiam a uma diversão. E isso era particularmente difícil nos fins de semana. Normalmente o sequestrador vinha cedinho e, na maioria das vezes, voltava ao cativeiro à tarde ou à noite. Mas, nos fins de semana, eu ficava completamente só – não o via desde a tarde de sexta-feira e, algumas vezes, desde a noite de quinta-feira até domingo. Ele me fornecia duas porções diárias de refeições semiprontas, alguns alimentos frescos e água mineral, que trazia de Viena. E vídeos e livros. Durante a semana, eu recebia uma fita cassete gravada com séries de duas horas e, quando pedia muito, de quatro. Não era muito, como parece. Todos os dias, eu tinha de sobreviver sozinha vinte e quatro horas, interrompidas apenas durante as visitas do sequestrador. Nos fins de semana, eu recebia de quatro a oito horas de distração em fita cassete e o volume seguinte da série que estava lendo. Mas apenas quando satisfazia suas condições. Somente quando era "boazinha" ele me dava o alimento mental necessário. O que ele entendia por "ser boazinha", apenas ele sabia. Algumas vezes, a menor infração era suficiente para ser castigada.

– Você usou muito *spray* ambiente e agora vai ficar sem.

– Você estava cantando.

– Você fez isso, você fez aquilo.

Com os vídeos e os livros, ele sabia que botão apertar. Era como se, depois de tirar minha verdadeira família, também fizesse minha família adotiva dos romances e séries de refém, para que eu seguisse suas ordens.

O homem que, de início, se esforçara para tornar a vida no cativeiro "agradável" e que viajara até o outro lado de Viena só para conseguir determinada radionovela com a personagem Bibi, a Bruxinha, pouco a pouco se transformava, desde que anunciara que nunca me libertaria.

Nessa época, o sequestrador passou a me dominar cada vez mais. Com efeito, desde o começo ele me tinha sob total controle – trancada no cativeiro de cinco metros quadrados, não havia outra saída senão lhe obedecer. Mas, quanto mais o cativeiro durava, menos essa óbvia indicação de poder o satisfazia. Agora ele queria controlar cada gesto, cada palavra, cada função de meu corpo.

Começou com o temporizador. O sequestrador sempre tivera o poder sobre a luz e a escuridão. Quando, pela manhã, descia até o cativeiro, ligava a energia elétrica e, à noite, a desligava. Agora ele instalara um temporizador, que controlava a eletricidade no cômodo. Enquanto, no início, eu ainda podia ter luz por mais tempo, agora tinha de me submeter a um ritmo inexorável que eu não podia controlar. Às sete horas da manhã, a energia elétrica era ligada. Durante treze horas, eu podia fazer uma imitação barata de vida em meu cômodo pequeno e malcheiroso: ver, ouvir, sentir calor e cozinhar. Tudo artificial. Lâmpadas jamais podem substituir o sol, refeições semiprontas lembram apenas remotamente uma refeição familiar numa mesa comum, e as pessoas superficiais que se agitavam na tela da televisão eram substitutas vazias das pessoas de verdade. Mas, enquanto houvesse energia elétrica, eu podia ao menos manter a ilusão de que existia vida além da minha.

Às oito horas da noite, o temporizador desligava a energia elétrica. De uma hora para outra, eu ficava em total escuridão. A televisão era desligada no meio de uma série. No meio de uma frase, eu precisava pôr o livro de lado. E, quando não estava na cama, tinha de tatear de quatro até a espreguiçadeira. Lâmpada, televisão, videocassete, rádio, computador, chapa elétrica, forno e aquecimento – tudo o que enchia o cativeiro de vida era desligado. Apenas o despertador, com seu tique-taque, e o zumbido inoportuno do ventilador ocupavam o cômodo. Durante as onze horas seguintes, eu dependia de minha imaginação para não enlouquecer e para manter o medo sob controle.

O ritmo diário era como o de uma prisão, estritamente prescrito do exterior, sem um segundo de desvio, sem considerar minhas necessidades. Era uma demonstração de poder. O sequestrador amava a regularidade e, com o temporizador, também me forçava a isso.

No início, eu ainda tinha um *walkman* com pilhas, que me permitia manter a escuridão pesada a distância, quando o temporizador decretava que eu já esgotara minha ração diária de luz e música. Mas o sequestrador não gostava do fato de que eu podia usar o *walkman* para burlar seu mandamento divino de luz e escuridão. Então ele começou a controlar o estado das pilhas. Se desconfiasse que eu usara o *walkman* durante muito tempo ou com frequência, tirava-o de mim até que eu prometesse me comportar melhor. Certa vez, aparentemente ele não havia fechado a porta externa do cativeiro antes que eu me sentasse na espreguiçadeira com os fones de ouvido cantando uma canção dos Beatles em voz alta. Ele ouviu e voltou furioso. Priklopil me castigou por cantar em voz alta e me tirou a luz e a comida. Nos dias seguintes, tive de dormir sem música.

Seu segundo instrumento de controle era o interfone. Quando ele veio ao cativeiro para instalar o cabo, disse:

– De agora em diante, você pode discar lá para cima e me chamar.

No início fiquei feliz e senti como se um grande peso fosse arrancado de meu peito. Pensar que eu poderia, de uma hora para outra, ter de enfrentar uma emergência me assombrava desde o início do cativeiro. Frequentemente, durante os fins de semana, eu ficava sozinha e não podia nem chamar a atenção da única pessoa que sabia onde eu estava – o sequestrador. Imaginava várias situações: um curto-circuito, o rompimento de um cano, um súbito ataque de alergia... Eu poderia até morrer engasgada de maneira miserável no cativeiro, mesmo se o sequestrador estivesse em casa. Afinal de contas, ele só vinha quando queria. Por essa razão, o interfone parecia ser uma tábua de salvação. Só mais tarde descobri o real significado do equipamento. Um interfone funciona nas duas direções. O sequestrador o usava para me controlar e me vigiar, para demonstrar sua onipotência e garantir que ouviria cada som que eu fizesse.

A primeira versão instalada pelo sequestrador tinha um botão, que eu apertava caso precisasse de algo. Então uma luz vermelha se acendia na parte de cima, em um local escondido da casa. Mas ele nem sempre via a pequena lâmpada nem estava disposto a realizar os complicados procedimentos necessários para abrir o cativeiro sem saber exatamente o que eu queria. E ele nunca descia nos fins de semana. Só mais tarde descobri que isso acontecia porque sua mãe vinha visitá-lo nos fins de semana e passava a noite lá. Seria complicado demais e chamaria muito a atenção retirar os diversos obstáculos entre a garagem e o cativeiro enquanto ela estivesse ali.

Pouco tempo depois, ele substituiu o equipamento por outro sistema, através do qual era possível falar. Ao apertar o botão, ele podia dar instruções e fazer perguntas no cativeiro:

– Dividiu a comida?

– Escovou os dentes?

– Desligou a televisão?

– Quantas páginas você leu hoje?

– Fez os exercícios de matemática?

Eu tomava um susto cada vez que sua voz interrompia o silêncio. Ele me ameaçava porque eu era muito lenta para responder. Ou porque comera demais.

– Já comeu tudo?

– Eu não disse que você só podia comer uma fatia de pão à noite?

O interfone era o instrumento perfeito para me aterrorizar – até que descobri que ele me permitia um pouco de poder também. Olhando para trás, me espanta que o sequestrador, com sua necessidade manifesta de controlar tudo, nunca tivesse imaginado que uma menina de 10 anos examinaria o equipamento com atenção. E foi isso que fiz alguns dias depois.

O equipamento tinha três botões. Quando você apertava "falar", a linha era aberta dos dois lados. Ele me mostrara essa função. Se o interfone estava ligado em "ouvir", eu podia ouvir a voz dele, mas ele não ouvia a minha. E havia também um terceiro botão – quando ele era pressionado, a linha era aberta do meu lado, mas lá em cima tudo ficava em silêncio.

Ao discutir com ele, eu aprendera a deixar o que ele dizia entrar por um ouvido e sair pelo outro. Agora eu tinha um botão que fazia justamente isso: quando as perguntas, as tentativas de controle e as acusações me pareciam excessivas, eu apertava o terceiro botão. Era uma enorme satisfação que a voz dele se calasse e que eu tivesse apertado o botão para isso acontecer. Eu adorava esse botão, porque ele me permitia afastar o sequestrador de minha vida por um curto período. Quando Priklopil descobriu a pequena rebelião liderada pelo meu dedo indicador, no início ficou surpreso, depois indignado e com raiva. Raramente ele descia ao cativeiro para me castigar, porque precisava de quase uma hora para abrir as muitas portas e fechaduras. Mas estava claro que ele teria de pensar em outra coisa.

De fato, não demorou muito até que ele retirasse o interfone com o maravilhoso terceiro botão. Então desceu ao cativeiro carregando um rádio Siemens. Tirou o conteúdo da caixa e começou a ajustá-lo. Na época, eu não sabia nada sobre o sequestrador, e foi só muito depois que descobri que Wolfgang Priklopil fora engenheiro de telecomunicações na Siemens.

No entanto, o fato de que ele sabia como alarmes, rádios e outros sistemas elétricos funcionavam não era novidade para mim.

O rádio transformou-se em um terrível instrumento de tortura. Ele tinha um microfone tão poderoso que podia transmitir para o andar de cima cada pequeno ruído que eu fizesse. O sequestrador podia simplesmente ouvir minha "vida" sem avisar e monitorar cada segundo para ver se eu estava seguindo suas ordens: se eu tinha desligado a televisão, se o rádio estava ligado, se eu ainda estava raspando a colher no prato, se eu ainda respirava.

Suas perguntas me perseguiam até debaixo do cobertor:

– Você não comeu a banana?

– Se empanturrou de comida de novo?

– Lavou o rosto?

– Desligou a televisão?

Eu não podia nem mentir, porque não sabia há quanto tempo ele estava escutando. E, se tivesse feito algo "errado" ou deixasse de responder imediatamente, ele gritava no alto-falante até que minha cabeça latejasse. Ou então entrava no cativeiro sem avisar e me punia, retirando meus objetos preciosos: os livros, os vídeos, a comida. Eu tinha de fornecer uma descrição arrependida de todos os meus erros, de cada momento de minha vida no cativeiro, não importava quão pequeno fosse. Como se não houvesse nada que eu pudesse esconder dele.

Outro modo de ele se certificar de que eu estava sob total controle era deixar os fones pendurados na parte de cima. Então, além do zumbido do ventilador, a estática alta, distorcida e insuportável penetrava no cativeiro, ocupando cada centímetro e me forçando a ouvi-la em cada canto do pequeno cômodo no porão. *Ele está aqui. Sempre. Ele respira no outro lado da linha.* Ele podia começar a gritar a qualquer minuto e eu me assustaria, mesmo se antecipasse isso a cada segundo. Não havia como escapar de sua voz.

Hoje, não me surpreende que, naquela época, eu acreditasse que ele podia me ver no cativeiro. Afinal de contas, eu não sabia se ele instalara câmeras ou não. Eu me sentia observada todos os segundos do dia, mesmo durante o sono. Talvez ele tivesse instalado uma câmera de imagens por calor para que pudesse me monitorar mesmo quando eu estivesse deitada na espreguiçadeira, na mais completa escuridão. Essa sensação me paralisava e eu dificilmente ousava me virar à noite, durante o sono. De dia, olhava em volta dez vezes antes de usar o vaso sanitário. Eu não tinha ideia se ele me observava ou não – e talvez outras pessoas também estivessem lá.

Apavorada, comecei a procurar no cativeiro inteiro orifícios ou câmeras, sempre com medo de que ele visse o que eu estava fazendo e descesse imediatamente. Preenchia cada mínima rachadura no revestimento de madeira com pasta de dente, até ter certeza de que não havia mais vãos. Ainda assim, a sensação de ser constantemente observada permanecia.

> Acredito que poucas pessoas sejam capazes de avaliar a tortura e a agonia imensas que esse castigo terrível, prolongado durante anos, inflige às vítimas; e, ao tentar imaginá-las e ao refletir sobre o que vi em seus rostos e sobre o que – até onde sei – elas sentem, me convenço ainda mais de que há um grau de terrível tolerância nisso que ninguém, salvo as vítimas, pode compreender e que nenhum ser humano tem o direito de infligir a seus semelhantes. Considero essa intervenção lenta e diária nos mistérios da mente incomensuravelmente pior que qualquer tortura física, porque seus sinais e marcas apavorantes não são evidentes à visão e ao tato, como as cicatrizes o são na carne, porque suas feridas não estão na superfície, e ela arranca poucos gritos que o ouvido humano possa ouvir; por isso, tanto mais eu a denuncio.

Em 1842, Charles Dickens escreveu essas palavras sobre o confinamento solitário, que começava a ser posto em prática nos Estados Unidos e ainda hoje é usado. Meu confinamento solitário – o tempo que passei exclusivamente no quartinho, sem poder sair daqueles cinco metros quadrados – durou mais de seis meses; meu cativeiro, 3.096 dias.

A sensação criada pelo tempo em que fiquei na escuridão completa ou sob constante luz artificial não era algo que eu pudesse explicar na época. Quando leio os muitos estudos atuais que tratam dos efeitos do confinamento solitário e da privação ou inibição dos sentidos, posso entender precisamente o que aconteceu comigo naquela ocasião.

Um dos estudos documenta os seguintes efeitos do confinamento solitário:

Diminuição significativa da capacidade de funcionamento do sistema nervoso vegetativo:

- alterações significativas nos níveis hormonais;
- diminuição do funcionamento dos órgãos;
- ausência de menstruação sem causas fisiológicas, orgânicas, por motivo de idade ou de gravidez (amenorreia secundária);
- aumento da sensação de fome: cinorexia/apetite insaciável, hiperorexia, compulsão alimentar;
- em contraposição, redução ou ausência de sede;
- rubor severo e/ou sensação de frio não atribuída a alterações correspondentes na temperatura ambiente ou a doença (febre, calafrios etc.).

Percepção e capacidade cognitiva significativamente reduzidas:

- transtornos severos na capacidade de processar as percepções;
- transtornos severos na capacidade de sentir o próprio corpo;
- dificuldades gerais severas de concentração;
- dificuldades severas – ou mesmo incapacidade completa – de ler ou registrar o que foi lido, compreendê-lo e colocá-lo em um contexto significativo;
- dificuldades severas – ou mesmo incapacidade completa – de falar ou processar pensamentos na forma escrita (agrafia, disgrafia);
- dificuldades severas de articular e verbalizar pensamentos, demonstradas por meio de problemas com a sintaxe, com a gramática e com a escolha de palavras, e que podem incluir afasia, afrasia e agnosia;
- dificuldades severas ou incapacidade completa de acompanhar diálogos (resultantes do funcionamento reduzido do córtex auditivo primário dos lobos temporais, em decorrência da falta de estímulo).

Limitações adicionais:

- levar a cabo conversas consigo mesmo para compensar a ausência de estímulo social e auditivo;
- perda evidente de intensidade de sensação (por exemplo, diante de familiares e amigos);
- sensação de euforia que posteriormente se transforma em humor depressivo.

Consequências a longo prazo para a saúde:

- dificuldade de contatos sociais, incluindo incapacidade de envolver-se em relacionamentos emocionalmente próximos ou românticos de longa duração;
- depressão;
- impacto negativo na autoestima;
- retorno à situação de confinamento em sonhos;
- alterações da pressão arterial que necessitam de tratamento;
- doenças de pele que necessitam de tratamento;
- incapacidade de recuperar habilidades cognitivas específicas (por exemplo, em matemática) que o prisioneiro dominava antes do confinamento solitário.

Os prisioneiros desse estudo sentiam que os efeitos de viver em privação sensorial eram particularmente terríveis. A privação sensorial tem efeitos negativos sobre o cérebro e o sistema nervoso vegetativo e transforma pessoas autoconfiantes em dependentes e abertas à influência de quem quer que encontrem nessa fase de escuridão e isolamento. Isso também se aplica a adultos que escolham voluntariamente essa situação. Em janeiro de 2008, a BBC transmitiu um programa chamado *Isolamento total*, que me afetou profundamente: seis voluntários foram trancados na cela de um *bunker* nuclear por quarenta e oito horas. Sozinhos e privados de luz, eles viveram a mesma situação que eu, confrontados pela mesma escuridão e solidão, embora não pelo mesmo medo ou período. Apesar de o intervalo de tempo ter sido menor, todos os seis informaram posteriormente que haviam perdido a noção temporal e experimentado alucinações e visões intensas. Uma mulher estava convencida de que sua roupa de cama estava molhada. Três participantes tiveram alucinações auditivas e visuais e viram serpentes, ostras, automóveis e zebras. Quando as quarenta e oito horas acabaram, todos haviam perdido a capacidade de realizar as tarefas mais simples. Nenhum deles foi capaz de dizer corretamente uma palavra que começasse com a letra F. Um deles perdeu 36% da memória. Quatro foram muito mais facilmente manipulados em comparação ao que poderiam ser antes do isolamento. Eles acreditaram em tudo o que a primeira pessoa que encontraram após o confinamento voluntário lhes disse. E a única pessoa que encontrei foi o sequestrador.

Atualmente, quando leio sobre esses estudos e experimentos, fico impressionada como consegui sobreviver na época. De muitos modos, a situação é comparável àquela que os adultos se impuseram para fins de estudo. Além do fato de que o período de isolamento foi muito mais longo, meu caso incluía mais um fator agravante: eu não fazia ideia do motivo pelo qual estava naquela situação. Enquanto a missão de prisioneiros políticos pode justificar sua prisão, e mesmo aqueles que foram condenados injustamente sabem que existe um sistema judiciário – com leis, instituições e procedimentos – por trás da reclusão, eu, em compensação, era incapaz de discernir qualquer tipo de lógica em meu cativeiro. Não havia nenhuma.

O fato de ser só uma criança e de me adaptar à maior parte das circunstâncias adversas mais facilmente do que os adultos seriam capazes pode ter ajudado. Mas isso também exigia de minha parte uma autodisciplina que, olhando para trás, parece quase inumana. Durante a noite, eu costumava usar viagens imaginárias para navegar na escuridão. De dia, me mantinha firme no plano de tomar a vida em minhas mãos ao completar 18 anos. Estava firmemente resolvida a obter o conhecimento necessário para fazer isso, e pedia por revistas e livros escolares. Apesar das circunstâncias, eu me agarrava teimosamente à minha identidade e à existência de minha família.

Como o Dia das Mães se aproximava, fiz um presente para minha mãe. Não tinha cola nem tesoura – o sequestrador não me dava nada que eu pudesse usar para me machucar ou machucá-lo. Então peguei meus lápis de cera e desenhei vários corações vermelhos e grandes no papel, rasguei-os com cuidado e colei um em cima do outro com creme Nivea. E me imaginava claramente dando os corações a minha mãe quando estivesse livre novamente. Então ela saberia que eu não a esquecera no Dia das Mães, mesmo que não pudesse estar com ela.

Enquanto isso, o sequestrador reagia de modo cada vez mais agressivo ao ver que eu passava o tempo fazendo coisas assim e quando eu falava sobre meus pais, minha casa e até minha escola.

– Seus pais não querem você. Eles não a amam – repetia seguidamente.

Eu me recusava a acreditar nele e dizia:

– Não é verdade, meus pais me amam. Eles me disseram isso.

E eu sabia, no fundo do coração, que tinha razão. Mas meus pais estavam tão inacessíveis que era como se eu estivesse em outro planeta. E, na verdade, apenas dezoito quilômetros separavam meu cativeiro do apartamento de minha mãe. Vinte e cinco minutos de carro, uma distância no mundo real que, em meu mundo insano, era submetida a uma mudança dimensional. Eu estava tão mais distante que apenas dezoito quilômetros, em um mundo governado por um rei de copas despótico, a quem as pessoas de cartas de baralho temiam sempre que sua voz ressoava.

Quando ele estava comigo, controlava todos os meus gestos e todas as minhas expressões faciais – eu era obrigada a ficar de pé da maneira como ele ordenava e nunca podia olhar para ele diretamente. Em sua presença, ele gritava, eu devia manter os olhos baixos. Não podia falar a menos que fosse convidada a fazê-lo. Ele me forçava a ser submissa em sua presença e exigia gratidão por cada pequena coisa que fazia para mim:

– Eu salvei você – repetia, e parecia acreditar nisso.

Ele era minha ligação com o exterior – luz, comida, livros, tudo isso eu só podia obter dele, e tudo isso ele podia me negar a qualquer momento. E fez isso mais tarde, quase me levando ao limite da subnutrição.

Mesmo cada vez mais enfraquecida pelo constante monitoramento e isolamento, eu ainda não era capaz de sentir gratidão por ele. Claro que ele não me matou nem me violentou, como eu temia e quase esperava no início. Mas eu também sabia que ele era um criminoso e que eu podia condená-lo sempre que quisesse – enfim, eu sabia que não tinha de lhe ser grata.

Certo dia, ele mandou que eu o chamasse de "mestre".

No início, não levei a sério. Parecia ridículo demais que alguém quisesse ser chamado assim. Mas ele insistiu:

– Você vai me chamar de "mestre"!

Àquela altura, eu sabia que não podia desistir. Quem resiste sobrevive. Os mortos não podem mais se defender. Eu não queria morrer – nem mesmo interiormente – e, por essa razão, tinha de desafiá-lo.

Isso me lembrava uma passagem de *Alice no País das Maravilhas*: "*Bem! Eu já vi um gato sem sorriso,* pensou Alice, *mas um sorriso sem gato! É a coisa mais curiosa que já vi na vida!*" Diante de mim estava uma pessoa cuja humanidade se encolhia, cuja fachada ruía, revelando relances de um homem fraco. Uma fraqueza no mundo real, que encontrava força ao oprimir uma criança pequena. Uma imagem lamentável. Uma careta sorridente que exigia que eu o chamasse de "mestre".

Quando me lembro disso hoje, sei por que me recusei a chamá-lo assim na época. As crianças são especialistas em manipulação. Senti instintivamente que aquilo era importante para ele – e que eu tinha nas mãos a chave para exercer certo poder sobre ele. Naquele momento, não pensei nas possíveis consequências de minha recusa. A única coisa que me passou pela cabeça foi que eu já havia sido bem-sucedida com tal comportamento antes.

No conjunto habitacional Marco Polo, algumas vezes, eu levava os cães de guarda dos fregueses de minha mãe para passear. Os donos me ensinaram a nunca deixar os cães com muita guia – eles teriam vantagem pelo fato de ter mais espaço para se mover, portanto eu deveria manter a guia o mais próximo possível da coleira, para mostrar a eles que qualquer tentativa de escapar encontraria resistência. E não podia demonstrar medo. Se você seguisse essas instruções, os cães, mesmo nas mãos de uma criança como eu na época, seriam mansos e obedientes.

Agora, com Priklopil diante de mim, eu estava decidida a não me deixar intimidar por aquela situação assustadora e a manter a guia próxima à coleira.

– Eu não vou fazer isso – disse com voz firme, encarando-o. Ele arregalou os olhos, surpreso, protestou e exigiu seguidamente que o chamasse de "mestre". Depois, finalmente desistiu.

Essa experiência foi determinante para mim, ainda que isso não estivesse claro na época. Eu demonstrei força e o sequestrador recuou. O sorriso arrogante do gato desapareceu. O que restou foi um homem que cometera uma má ação, de cujos humores dependia minha vida, mas que, de certo modo, também dependia de mim.

Nas semanas e nos meses seguintes, descobri que era mais fácil lidar com ele se eu o imaginasse como uma criança pobre e indesejada. Em algum lugar, nas muitas histórias e filmes policiais feitos para a televisão que eu vira antes, concluíra que as pessoas eram más porque não haviam sido amadas pelas mães e recebiam muito pouco carinho em casa. Hoje, percebo que era um mecanismo de proteção necessário à minha sobrevivência que eu tentasse ver o sequestrador como uma pessoa que não era necessariamente má, mas que se tornara assim no curso da vida. Isso não diminuía, de modo algum, o que ele fizera, mas me ajudava a perdoá-lo, na medida em que imaginava que talvez ele tivesse passado por experiências terríveis – pelas quais ainda hoje estivesse sofrendo – como órfão em uma casa. Repetia para mim mesma que ele certamente devia ter também um lado bom, afinal me dava o que eu pedia, comprava doces para mim, cuidava de mim. Acho que, em minha completa dependência, esse era o único modo de manter meu relacionamento com ele, relacionamento esse tão necessário à minha sobrevivência. Se eu o tivesse apenas odiado, esse ódio teria me consumido e me tirado a força de que eu precisava para sobreviver. Como, naquele momento, pude captar um lampejo do ser humano pequeno, desorientado e fraco por trás da máscara do sequestrador, pude me aproximar dele.

Então olhei em seus olhos e disse:

– Eu perdoo você, porque todo mundo erra às vezes.

Foi um passo que pode parecer estranho e doentio para muitas pessoas. Afinal de contas, o "erro" dele custara minha liberdade. Mas era a única coisa a fazer. Eu tinha de conseguir conviver com aquele homem, caso contrário não sobreviveria.

Ainda assim, nunca confiei nele; isso era impossível. Mas procurei ficar em bons termos com ele. Eu o "consolei" pelo crime que cometera contra mim e apelei, ao mesmo tempo, para sua consciência, para que ele lamentasse o que fizera e pelo menos me tratasse melhor. Ele retribuiu satisfazendo pequenos desejos meus: uma revista sobre cavalos, uma caneta, um livro novo. Algumas vezes, me dizia:

– Vou lhe dar o que você quiser!

E eu respondia:

– Se você vai me dar o que eu quiser, por que não me deixa ir? Sinto tanta falta de meus pais...

Mas a resposta era sempre a mesma, e eu já sabia de cor: meus pais não me amavam e ele nunca me deixaria ir embora.

Depois de alguns meses no cativeiro, pedi, pela primeira vez, para ele me abraçar. Eu precisava do consolo de um toque, da sensação de calor humano. Foi difícil. Ele tinha problemas com a proximidade, com o toque. De minha parte, senti imediatamente um pânico cego e uma claustrofobia quando ele me abraçou com força. Mas, depois de muitas tentativas, encontramos um jeito – nem tão próximo, nem tão apertado, de modo que eu suportasse o abraço e ainda conseguisse imaginar um toque carinhoso. Depois de muitos meses, foi meu primeiro contato físico com outro ser humano. Para uma criança de 10 anos, era um tempo infinitamente longo.

CAINDO NO VAZIO

Como minha identidade foi roubada

No outono de 1998, mais de seis meses depois de meu sequestro, eu estava completamente desencorajada e triste. Enquanto meus colegas de classe iniciariam uma nova fase na vida depois do quarto ano, eu estava presa ali, riscando os dias no calendário. Tempo perdido. Tempo solitário. Eu sentia tanta falta de meus pais que, à noite, me enrolava como se fosse uma pequena bola, desejando ouvir uma palavra carinhosa deles, desejando um abraço. Eu me sentia pequena e fraca – no limite de desistir. Quando eu era pequena, minha mãe me dava um banho quente de banheira sempre que eu me sentia triste e desanimada. Ela colocava na água sais de banho coloridos, que brilhavam como seda, e bastante sabonete, e então eu mergulhava em montanhas de nuvens de espuma cheirosa, que faziam barulhinhos agradáveis. Depois do banho, ela me embrulhava em uma toalha grossa, me secava e, em seguida, me deitava na cama e me cobria. Eu sempre associava esse ritual a uma profunda sensação de segurança. Uma sensação da qual eu sentia falta havia muito tempo.

O sequestrador não conseguia lidar com minha depressão. Quando chegava no cativeiro e me via apática, sentada na espreguiçadeira, me fitava agitado. Na verdade, ele nunca se referia ao meu humor, mas tentava me alegrar com jogos, um pedaço extra de fruta ou mais um episódio de um programa de televisão no vídeo. Mas meu humor obscuro continuava. Como podia evitar? Afinal, eu não estava sofrendo por falta de diversão, mas pelo fato de ser a prisioneira inocente da fantasia de um homem que me sentenciara a uma vida inteira na prisão.

Eu sonhava com a sensação que sempre experimentei depois do banho quente. Quando o sequestrador veio me visitar no cativeiro, comecei a tentar persuadi-lo. Um banho de banheira. Será que eu não poderia tomar um banho? Pedi a ele várias vezes. Não sei se em algum momento o incomodei ou se ele decidiu por si mesmo que talvez fosse a hora certa para um banho completo. Em todo caso, após alguns dias pedindo e implorando, ele me surpreendeu com a promessa de que eu poderia tomar um banho de banheira se fosse boazinha.

Eu ia poder sair do cativeiro! Eu ia lá para cima tomar um banho de banheira!

Mas o que era "lá para cima"? O que me aguardaria lá? Oscilei entre sentimentos de felicidade, incerteza e esperança. Talvez ele me deixasse sozinha, e talvez eu pudesse aproveitar a oportunidade para fugir...

Mas demorou muitos dias até que o sequestrador me deixasse sair do cativeiro. E ele tentou sufocar qualquer ideia de fuga:

– Se você gritar, vou machucar você. Todas as janelas e saídas foram reforçadas com explosivos. Se você abrir uma janela, vai acabar explodindo.

Enfatizou que eu deveria ficar longe das janelas e garantir que não seria vista do lado de fora. E, se eu não seguisse suas ordens nos mínimos detalhes, ele me mataria imediatamente. Não duvidei nem por um instante. Ele me sequestrara e me prendera. Por que não seria capaz de também me matar?

Certa noite, quando ele finalmente abriu a porta e me mandou segui-lo, hesitei em dar os primeiros passos. Na luz difusa por trás da porta da prisão, reconheci uma antessala pequena e um pouco elevada, oblíqua, com uma arca. Atrás dela, havia uma pesada porta de madeira, através da qual se entrava em uma segunda antessala. Então observei o monstro sólido e de formas arredondadas no lado esquerdo da parede. Uma porta de concreto armado, pesando cento e cinquenta quilos, embutida em uma parede grossa, de quase cinquenta centímetros, e trancada pelo lado de fora com um parafuso rosqueado de metal introduzido na alvenaria.

Isso é o que está escrito nos registros da polícia. Não consigo descrever os sentimentos que vieram à tona quando olhei para aquela porta. Eu estava aprisionada em concreto. Hermeticamente vedada. O sequestrador me advertia repetidamente sobre os explosivos, os sistemas de alarme, os cabos com os quais ele podia eletrificar a entrada do cativeiro. Uma prisão de segurança máxima para uma criança. O que seria de mim se algo acontecesse com ele? Meu medo de engasgar enquanto comia pareceu absolutamente ridículo quando imaginei que ele podia cair, quebrar o braço e ser levado para o hospital. E eu estaria enterrada viva. Ponto final.

Eu não conseguia respirar. Precisava sair dali. Imediatamente.

A porta de concreto armado se abriu e pude ver um pequeno corredor. Altura: sessenta e oito centímetros e meio. Largura: quarenta e oito centímetros e meio. Se eu ficasse de pé, a margem inferior da passagem ficaria mais ou menos na altura do meu joelho. O sequestrador já esperava por mim do outro lado. Eu via as pernas dele delineadas contra o fundo claro. Então me ajoelhei e engatinhei. As paredes pretas pareciam cobertas de piche, e o ar era malcheiroso e úmido. Quando consegui atravessar a passagem, vi que estava em um depósito de peças para carros. Ao lado da entrada da passagem, havia uma cômoda e um cofre que haviam sido afastados.

Novamente o sequestrador me mandou segui-lo por uma escada estreita, com paredes de concreto cinza, degraus altos e escorregadios. Três degraus para baixo, nove para cima, atravessamos um alçapão e então cheguei à garagem.

Parei, como se estivesse paralisada. Duas portas de madeira. A pesada porta de concreto. Uma passagem estreita. Diante dela, um pesado cofre que o sequestrador – quando eu estava no cativeiro – empurrava até a entrada usando uma alavanca, parafusava na parede e, além disso, ligava a dispositivos elétricos. Uma cômoda que escondia o cofre e a passagem. E tábuas de assoalho que cobriam o alçapão que levava até o depósito de peças para carros.

Eu já sabia que não seria capaz de simplesmente sair pela porta do cativeiro, que qualquer tentativa de fuga seria inútil. Suspeitava que podia bater nas paredes e gritar pelo tempo que quisesse, que ninguém me ouviria. Mas naquele instante, na garagem, percebi imediatamente que ninguém me encontraria também. A entrada para o cativeiro era camuflada tão perfeitamente que as chances de a polícia me descobrir ao fazer uma busca na casa eram assustadoramente pequenas.

Meu choque não diminuiu, até que uma sensação ainda mais forte se impôs sobre o medo: era o ar entrando em meus pulmões. Respirei fundo repetidamente, como alguém que está morrendo de sede, chega a um oásis no último instante e mergulha a cabeça na água que vai lhe salvar a vida. Após meses no cativeiro, eu esquecera completamente como era bom respirar um ar que não fosse seco nem empoeirado e que não fosse soprado por um ventilador através de um pequeno buraco no porão. O zumbido do ventilador, que penetrava em meus ouvidos e eu não podia evitar, diminuiu por um instante; meus olhos examinaram cuidadosamente os contornos desconhecidos e a tensão inicial se dissipou.

Mas voltou imediatamente quando o sequestrador fez um gesto para que eu não fizesse barulho. Então me levou até uma passagem e por mais quatro degraus para dentro da casa. Estava escuro, pois todas as persianas estavam abaixadas. A cozinha, um corredor, a sala de estar, o *hall* de entrada. Os cômodos pelos quais passei, um após o outro, pareciam inverossímeis, ridiculamente grandes e espaçosos. Desde o dia 2 de março, eu fora mantida em um cômodo no qual a maior distância media dois metros. Eu podia observar o pequeno quarto de qualquer canto e ver o que me aguardava. Na casa, as dimensões dos cômodos me engoliam como uma onda gigante. Ali uma surpresa desagradável – ou algo ruim – poderia me espreitar atrás de cada porta, atrás de cada janela. Afinal, eu não sabia se o sequestrador vivia sozinho ou quantas pessoas estavam envolvidas no sequestro – e o que elas fariam comigo se me vissem no "andar de cima". Ele falava dos "outros" com tanta frequência que eu esperava vê-los em cada canto da casa. E parecia plausível que ele tivesse uma família ali somente esperando para me atormentar. Para mim, qualquer crime que se pudesse imaginar estava na esfera do possível.

O sequestrador parecia agitado e nervoso. A caminho do banheiro, sussurrava repetidamente:

– Não se esqueça das janelas e do sistema de alarme. Faça o que eu mandar. E, se gritar, eu a matarei.

Depois de ter visto a passagem para o cativeiro, não me restaram dúvidas quando ele disse que a casa inteira estava armada com explosivos.

Enquanto eu era conduzida até o banheiro, mantendo os olhos baixos como ele queria, minha mente não parava de trabalhar. Eu raciocinava ferozmente sobre como poderia dominá-lo e escapar dali. Mas não conseguia pensar em nada. Nunca fui uma criança covarde, mas sempre tive medo. E ele era tão maior e mais rápido que, se eu tentasse fugir, com dois passos ele já teria me agarrado. E abrir as portas e janelas obviamente seria suicídio. Eu continuei acreditando nas medidas de segurança ameaçadoras até o dia em que fugi.

No entanto, não eram apenas as restrições externas, as paredes e portas que eu não podia atravessar nem a força física do sequestrador que me impediam de escapar. A base da prisão mental, que me dominou cada vez mais durante o cativeiro, já fora estabelecida. Eu me sentia ameaçada e tinha medo.

– Se você colaborar, nada vai lhe acontecer.

O sequestrador me fizera acreditar nisso desde o início, me ameaçando com castigos cruéis – incluindo a morte – se eu oferecesse resistência. Eu era uma criança acostumada a obedecer à autoridade dos adultos, sobretudo se a desobediência tivesse consequências. Ele era a autoridade presente. Mesmo se a porta principal estivesse completamente aberta naquele momento, não sei se teria coragem de correr. Um gato que sai pela primeira vez permanece na soleira da porta, assustado e miando, porque não sabe como lidar com a súbita liberdade. Atrás de mim, não estava uma casa acolhedora à qual eu podia retornar – mas um homem disposto a prosseguir com o crime até a morte. Eu já estava tão profundamente confinada que o cativeiro também se encontrava dentro de mim.

O sequestrador preparou um banho de espuma e ficou no banheiro enquanto eu me despia e entrava na banheira. Incomodava-me que ele não me deixasse sozinha. Por outro lado, já estava acostumada com ele me vendo nua por causa dos banhos no cativeiro, por isso protestei timidamente. Depois de mergulhar na água quente e fechar os olhos, pela primeira vez em todos aqueles dias, esqueci de tudo a meu redor. Montanhas de espuma branca se acumulavam sobre meu medo, dançavam no cativeiro escuro, me arrastavam para fora da casa e me levavam até o banheiro do conjunto habitacional – para os braços de minha mãe, que me esperava com uma toalha grande e preaquecida, pronta para me levar para a cama.

Essa imagem maravilhosa estourou como uma bolha de sabão quando o sequestrador ordenou que eu me apressasse. A toalha era áspera e tinha um cheiro estranho. E ninguém me levou para cama – em vez disso, tive de descer para o cativeiro escuro. Pude ouvi-lo trancando as portas de madeira atrás de mim, fechando a porta de concreto e trancando-a. E imaginei que agora ele estivesse rastejando pela passagem estreita, arrastando o cofre até a abertura novamente, empurrando-o contra a parede e puxando a cômoda que ficava na frente. Desejei não ter visto quão isolada eu estava do mundo exterior. Deitada na espreguiçadeira, me enrolei e tentei recriar a sensação do banho de espuma e da água quente em minha pele. A sensação de estar em casa.

Pouco tempo depois, no outono de 1998, o sequestrador novamente mostrou seu lado gentil. Talvez fosse apenas por consciência pesada; qualquer que fosse o motivo, meu cativeiro deveria, de alguma maneira, parecer mais habitável.

O trabalho era lento: cada pedaço de revestimento, cada lata de tinta tinha de ser carregado para baixo, um por um, e as estantes e armários só podiam ser montados ao chegar ao cativeiro.

Pude escolher uma cor para as paredes, e me decidi por um papel de parede granulado que eu queria que fosse pintado de rosa-bebê, igual ao do quarto em minha casa. O nome da cor era *Elba glänzend*. Depois ele usou a mesma cor para a sala de estar. Não podia haver sobras de uma cor de tinta que não tivesse sido usada em algum lugar do andar de cima – ele explicou, sempre preparado para uma batida policial e ávido por afastar de si qualquer suspeita. Como se a polícia ainda estivesse interessada em mim, como se quisesse investigar essas coisas, quando não examinou nem o carro usado no sequestro, apesar das duas pistas fornecidas.

Minhas memórias dos primeiros dias e semanas no cativeiro desapareceram pouco a pouco com as placas de gesso que ele usou para cobrir o revestimento de madeira. O desenho da cômoda, a árvore genealógica, a

Ave Maria. Mas o que eu conseguira agora parecia melhor: uma parede que me fazia sentir em casa. Quando finalmente ela foi revestida e pintada, meu pequeno cativeiro fedia tanto com os produtos químicos que fiquei enjoada por vários dias. O pequeno ventilador não era suficiente para amenizar os vapores da tinta fresca.

Em seguida, montamos meu beliche. Priklopil trouxe para o cativeiro tábuas e batentes de pinho de cor clara, que parafusou cuidadosamente. Quando a cama ficou pronta, ocupou quase toda a largura do cômodo, com uma altura de aproximadamente um metro e meio. Pude decorar o teto em cima dela. Decidi pintar três corações vermelhos para minha mãe. Quando olhasse para eles, poderia pensar nela.

A parte mais complicada foi a montagem da escada do beliche. Ela não passava pela porta, por causa do ângulo que a passagem formava com o cativeiro. O sequestrador tentou várias vezes, até que desapareceu e voltou com uma chave de fenda elétrica, que usou para desmontar a parede de madeira que dividia o cativeiro da antessala. Então ele arrastou a escada para dentro – e, naquele mesmo dia, instalou novamente a parede.

Quando ele estava fixando as prateleiras para os livros, testemunhei, pela primeira vez, um lado do sequestrador que me assustou profundamente. Até aquele momento, ele gritara comigo algumas vezes, me xingara, humilhara e ameaçara com todos os tipos de castigos para me obrigar a colaborar. Mas eu nunca o vira perder o controle.

Ele estava parado na minha frente, segurando a furadeira e fixando uma das tábuas na parede. Trabalhar com ele no cativeiro me fizera sentir mais confiante e simplesmente fiz uma pergunta:

– Por que você está parafusando a prateleira aí?

Por um instante, esquecera que podia falar somente quando ele me desse permissão. Em uma fração de segundo, o sequestrador ficou furioso, começou a gritar comigo e então jogou a pesada furadeira em minha direção. Consegui me abaixar antes que ela batesse na parede atrás de mim. Estava tão espantada que mal conseguia respirar, fitando-o com os olhos arregalados.

A súbita explosão de raiva não me atingiu fisicamente. A furadeira nem sequer me tocou, mas o incidente me deixou muito impressionada, porque me mostrava uma nova dimensão no relacionamento com o sequestrador – agora eu sabia que ele realmente me machucaria se eu não obedecesse. E isso me deixou ainda mais assustada e submissa.

Na primeira noite depois da explosão de raiva do sequestrador, me deitei no colchão fino do beliche novo. O zumbido do ventilador parecia direcionado para os meus ouvidos, abrindo caminho até o cérebro, e minha vontade era gritar de desespero. O ar frio do porão soprava diretamente sobre meus pés. Se eu sempre dormira de costas em casa, bem esticada, agora tinha de me dobrar como um feto e enrolar o cobertor bem apertado nos pés para evitar a desagradável corrente de ar. Mas a cama era muito mais macia que a espreguiçadeira. Eu podia rolar de um lado para o outro e tinha mais espaço. E tinha o novo papel de parede granulado.

Estiquei o braço para tocá-lo e fechei os olhos. E pensei na mobília do quarto em casa, nas bonecas e nos bichinhos de pelúcia também. A posição da janela, da porta, as cortinas, o cheiro. Se eu pudesse me lembrar de todos os detalhes, eu podia dormir com a mão na parede do cativeiro – e, no dia seguinte, acordar com a mão encostada na parede do meu quarto, em casa. Então minha mãe traria chá na cama, eu tiraria a mão do papel de parede e tudo estaria bem.

Agora, todas as noites, eu dormia com a mão encostada no papel de parede, com a certeza de que um dia realmente acordaria de novo em meu quarto. Durante a fase inicial, acreditava nisso como se fosse uma fórmula mágica que se tornaria real em algum momento. Mais tarde, tocar no papel de parede era uma promessa para mim mesma, que eu renovava diariamente. E a mantive: oito anos depois, quando visitei minha mãe pela primeira vez após o cativeiro, deitei na cama em meu quarto, onde nada havia mudado, e fechei os olhos. Quando toquei a parede, todos os momentos retornaram, especialmente o primeiro: a pequena Natascha, de apenas 10 anos, tentando desesperadamente não perder a confiança em si mesma, pondo a mão na parede do cativeiro pela primeira vez.

– Voltei – sussurrei. – Veja, funcionou!

Com o passar do ano, minha tristeza aumentou. Quando risquei os primeiros dias de dezembro no calendário, me sentia tão triste que nem o *Krampus** de chocolate que o sequestrador comprou para mim no dia de são Nicolau me animou. O Natal se aproximava. E era insuportável pensar que passaria as festas sozinha no cativeiro.

Como para qualquer criança, o Natal era uma das festas mais importantes para mim. O cheiro dos biscoitos, a árvore enfeitada, a espera pelos presentes, a família reunida celebrando o feriado. Eu via essas imagens todas enquanto desembrulhava o chocolate. Eram imagens dos dias de infância, que tinham pouco em comum com os últimos Natais que passara com minha família. Meus sobrinhos haviam nos visitado como sempre, mas já tinham recebido os presentes em casa. Eu era a única criança que abria embrulhos. Para a decoração da árvore, minha mãe tinha uma queda pelas últimas tendências, por isso nossa árvore cintilava com enfeites e bolas violeta. Debaixo dela havia uma pilha de presentes para mim. Enquanto eu abria um de cada vez, os adultos se sentavam no sofá, ouvindo rádio ou vendo uma revista sobre tatuagens. Em alguns Natais, eu ficara profundamente desapontada. Não tinha convencido ninguém a cantar canções de Natal comigo, embora eu me orgulhasse por conhecer de cor as canções que ensaiávamos na escola.

Só no dia seguinte, que passamos na casa de minha avó, comecei a sentir o espírito natalino. Todos nos reunimos na sala contígua e solenemente cantamos "Noite feliz". Então ouvi o aguardado sininho tocar. O menino Jesus estivera ali. Quando abri a porta da sala, a árvore de Natal brilhava à luz das velas de cera de abelha, que exalavam um maravilhoso perfume. Minha avó sempre tinha uma árvore de Natal rústica e tradicional, decorada com estrelas amarelas e bolas de vidro delicadas como bolhas de sabão.

Era assim que eu imaginava o Natal – e era assim que seria naquele ano também. Mas como? Eu ia passar o feriado familiar mais importante do ano sem minha família. A ideia me apavorava. Por outro lado, eu tinha de admitir que o Natal com a família era sempre uma decepção. E que, em

---

* *Krampus* é uma criatura mitológica que acompanha são Nicolau na época do Natal e pune as crianças que foram más durante o ano. (N. da T.)

meu isolamento, eu romantizava o passado. Mas eu podia tentar fazer o Natal no cativeiro parecido com aqueles passados na casa de minha avó, como eu me lembrava.

O sequestrador colaborou. Na época, fiquei infinitamente grata a ele por fazer um Natal parecido com o da realidade. Hoje acho que ele não fez isso por mim, mas por sua própria compulsão. Para ele, celebrar os feriados também era muito importante – eles ofereciam estrutura, seguiam certas regras, e ele era incapaz de viver sem regras e estruturas, as quais cumpria com um rigor cômico. No entanto, ele não tinha que atender a meus pedidos de Natal. O fato de que os atendesse talvez tivesse relação com o fato de ter sido criado para satisfazer as expectativas e se adequar à imagem que os outros queriam ter dele. Hoje sei que ele falhou, sobretudo na relação com o pai, justamente nessas questões. A aprovação que ele queria insistentemente receber do pai obviamente lhe fora negada durante longos períodos. Em relação a mim, essa atitude vinha à tona apenas em algumas fases, mas, quando ocorria, era particularmente ridículo. Afinal de contas, fora ele que me sequestrara e me trancara no porão. Não é um cenário no qual você leva em conta as expectativas de outra pessoa – a vítima. Era como se ele estivesse estrangulando alguém e, ao mesmo tempo, perguntasse se a vítima estava deitada confortavelmente e se a pressão exercida estava agradável. No entanto, na época, eu não queria ver isso. Achava maravilhoso que o sequestrador se preocupasse tanto comigo.

Eu sabia que não poderia ter uma árvore de Natal de verdade, por isso pedi uma de plástico. Nós dois carregamos a caixa e pusemos a árvore em um dos pequenos armários. Ganhei um par de anjos e alguns doces e passei um bom tempo decorando a árvore.

Na véspera de Natal, assisti à televisão sozinha até a luz apagar, tentando desesperadamente não pensar em minha família em casa. O sequestrador estava na casa da mãe – ou ela o estava visitando –, tal como aconteceria nos Natais subsequentes. Mas eu não sabia disso na época. Somente no dia seguinte ele apareceu para celebrar comigo. Fiquei surpresa, porque ele me deu tudo o que eu pedira: um pequeno computador educativo, como o que ganhara de meus pais no ano anterior. Não era tão bom quanto o primeiro, mas eu estava radiante pelo fato de poder estudar sem ir à escola. Afinal, eu não queria ficar para trás nos estudos caso conseguisse fugir. Também ganhei um bloco de papel para desenhar e uma caixa de tinta guache. Era igual à que meu pai me dera uma vez, com vinte e quatro cores – incluindo dourado e prata –, como se o sequestrador me trouxesse de volta uma parte de minha vida. O terceiro embrulho continha um conjunto para pintar de acordo com os números, com tinta a óleo. Eu também tivera um desses em casa, e pensava nas muitas horas de atividade que a pintura meticulosa prometia. A única coisa que o sequestrador não me deu foi terebintina. Provavelmente temia vapores nocivos no cativeiro.

Nos dias que se seguiram ao Natal, eu me ocupei com a pintura e o computador educativo. Tentava ao máximo ver o lado positivo de minha situação e combater a saudade da família, lembrando os aspectos negativos de nossos últimos Natais juntos. Tentava me persuadir de que era interessante experimentar o feriado da maneira dos adultos. E me sentia grata por pelo menos ter uma celebração de Natal.

Passei sozinha, no cativeiro completamente escuro, minha primeira véspera de Ano Novo. Deitei no beliche e me esforcei para ouvir os fogos de artifício que explodiriam à meia-noite no outro mundo. Mas ouvia apenas o monótono tique-taque do despertador e o zumbido do ventilador. Soube depois que o sequestrador sempre passava a véspera de Ano Novo com seu amigo, Holzapfel. Ele se preparava meticulosamente, comprando os maiores e mais caros fogos de artifício. Certa vez – eu já estava com 14 ou 15 anos –, ele me permitiu observar de dentro da casa enquanto explodia um foguete no início da noite. Aos 16 anos, ele me deixou ver no jardim, do lado de fora da casa, um foguete formar uma chuva de bolas prateadas no céu. Mas, nessa época, o cativeiro já se tornara um componente fixo do meu eu, por isso o sequestrador se arriscava a me levar para o jardim. Ele sabia que minha prisão interior tinha muros tão altos que eu não aproveitaria a oportunidade para escapar.

O ano em que eu fora sequestrada havia acabado e eu ainda era mantida em cativeiro. O mundo exterior afastava-se ainda mais, e minhas lembranças da vida antiga tornavam-se obscuras e irreais. Era difícil acreditar que um ano antes eu era uma menina da escola pública, que brincava durante à tarde, passeava com os pais e tinha uma vida normal.

Tentava levar da melhor maneira a vida que fora forçada a aceitar. Não era fácil. O controle do sequestrador continuava absoluto. Sua voz no interfone me deixava irritada e nervosa. No minúsculo cativeiro, sentia-me como se estivesse milhas debaixo da terra e, ao mesmo tempo, vivesse em uma espécie de aquário, onde cada movimento meu era observado.

Minhas visitas ao andar de cima ocorriam com maior regularidade agora: a cada duas semanas, eu podia tomar banho no andar de cima e, algumas vezes, ele me deixava comer e assistir à televisão à noite. Eu ficava satisfeita com cada minuto que podia passar fora do cativeiro, mas ainda sentia medo na casa. Agora sabia que ele estava sozinho e que não havia estranhos esperando para me atacar. Mas meu nervosismo não passava. Como ele era paranoico, fazia as coisas de modo que era impossível relaxar mesmo por um instante. Quando estava no andar de cima, sentia-me como se estivesse acorrentada ao sequestrador por uma corrente invisível. Era forçada a ficar sempre de pé e andar à mesma distância dele – um metro, nem mais, nem menos –, caso contrário ele teria um ataque de raiva. Ele me obrigava a manter a cabeça baixa e a nunca levantar os olhos.

Depois de horas e dias infinitos que eu passara no cativeiro completamente isolada, estava muito suscetível a suas ordens e manipulações. A ausência de luz e de contato humano me enfraqueceu a tal ponto que agora eu só era capaz de lhe opor uma pequena resistência. Nunca deixei de resistir completamente, o que me ajudava a impor os limites que eu considerava indispensáveis. Mas raramente pensava em escapar. Parecia que a coleira invisível que ele me pusera no andar de cima se tornava cada vez mais real – como se, de fato, estivesse acorrentada a ele e fosse fisicamente incapaz de me aproximar ou me afastar. Ele incutira em mim o medo do mundo exterior, onde ninguém me amava, ninguém sentia minha falta e ninguém procurava por mim – tão profundamente que se tornara quase maior que meu desejo de liberdade.

Quando estava no cativeiro, tentava me manter sempre ocupada. Nos longos fins de semana que passava sozinha, continuava a limpar e a arrumar o espaço durante horas, até que tudo estivesse limpo e com um cheiro agradável. Também pintava muito e usava cada pedacinho de papel do meu bloco para os desenhos: minha mãe de saia comprida, meu pai com a barriga grande e o bigode, e eu sorrindo entre eles. Desenhava o sol amarelo e brilhante, que não via fazia muitos meses, casas com chaminés por onde saía fumaça, flores coloridas e crianças brincando – mundos de fantasia que, durante horas, me permitiam esquecer como era minha realidade.

Um dia, o sequestrador me trouxe um livro de artesanato. Era direcionado a crianças da pré-escola e me deixou mais triste do que alegre. Brincar com aviõezinhos de papel era praticamente impossível em um cômodo de apenas cinco metros quadrados. Um presente melhor foi a Barbie que ele me deu um pouco depois, com um pequeno *kit* de costura, desses que às vezes se veem em hotéis. E eu agradecia pela companhia daquela criatura de pernas longas feita de plástico. Era uma Barbie amazona, com botas de montaria, calças brancas, um casaco vermelho e um chicote. Pedi ao sequestrador, durante vários dias, que me trouxesse alguns pedaços de pano. Às vezes, levava muito tempo para ele atender aos meus pedidos. E então, só fazia isso se eu seguisse suas ordens com precisão. Se eu chorasse, por exemplo, ele tirava de mim tudo aquilo de que eu mais gostava, como os livros e vídeos, tão necessários à minha sobrevivência. Para obter algo que eu queria, tinha de lhe mostrar gratidão e elogiá-lo por algo que fizera – inclusive por ter me trancado.

Finalmente consegui convencê-lo, e ele me trouxe uma camiseta velha – uma polo branca feita de jérsei liso e macio, com uma delicada estampa azul. Era a camiseta que ele vestia no dia do sequestro. Não sei se ele se esquecera disso ou queria se livrar dela. Usei o tecido para fazer um vestido de festa, com alças finas feitas de linha, e um elegante casaco assimétrico para minha Barbie. Com um barbante que encontrara entre as coisas da escola, transformei uma das mangas da camiseta em um estojo de óculos. Depois persuadi o sequestrador a me deixar ficar com um guardanapo de pano velho, que manchara de azul na máquina de lavar e que ele usava como pano de limpeza. Mais tarde, fiz com ele um vestido de baile para a Barbie, com uma fina tira de elástico na cintura.

Depois fiz porta-pratos de arame e obras de arte em miniatura de dobradura. O sequestrador comprou agulhas de artesanato para que eu pudesse praticar crochê e tricô. No mundo exterior, eu nunca aprendera a fazê-los direito na escola pública. Quando eu errava, as pessoas logo perdiam a paciência. Agora eu tinha um tempo infinito, ninguém me corrigia e eu sempre podia recomeçar, até que meus pequenos projetos de artesanato manual estivessem terminados. Esses projetos se tornaram minha tábua de salvação psicológica, pois impediam que eu enlouquecesse com a inatividade solitária que era forçada a suportar. Ao mesmo tempo, eu podia pensar em meus pais enquanto fazia pequenos presentes para eles – para o dia em que estivesse livre novamente.

Claro que eu não podia dizer ao sequestrador que estava fazendo algo para meus pais. Escondia os desenhos e falava com menos frequência deles, porque ele reagia, cada vez mais indignado, quando eu mencionava a vida do lado de fora, antes do cativeiro.

– Seus pais não amam você. Eles não se importam, senão já teriam pago o resgate – dissera ele no início, aborrecido sempre que eu dizia que estava com saudade deles.

Então, na primavera de 1999, veio a proibição: eu não podia mais mencionar meus pais nem falar sobre nada que vivera antes do cativeiro. Minha mãe, meu pai, minhas irmãs e sobrinhos, minha última viagem para esquiar, meu décimo aniversário, a casa de férias do meu pai, meus gatos. Nosso apartamento, meus hábitos, a loja da minha mãe. Minha professora, meus amigos da escola, meu quarto. Tudo o que existira antes estava proibido.

Proibir o passado tornara-se um componente-padrão de suas visitas ao cativeiro. Sempre que mencionava meus pais, ele ficava fora de si. Quando eu chorava, ele desligava a luz e me deixava na mais completa escuridão, até eu me tornar "boazinha" novamente. Ser "boazinha" significava ser grata a ele por ter me "resgatado" da vida antiga.

– Eu a salvei e agora você é minha – ele dizia com frequência.

Ou então:

– Você não tem mais família. Agora eu sou sua família: seu pai, sua mãe, sua avó e suas irmãs. Sou tudo para você. Você não tem mais passado – insistia. – Você está muito melhor comigo. Sorte sua que eu a trouxe para cá e que tomo conta de você. Você é minha agora. Eu a criei.

Pigmalião, com ódio da vida lasciva, abominava todas as mulheres e desprezava os erros com que a natureza lhes presenteara. Por isso, decidiu viver sozinho e evitou se casar, satisfeito por não querer uma consorte. Temendo, porém, a preguiça, mãe de todos os males, na escultura exercia seu feliz engenho e entalhou em mármore uma tal mulher, tão bela como não havia outra (Ovídio, *Metamorfoses*).

Hoje acredito que, ao cometer um crime terrível, Wolfgang Priklopil queria apenas criar seu próprio mundinho perfeito, com uma pessoa que estivesse ali só para ele. Provavelmente ele nunca teria podido fazer isso do jeito normal e decidira, assim, forçar e modelar alguém para isso. Em essência, ele não queria nada mais do que as outras pessoas: amor, aprovação, calor. Queria alguém para quem ele fosse a pessoa mais importante do mundo. Ele parecia não ter visto outro modo de conseguir isso senão sequestrando uma menina tímida de 10 anos e a afastando do mundo exterior, até que ela estivesse tão psicologicamente alheia que ele pudesse "recriá-la".

Quando fiz 11 anos, ele tirou de mim minha história e minha identidade. Eu não devia ser mais que uma folha de papel em branco sobre a qual ele pudesse escrever suas visões doentias. Ele negava até meu reflexo no espelho. Se eu não podia me ver refletida em minhas interações sociais com outras pessoas além do sequestrador, queria ao menos ser capaz de ver meu rosto, para não me perder de mim completamente. Mas repetidamente ele recusava meu pedido por um espelho pequeno. Somente anos depois ganhei um armário de banheiro com espelho. Quando me vi nele, não consegui mais identificar os traços infantis que eu tivera, e sim um rosto desconhecido.

Então ele conseguiu me recriar? Sempre que me pergunto isso, não consigo responder de modo inequívoco. Por um lado, ele escolhera a pessoa errada. Eu continuava resistindo às tentativas de apagar minha identidade e de me transformar em sua criatura. Ele nunca me dobrou.

Por outro, o esforço dele para me transformar em uma nova pessoa caiu em terreno fértil. Antes do sequestro, eu estava cansada da vida e tão insatisfeita comigo mesma que decidira mudar alguma coisa. E, minutos antes que ele me enfiasse na caminhonete, eu imaginara claramente que me jogaria na frente de um carro em movimento – porque odiava a vida que era forçada a viver.

Claro que não poder ter minha própria história me deixava infinitamente triste. Eu sentia que era uma grande injustiça ele não me permitir mais ser eu mesma ou falar sobre a dor profunda que a perda de meus pais causava. Mas o que restara efetivamente de minha própria história? Agora eram apenas memórias, que pouco tinham a ver com o mundo real que continuava a girar sem mim. A classe da escola pública não existia mais; meus sobrinhos pequenos haviam crescido e talvez nem me reconhecessem, mesmo se eu aparecesse diante deles. E talvez meus pais realmente estivessem aliviados por ter ficado livres das longas e cansativas discussões a meu respeito. Ao me isolar de tudo por tanto tempo, o sequestrador criara a base perfeita para permitir que eu afastasse o passado de mim. Conscientemente, e diante dele, eu me mantinha firme na opinião de que o sequestro era um crime grave, mas suas ordens de considerá-lo meu salvador, repetidas constantemente, se aprofundavam cada vez mais em meu subconsciente. No fundo, era mais fácil considerá-lo meu salvador e não uma pessoa má. Em uma tentativa desesperada de me forçar a ver os aspectos positivos do cativeiro – e não deixá-lo me destruir –, dizia para mim mesma:

– Pelo menos, não pode ficar pior.

Diferentemente do que ocorrera na maior parte dos casos que vira na televisão, até aquele momento ele não me violentara nem me assassinara.

O roubo de minha identidade me permitiu, porém, uma grande liberdade. Hoje, quando penso no que sentia, isso parece incompreensível e paradoxal, tendo em conta o fato de que eu fora completamente destituída de minha liberdade. Mas, na época, pela primeira vez na vida, eu me sentia livre de opiniões preconcebidas. Havia muito deixara de ser uma pequena engrenagem em uma família em que os papéis já haviam sido atribuídos – e na qual me conferiram o papel de gordinha desajeitada. Uma família na qual eu me tornara um peão para os adultos, cujas decisões frequentemente eu não compreendia.

Embora eu estivesse em meio a um sistema de total opressão e tivesse perdido a liberdade de movimento, com uma única pessoa controlando cada detalhe de minha vida, essa forma de opressão e manipulação era direta e clara. O sequestrador não era o tipo de pessoa que agia com sutileza – ele queria exercer o poder de modo aberto e direto. À sombra de seu poder – que ditava como eu devia fazer as coisas –, eu me sentia paradoxalmente capaz de ser eu mesma, pela primeira vez na vida.

Um sinal disso era o fato de que, desde o sequestro, eu nunca mais molhara a cama. Embora estivesse submetida a um fardo desumano, um certo tipo de estresse parecia ter sido retirado de mim na época. Se tivesse de resumir em uma frase, diria que, ao desistir de minha história e me submeter à vontade do sequestrador, eu me sentia querida – pela primeira vez em muito tempo.

No fim do outono de 1999, o "esvaziamento" de minha identidade se completou. O sequestrador me disse para escolher um novo nome:

– Você não é mais Natascha. Você é minha agora.

Eu me recusei por muito tempo a isso, em parte porque achava que os nomes não eram importantes. Havia apenas "eu" e "ele", e "você" já era suficiente para saber de quem se tratava. Mas o nome "Natascha" despertava tanta raiva e desagrado nele que acabei concordando. Além disso, não era verdade que eu sempre detestara esse nome? Quando minha mãe me repreendia, ele tinha o som feito das ordens e expectativas não realizadas, que eu nunca satisfazia. Desde pequena, sempre quisera um daqueles nomes que as outras meninas tinham: Stefanie, Jasmin, Sabine. Qualquer coisa, menos Natascha. O nome "Natascha" continha tudo de que eu não gostava em minha vida antiga. Tudo de que eu queria me livrar, tudo o que eu era forçada a deixar para trás.

O sequestrador sugeriu "Maria" como meu novo nome, porque suas duas avós se chamavam Maria. Embora não gostasse da sugestão, concordei, porque era meu nome do meio. No entanto, ele não estava satisfeito, porque a questão era que eu precisava ter um nome completamente novo. Ele me forçou a sugerir algo diferente. Naquele instante.

Folheei o calendário, que trazia o nome dos santos de cada dia e, em 2 de dezembro, encontrei uma possibilidade imediatamente depois de Natascha: "Bibiana". Durante os sete anos seguintes, Bibiana foi minha nova identidade, ainda que o sequestrador nunca tenha conseguido apagar completamente a antiga.

O sequestrador tirou de mim a família, a vida, a liberdade e a antiga identidade. A prisão física do cativeiro no subterrâneo, por trás das muitas portas pesadas, pouco a pouco fora complementada pela prisão psicológica, cujos muros eram ainda mais altos. E comecei a agradecer ao carcereiro que a construíra. Porque, no fim do ano, ele realizou um de meus maiores desejos: um instante fora de casa, ao ar livre.

Era uma noite fria e clara de dezembro. Ele já havia me comunicado as regras para o dia "do lado de fora":

– Se você gritar, eu te mato; se você correr, eu te mato; mato qualquer um que a ouça ou veja, se você for burra de tentar chamar atenção.

Não bastava ameaçar me matar. Ele também me impunha a responsabilidade sobre qualquer pessoa a quem eu pudesse pedir ajuda. Acreditei em seus planos homicidas sem pensar duas vezes. Mesmo hoje, acredito que ele seria capaz de matar qualquer vizinho inocente que acidentalmente prestasse atenção em mim. Uma pessoa que faz um esforço tão grande para manter um prisioneiro em um porão não hesitaria em matar.

Quando ele agarrou meu braço e abriu a porta para o jardim, fui invadida por uma sensação de profunda felicidade. O ar gelado gentilmente acariciou meu rosto e meus braços, o cheiro de podridão e o isolamento desapareceram, e minha cabeça parecia mais leve. Pela primeira vez em quase dois anos, eu sentia o chão macio sob meus pés. Cada folha de grama que abria passagem sob a sola dos sapatos me parecia uma criatura singular e preciosa. Ergui a cabeça e olhei o céu. O espaço infinito que se abria diante de mim me deixou sem fôlego. A lua estava baixa no horizonte, e algumas estrelas piscavam sobre mim. Eu estava do lado de fora da casa. Pela primeira vez desde que fora jogada em uma caminhonete no dia 2 de março de 1998. Inclinei a cabeça e mal pude conter um soluço.

O sequestrador me levou através do jardim até a cerca viva. Chegando lá, estiquei a mão, tocando com cuidado as folhas escuras de alfena. Elas cheiravam bem e brilhavam à luz da lua. Parecia um milagre tocar algo vivo. Arranquei algumas folhas e guardei-as no bolso. Eram uma lembrança da vida no mundo exterior.

Depois de um breve momento, ele me girou sem dizer nada e voltamos para casa. Pela primeira vez, eu a via à luz da lua pelo lado de fora: era uma casa amarela, com um telhado inclinado e duas chaminés. As molduras das janelas eram brancas. O gramado em que pisávamos parecia curto demais e bem conservado.

Subitamente fui invadida por dúvidas. Eu via grama, árvores, folhas, uma parte do céu, uma casa, um jardim. Mas era aquele o mundo de que me lembrava? Tudo parecia superficial e artificial demais. A grama era verde, e o céu, grande, mas dava para perceber que eram cenários! Ele acrescentara os arbustos e a casa para me enganar. Eu estava em uma espécie de produção teatral, onde eram filmadas as cenas externas de uma série televisiva. Não havia vizinhos, nem cidade, nem família a apenas vinte e cinco minutos de distância de carro. Em vez disso, só havia cúmplices do sequestrador, que fingiam que eu estava do lado de fora enquanto me observavam em grandes monitores e riam de minha ingenuidade. Apertei firme as folhas no bolso, como se elas pudessem provar algo: que aquilo era real, que *eu* era real. Mas não senti nada. Apenas um grande vazio que se sobrepunha sem dó, como uma mão fria.

MAUS-TRATOS E FOME

A luta diária para sobreviver

MINHA INFÂNCIA ACABOU aos 10 anos de idade, quando fui sequestrada. Deixei de ser criança no cativeiro, no ano de 2000. Uma manhã, acordei com dor no abdômen e vi manchas de sangue no pijama. Imediatamente soube o que estava acontecendo. Havia anos esperava pela menstruação. Eu sabia a marca dos absorventes que queria, por causa de um comercial que o sequestrador gravara depois de alguns seriados de televisão. Quando ele veio ao cativeiro, pedi sem rodeios que comprasse alguns pacotes.

O sequestrador ficou totalmente confuso ao ser confrontado com esse novo fato, e sua paranoia atingiu um nível inédito. Até então, ele recolhia cuidadosamente cada pedaço de algodão, limpava freneticamente cada impressão digital para eliminar qualquer vestígio meu, e agora se tornara praticamente histérico para garantir que eu não me sentasse em nenhum local da casa. Para isso, colocava uma pilha de jornais primeiro, em uma tentativa absurda de evitar que a menor gota de sangue sujasse a casa. Ele ainda se preocupava diariamente que a polícia aparecesse e examinasse a casa atrás de vestígios de DNA.

O comportamento dele me incomodava – era como se eu fosse intocável. Foi uma época confusa, em que eu precisava urgentemente conversar com minha mãe ou com uma de minhas irmãs mais velhas sobre as mudanças físicas que subitamente tinha de enfrentar. Mas a única pessoa com quem eu podia conversar era um homem, totalmente despreparado para esse assunto. Que me tratava como se eu fosse suja e repugnante. E que obviamente nunca vivera com uma mulher.

Seu comportamento em relação a mim sofreu uma clara mudança quando entrei na puberdade. Enquanto eu era criança, era "permitido" ficar no cativeiro e cuidar de minhas coisas, dentro do estreito limite de suas regras. Agora que virara mulher, tinha de estar a seu serviço e executar tarefas na casa sob sua estrita supervisão.

No andar de cima da casa, eu me sentia como se estivesse em um aquário, como um peixe em um recipiente pequeno demais, que olha com saudade para o mundo exterior, mas que não pula para fora enquanto puder sobreviver na prisão. Porque cruzar a linha significaria morte certa.

A linha que demarcava onde o exterior começava era tão absoluta que, para mim, parecia insuperável. Como se a casa estivesse em uma dimensão diferente em relação ao mundo que ficava fora de seus muros amarelos. Como se a casa, o jardim e a garagem com o cativeiro se localizassem em uma matriz diferente. Às vezes, um toque de primavera chegava por uma janela entreaberta. De tempos em tempos, eu podia ouvir um carro passando pela rua tranquila. Fora isso, não se podia perceber mais nada do mundo exterior. As persianas estavam sempre abaixadas, e a casa inteira era banhada por uma luz fraca. Os sistemas de alarme nas janelas estavam ativados – pelo menos, eu achava que estavam. Havia momentos em que eu pensava em fugir. Mas não tinha mais planos concretos. O peixe não pula para fora da borda do aquário de vidro se a morte estiver esperando por ele.

Mas eu continuava desejando a liberdade.

Agora eu era constantemente observada. Não podia dar um único passo sem que ele ordenasse antes. Tinha de ficar em pé, sentar ou andar sempre que o sequestrador quisesse. Tinha de pedir permissão quando queria me levantar ou me sentar, antes de virar a cabeça ou esticar o braço. Ele me dizia em que direção olhar e me acompanhava até o banheiro. Não sei o que era pior – o tempo que passava sozinha no cativeiro ou a época em que não ficava sozinha nem por um segundo.

A vigilância permanente reforçava a sensação de ter entrado em um experimento absurdo. A atmosfera da casa intensificava essa impressão. Por trás da fachada burguesa, ela parecia estar fora do tempo e do espaço. Sem vida, desabitada como o cenário de um filme sombrio. Do lado de fora, ajustava-se perfeitamente ao ambiente: convencional, extraordinariamente bem conservada, com arbustos grossos ao redor do grande jardim, para manter os vizinhos cuidadosamente distantes. Olhares curiosos não eram bem-vindos ali.

Strasshof é um local sem identidade nem história, sem um centro e sem características próprias, como seria de esperar de um lugar com uma população de cerca de nove mil habitantes. Após os limites da cidade, as casas inclinam-se em direção à planície de Marchfeld, ladeando uma passagem e a linha ferroviária, interrompida de vez em quando por áreas comerciais comuns aos subúrbios pobres de qualquer cidade grande. Em particular o nome completo da cidade, Strasshof an der Nordbahn, ou Strasshof sobre a Linha Ferroviária do Norte, é uma pista de que essa é uma comunidade que vive da proximidade com Viena. As pessoas vão embora de lá, passam por lá em viagens, mas não vão para lá sem uma boa razão. As atrações do local incluem um "monumento à locomotiva" e um museu ferroviário chamado Heizhaus. Há um século, viviam ali menos de cinquenta pessoas; hoje seus habitantes trabalham em Viena e retornam para as casas suburbanas, alinhadas monotonamente, apenas para dormir. Nos fins de semana, as máquinas de cortar grama fazem seu zumbido característico, os carros são polidos e os cômodos aconchegantes permanecem ocultos por trás de cortinas fechadas e persianas, em escuridão parcial. Ali, o que conta é a fachada, e não o que você pode descobrir por trás dela. O local perfeito para uma vida dupla. O local perfeito para um crime.

A casa fora construída como um edifício típico do início da década de 1970. No primeiro andar, havia um longo corredor em que uma escada conduzia ao andar de cima. Do lado esquerdo, o banheiro; do lado direito, a sala de estar e, no fim do corredor, a cozinha. Era um cômodo retangular com um balcão de cozinha americana do lado esquerdo e armários com portas rústicas de madeira escura envernizada. O piso tinha uma coloração laranja-amarronzada e desenhos de flores. Uma mesa, quatro cadeiras com forro de tecido, ganchos com desenhos de flores no estilo Prilblume sobre a parede de azulejos branca e cinza e flores decorativas verde-escuras na pia.

A parte mais impressionante da cozinha era o mural de papel que cobria a parede do lado direito: uma floresta verde, com troncos delgados alongando-se para cima, como se tentassem fugir da atmosfera opressiva do cômodo. Quando olhei para ele pela primeira vez, me pareceu absurdo que alguém que podia estar em comunhão com a natureza a qualquer momento, que podia sair sempre que quisesse, se cercasse de natureza morta, artificial, enquanto eu tentava desesperadamente trazer vida ao quarto no porão, mesmo que fossem apenas algumas folhas arrancadas.

Não sei quantas vezes esfreguei e poli o chão e os azulejos da cozinha, até que brilhassem, impecáveis. Nem o menor risco, nem a menor migalha podiam estragar as superfícies lisas. E, quando eu pensava que havia acabado, tinha de deitar no chão para verificar os cantos. O sequestrador ficava sempre atrás de mim, dando ordens. Nunca estava suficientemente limpo para ele. Nem sei quantas vezes ele pegou o pano de minha mão e me mostrou como limpar "certo". Ele ficava furioso quando eu sujava uma bela e delicada superfície com uma impressão digital oleosa, destruindo a aparência de algo puro e intocável.

Para mim, a pior coisa era limpar a sala de estar. Era um cômodo grande que dissipava uma penumbra que não vinha apenas das persianas fechadas, mas também do teto decorado, escuro, quase preto, do revestimento de madeira escura, do sofá de couro verde e do carpete marrom-claro. Havia uma estante marrom-escura, contendo obras como *O processo*, de Kafka, e *Nur Puppen haben keine Tränen* [Apenas bonecas não choram], de Peter Kreuder. Uma lareira sem uso, um atiçador e, no console, um suporte de vela de ferro forjado, um relógio, um capacete em miniatura de uma armadura medieval, além de dois retratos medievais na parede acima da lareira.

Sempre que eu passava algum tempo naquele cômodo, tinha a impressão de que a penumbra penetraria através das roupas em cada poro de meu corpo. A sala de estar parecia o reflexo perfeito do "outro" lado do sequestrador. Conservador, conformista e bem ajustado na superfície, mal cobrindo a camada escura abaixo.

Hoje sei que Wolfgang Priklopil praticamente não modificou a casa dos pais construída na década de 1970. Ele queria reformar de acordo com suas especificações apenas o andar de cima, que tinha três quartos e o sótão. Uma janela de água-furtada permitiria a entrada de mais luz, e o sótão empoeirado com as vigas de madeira ao longo do telhado inclinado seria equipado com placas de reboco e transformado em sala de estar. Para mim, isso significava que uma nova fase do cativeiro iria começar.

Nos meses e anos seguintes, por causa da reforma, eu passava a maior parte do tempo no andar de cima. Priklopil há muito não tinha um trabalho fixo, embora algumas vezes desaparecesse sob o pretexto de fazer "negócios" com o amigo, Holzapfel. Só mais tarde descobri que eles reformavam apartamentos para alugar. Mas não podiam ter muitos serviços novos, pois o sequestrador passava a maior parte do tempo reformando a própria casa. Eu era o único operário. Um operário que ele podia trazer do cativeiro sempre que precisasse para fazer o trabalho pesado – para o qual a maior parte das pessoas teria de contratar mão de obra especializada –, e que ele então coagia a cozinhar e a limpar "depois do expediente", antes de trancá-lo novamente no porão.

Olhando para trás, eu realmente era jovem demais para fazer todos os serviços que ele me ordenava. Sempre que vejo crianças de 12 anos reclamando e se rebelando quando são instadas a realizar tarefas simples, sorrio pensando naquela época. Não tenho inveja dos pequenos atos de rebeldia. Eu não podia me rebelar, só podia obedecer.

O sequestrador, que não queria trabalhadores na casa, responsabilizou-se por toda a reforma e me obrigou a fazer coisas que estavam muito além de minha força e minhas capacidades. Com ele, eu arrastava placas de mármore e portas pesadas, erguia sacos de cimento, quebrava concreto com cinzel e marreta. Montamos a janela de água-furtada, isolamos e cobrimos as paredes, instalamos o piso, em seguida os canos de aquecimento e os cabos elétricos, cobrimos as paredes de gesso, quebramos uma abertura entre o piso do segundo andar e o novo piso do sótão e construímos uma escada de ladrilhos de mármore.

O segundo andar seria o próximo. O piso antigo estava arranhado e colocamos o novo. As portas foram retiradas, e os batentes, lixados e pintados novamente. O velho papel de parede marrom foi arrancado e um novo foi colado e pintado. Construímos um novo banheiro com ladrilhos de mármore no sótão. Eu era, ao mesmo tempo, assistente e escrava: tinha de ajudá-lo a carregar as coisas e fornecia-lhe as ferramentas, como lixas, cinzel, tinta. Ou ainda tinha de segurar a bacia com a argamassa durante horas, enquanto ele alisava as paredes. Quando ele se sentava para fazer uma pausa, eu tinha de lhe servir bebidas.

O trabalho tinha um lado positivo também. Após dois anos durante os quais eu mal podia me mover em meu pequeno cômodo, agora praticava atividade física exaustiva. Os músculos de meus braços cresceram, e eu me sentia forte e útil. Sobretudo no início, eu gostava de poder passar várias horas por dia durante a semana fora do cativeiro. Claro que os muros ao meu redor continuavam intransponíveis. E a corrente invisível estava mais forte que antes. Mas eu tinha, pelo menos, uma mudança de ritmo.

Ao mesmo tempo, na parte de cima da casa, eu estava à mercê da maldade e do lado sombrio do sequestrador. Eu sabia, desde o episódio com a furadeira, que ele era suscetível a explosões incontroláveis de raiva quando eu não era "boazinha". No cativeiro, não havia muitas oportunidades para não ser "boazinha". Mas agora, trabalhando, eu podia cometer um erro a qualquer segundo. E o sequestrador não gostava de erros.

– Passe a espátula – ele disse, em um dos primeiros dias no sótão.

Mas eu lhe dei a ferramenta errada.

– Merda! Você não consegue fazer nada direito, não é? – ele se irritou.

De uma hora para outra, seus olhos escureceram, como se uma nuvem lançasse uma sombra sobre a íris. Seu rosto se contorceu, ele agarrou um saco de cimento que estava perto, ergueu-o e atirou-o contra mim com um grito. Fui pega de surpresa, e o saco pesado me atingiu com tanta força que, por um momento, perdi o equilíbrio.

Congelei. Não era a dor que me causava espanto. O saco era pesado e o impacto machucara, mas eu podia ter aguentado. O que me fez perder o fôlego foi a agressividade do sequestrador. Afinal de contas, ele era a única pessoa em minha vida, e eu dependia totalmente dele. Essa explosão era uma ameaça extrema. Eu me sentia como um cão que apanhara e que não podia morder a mão que batera nele, porque era a mesma que o alimentava. A única saída era fugir para dentro de mim. Fechei os olhos, bloqueei tudo a meu redor e não me movi um centímetro.

O ataque de raiva do sequestrador acabou tão rápido quanto começou. Ele veio até mim, me sacudiu, tentou erguer meus braços e fazer cócegas.

– Pare com isso, me desculpe – pediu. – Não foi nada.

Continuei parada ali, de olhos fechados. Ele me deu um beliscão e puxou os cantos de minha boca em um sorriso atormentado, no sentido mais literal da expressão.

– Agora volte ao normal, me desculpe. O que posso fazer para você voltar ao normal?

Não sei por quanto tempo fiquei parada ali, sem me mexer, em silêncio e de olhos fechados. Mas meu pragmatismo infantil levou a melhor:

– Quero sorvete e ursinhos de gelatina!

Metade de mim explorou a situação para ganhar doces. A outra metade queria dar menos importância ao ataque com aquele pedido. Ele repetia que sentia muito e que aquilo não aconteceria novamente – assim como o marido violento promete à mulher e aos filhos que acabaram de apanhar.

Mas esse ataque pareceu ter aberto as portas. Ele começou a me bater regularmente. Não sei que botão foi pressionado ou se ele simplesmente acreditava que, em sua onipotência, podia fazer o que quisesse. Agora eu já estava no cativeiro havia mais de dois anos. Ele não fora descoberto e tinha tal controle sobre mim que eu não poderia fugir. Quem estava lá para castigá-lo? A seus olhos, ele tinha o direito de fazer exigências e de me castigar fisicamente se eu deixasse de satisfazê-las imediatamente.

Desde então, ele reagia à menor desatenção com mudanças bruscas de humor. Alguns dias depois do incidente com o saco de cimento, ele me ordenou que lhe entregasse uma placa de reboco. Achou que eu fui muito lenta, por isso agarrou minha mão e a girou, esfregando-a com tanta força na placa que tive uma queimadura que levou anos para sarar. Repetidamente o sequestrador reabriria essa ferida – na parede, nas placas de reboco e até na superfície lisa da pia ele conseguiu esfregar minha mão com tanta força que o sangue começou a jorrar. Até hoje tenho a marca na mão direita.

Outra vez, quando reagi lentamente a uma ordem, ele apontou um canivete para mim. A lâmina afiada, que pode cortar um tapete com facilidade, perfurou meu joelho e ficou presa ali. A dor queimou tanto minha perna que me senti enjoada. Sentia o sangue escorrendo. Quando ele viu aquilo, gritou feito louco:

– Não mexa! Vai manchar!

Então me agarrou e me arrastou até o banheiro para estancar o sangue e costurar a ferida. Eu estava em choque e mal podia respirar. Furioso, ele jogou água em meu rosto e gritou:

– Pare de chorar!

Depois, me deu um sorvete.

Em pouco tempo, começou a me xingar enquanto eu fazia as tarefas domésticas. Sentava-se na cadeira de couro na sala de estar, me fitava, ajoelhada, esfregando o chão, e fazia comentários depreciativos sobre cada um de meus gestos.

– Você é burra demais até para fazer limpeza.

– Você não consegue limpar nem uma mancha.

Eu fitava o piso em silêncio, agitada por dentro, enquanto esfregava com energia redobrada. Mas isso não bastava. Sem mais nem menos, eu começava a levar chutes dos lados ou na perna. Até que tudo estivesse brilhando.

Uma vez, quando eu tinha 13 anos, como não limpei a bancada da cozinha com rapidez suficiente, ele me chutou tão forte no cóccix que bati na beirada do fogão e me cortei na altura do quadril. Embora eu sangrasse bastante, ele me levou de volta para o cativeiro sem curativos nem ataduras, furioso com o aborrecimento que a ferida aberta causara. Levou semanas para sarar, porque ele costumava me empurrar contra a beirada do fogão na cozinha. De modo inesperado, casual e proposital. Repetidamente a casca fina que se formava sobre a ferida no quadril era arrancada.

Ele não suportava quando eu chorava de dor. Agarrava-me e secava as lágrimas em meu rosto com o dorso da mão, com tanta força que o medo me fazia parar. Se isso não funcionasse, ele apertava minha garganta, me levava até a pia e empurrava minha cabeça embaixo da torneira. Em seguida, pressionava a traqueia e esfregava meu rosto com água fria até eu quase perder a consciência. Ele odiava ter de lidar com as consequências de seus abusos. Lágrimas, hematomas, ferimentos – não tomava conhecimento de nada. O que você não vê não existe.

O que se tornava cada vez pior não era a violência sistemática a que ele me submetia – e que eu podia antecipar –, mas os súbitos ataques de fúria. Talvez porque, cada vez que ele ultrapassava um limite, percebia que poderia fazer isso sempre e sair impune. Talvez porque fosse incapaz de fazer algo para interromper aquela espiral de violência.

Acho que sobrevivi àquela época porque separava essas experiências de mim mesma. Não era a decisão consciente de um adulto, mas o instinto de sobrevivência de uma criança que se manifestava. Eu deixava meu corpo sempre que o sequestrador me batia e, a distância, observava a menina de 12 anos deitada no chão sendo chutada.

Mesmo hoje, só posso descrever esses ataques como se eles não tivessem acontecido comigo, mas com outra pessoa. Lembro-me claramente da dor dos golpes, que me acompanhava durante vários dias. Lembro que tinha tantos hematomas que era difícil encontrar uma posição para me deitar. Lembro-me do tormento de dias seguidos e de como o púbis doía depois de um chute. Também me lembro das lesões e lacerações da pele. E das vértebras cervicais estalando, quando ele atingia minha cabeça com um soco.

Mas, emocionalmente, eu não sentia nada.

O único sentimento que eu não era capaz de evitar era o medo mortal que tomava conta de mim nessas horas. Ele penetrava em minha mente – a vista escurecia, os ouvidos zumbiam e a adrenalina era liberada – e ordenava: *Fuja!* Mas eu não podia. A prisão, que no início era apenas do lado de fora, agora me mantinha encarcerada por dentro também.

Em pouco tempo, os primeiros sinais de que o sequestrador poderia surtar a qualquer momento eram suficientes para fazer meu coração disparar. A respiração encurtava e eu empalidecia de medo. Mesmo quando estava no cativeiro – que agora parecia mais seguro –, eu era tomada por um medo mortal sempre que ouvia que o sequestrador estava desparafusando o cofre que bloqueava o corredor. O sentimento de pânico, que o corpo guarda na memória ao experimentar o medo mortal e que recorda ao menor sinal de uma ameaça semelhante, é incontrolável. E me imobilizava com suas garras de ferro.

Depois de dois anos assim, aos 14 anos comecei a reagir. Primeiro, era uma espécie de resistência passiva. Quando ele começava a gritar e se preparava para me bater, eu começava a me estapear no rosto até que ele me mandasse parar. Eu queria forçá-lo a olhar. Ele tinha que ver como me tratava; ele mesmo tinha que levar os golpes que até então eu recebia. Também não havia mais sorvete nem ursinhos de gelatina.

Aos 15 anos, revidei pela primeira vez. Ele me encarou surpreso e, de certa forma, espantado quando o atingi no estômago. Eu me sentia sem forças; meu braço se movia lentamente e o soco saiu hesitante. Mas eu reagi e o atingi. Ele me agarrou e me deu uma chave de braço até que eu parasse.

Claro que eu não tinha chance contra ele fisicamente. Ele era maior, mais forte e me dominava facilmente, mantendo-me a distância, de modo que os socos e pontapés atingiam quase sempre o vazio. Apesar de tudo, revidar tornou-se essencial para minha sobrevivência. Ao agir assim, provei a mim mesma que era forte e que não perdera o respeito próprio. Ao mesmo tempo, mostrava para ele que havia limites que eu não lhe permitiria ultrapassar. Foi um momento decisivo na relação com o sequestrador – o único ser humano em minha vida e a pessoa que me trazia o sustento. Quem sabe do que ele teria sido capaz se eu não tivesse revidado.

Ao entrar na puberdade, teve início o terror com a comida. Uma ou duas vezes por semana, o sequestrador trazia uma balança para o cativeiro. Na época, eu pesava quarenta e cinco quilos e era rechonchuda. Nos anos seguintes, eu cresci – e lentamente emagreci.

Depois de uma fase, durante o primeiro ano, em que eu era relativamente livre para pedir o que quisesse comer, gradualmente ele passou a controlar e ordenar que eu racionasse a comida também. Além de me proibir de assistir à televisão, me deixar sem comer era uma de suas estratégias mais eficazes para me manter na linha. Eu tinha 12 anos e estava passando pela fase do estirão, quando ele começou a associar o racionamento de comida a xingamentos e acusações.

– Olhe só para você: é feia e gorda.

– Você é uma comilona. Ainda vai me levar à falência.

– Quem não trabalha não come.

Suas palavras me atingiam como flechas. Mesmo antes do cativeiro, eu estava profundamente insatisfeita com meu corpo, que me parecia ser o grande obstáculo para uma infância tranquila. A consciência de que eu era gorda me enchia de um ódio torturante e destrutivo. O sequestrador sabia exatamente o que fazer para minar minha autoestima. E fazia isso sem piedade.

Ao mesmo tempo, era inteligente o bastante para me fazer sentir realmente grata nas primeiras semanas e meses. Afinal, ele estava me ajudando a alcançar um de meus maiores objetivos: emagrecer.

– Olhe para mim. Eu praticamente não como nada – repetia. – Você tem que considerar isso uma cura.

E, na verdade, eu quase podia me ver perdendo toda a gordura e me tornando magra e musculosa. Até que o racionamento de comida supostamente com boas intenções se transformou em uma campanha de terror que me conduziu, aos 16 anos, ao limite da fome.

Hoje acredito que o sequestrador – que era extremamente magro – lutava contra a anorexia, que então transferiu para mim. Ele tinha uma profunda desconfiança em relação a alimentos de todos os tipos. Acreditava que a indústria alimentícia era capaz de cometer homicídios coletivos, envenenando a comida a qualquer momento. Nunca usava temperos, porque lera que vinham da Índia e haviam sido expostos a radiação lá. Além disso, era mesquinho, o que se tornou patológico durante meu cativeiro. Mesmo o leite passou a ser caro demais.

As rações de comida foram drasticamente reduzidas. De manhã, ele me dava uma xícara de café e duas colheres de sopa de cereal com um copo de leite, ou uma fatia tão fina de bolo que quase se podia ler o jornal através dela. Eu só ganhava doces depois de apanhar muito. Na hora do almoço e à noite, recebia um quarto de um "prato adulto". Quando o sequestrador trazia a comida que a mãe preparara ou uma pizza, era aplicada a seguinte regra: três quartos para ele, um quarto para mim. Quando eu preparava minha comida no cativeiro, ele fazia uma lista do que eu podia comer – por exemplo, duzentos gramas de vegetais congelados ou metade de uma refeição semipronta. Além disso, podia comer um *kiwi* e uma banana por dia. Se eu violasse as regras e comesse mais do que era permitido, podia ter certeza de que ele teria um de seus ataques de fúria.

Ele me estimulava a emagrecer e monitorava meticulosamente as anotações que registravam meu peso.

– Eu sou um exemplo para você – dizia.

Sim, um exemplo. Eu sou uma comilona. Estou muito gorda. Mas a sensação de fome constante e torturante permanecia.

Na época, ele não me trancava no cativeiro por longos períodos sem comida – isso só aconteceu mais tarde. Mas as consequências da má alimentação já eram visíveis. A fome afeta o cérebro. Quando você não come o suficiente, não consegue pensar em outra coisa a não ser: Quando vou comer de novo? Quando vou poder beliscar um pedaço de pão? Como posso manipulá-lo para ganhar pelo menos um pouquinho da porção de três quartos dele? Eu só pensava em comida e, ao mesmo tempo, me culpava por ser "tão comilona".

Pedia para ele trazer encartes de supermercado para o cativeiro e avidamente os folheava sempre que estava sozinha. Depois inventei um jogo que eu chamava de "gostos". Imaginava, por exemplo, um pedaço de manteiga na língua. Gelada e dura, derretendo lentamente, até o gosto impregnar minha boca. Então pensava em *Grammelknödel*; em pensamento, mordia um, sentindo o bolinho macio de batata entre os dentes e o recheio de *bacon* crocante. Ou morangos: o suco doce nos lábios, a sensação das pequenas sementes no céu da boca, a leve acidez nos lados da língua.

Eu podia jogar esse jogo durante horas, e era tão boa nisso que quase podia sentir a comida de verdade. Mas as calorias imaginárias não eram suficientes para meu corpo. Cada vez mais, sentia vertigem ao me levantar subitamente enquanto fazia as tarefas diárias ou tinha de me sentar, porque estava tão fraca que mal me aguentava em pé. Meu estômago roncava constantemente e, às vezes, parecia tão vazio que eu deitava na cama com cólicas, que tentava aplacar tomando água.

Precisei de muito tempo para entender que o sequestrador não estava preocupado com meu corpo, mas usava a fome para me enfraquecer e me manter obediente. Ele sabia exatamente o que estava fazendo, embora ocultasse de todas as maneiras a verdadeira motivação. Mas, às vezes, dizia coisas reveladoras:

– Você está sendo muito teimosa de novo. Acho que está comendo demais.

Quando não se tem o que comer, é difícil pensar com clareza, e mais difícil ainda pensar em revolta ou fuga.

Um dos livros na prateleira da sala de estar que o sequestrador mais valorizava era *Minha luta*, de Adolf Hitler. Frequentemente ele falava de Hitler com admiração e dizia:

– Ele estava certo de enviar os judeus para as câmaras de gás.

Seu ídolo político contemporâneo era Jörg Haider, líder da extrema direita do Partido da Liberdade da Áustria. Priklopil gostava de xingar os estrangeiros, que ele chamava de *Tschibesen*,* na gíria de Donaustadt, onde ele crescera. Era uma palavra que eu conhecia das piadas racistas dos fregueses da loja de minha mãe. Quando os aviões se chocaram contra o World Trade Center, em 11 de setembro de 2001, ele sentiu um prazer malicioso ao vê-los; dizia que eles estavam atingindo "a costa oeste norte-americana" e a "conspiração para a dominação mundial judaica".

Embora eu não acreditasse totalmente que ele tivesse atitudes nazistas – elas pareciam artificiais, como se ele imitasse os *slogans* –, havia algo que ele internalizara profundamente. Para ele, eu era alguém que ele poderia comandar sempre que quisesse. Ele se sentia parte da raça dominante. E eu era um ser humano de segunda classe.

E deveria parecer um.

No início, sempre que ele vinha me pegar no cativeiro, eu tinha de esconder o cabelo debaixo de uma sacola plástica. A obsessão do sequestrador com limpeza alcançou a paranoia. Cada fio de cabelo meu era um perigo para ele; se a polícia aparecesse, poderia me encontrar e jogá-lo na prisão. Por isso, eu tinha de prender o cabelo com fivelas e grampos, pôr na cabeça uma sacola plástica e prendê-la com um elástico grosso. Sempre que

* "Chinas." (N. da T.)

uma mecha se soltava e caía em meu rosto enquanto eu trabalhava no andar de cima, ele imediatamente a puxava para debaixo da sacola plástica. Cada fio de cabelo encontrado era queimado com um isqueiro ou um ferro de soldar. Depois que eu tomava banho, ele recolhia meticulosamente cada fio de cabelo meu e derramava meia garrafa de limpador cáustico de ralo para eliminar do sistema de esgoto todos os vestígios de minha presença.

Era quente e coçava debaixo da sacola de plástico. As imagens impressas nas sacolas deixavam faixas vermelhas e amarelas em minha testa, os grampos afundavam no couro cabeludo e eu tinha manchas vermelhas de irritação por toda parte. Sempre que eu reclamava desse tormento, ele sussurrava:

– Se você fosse careca, não teria esse problema.

Durante muito tempo, me recusei a isso. O cabelo era uma parte importante da personalidade. Eu achava que estaria sacrificando uma parte muito grande de mim mesma se o cortasse. Um dia, porém, simplesmente não aguentei mais. Peguei a tesoura doméstica que ele me dera, segurei o cabelo do lado da cabeça e cortei mecha por mecha. Levei mais de uma hora até que o cabelo estivesse tão curto que só uma penugem me cobrisse a cabeça.

No dia seguinte, o sequestrador completou o serviço. Com um aparelho de barbear, raspou os últimos pelos da cabeça. Eu estava careca agora. O processo foi repetido regularmente nos anos seguintes, sempre que ele me dava banho na banheira. Não podia haver nem um minúsculo fio de cabelo. Em parte alguma.

Eu devia ser uma visão triste. Minhas costelas eram aparentes, as pernas e os braços estavam cobertos de hematomas e as bochechas eram fundas.

Mas o homem que fizera isso comigo parecia gostar de minha aparência. Porque, desse momento em diante, ele me obrigou a trabalhar na casa seminua. Na maioria das vezes, eu usava calcinha e boné. Às vezes, vestia uma camiseta e calça *legging*. Mas nunca estava completamente vestida. Ele sentia prazer em me humilhar dessa maneira. E certamente era uma de suas táticas pérfidas para evitar que eu fugisse. Ele estava convencido de que eu não ousaria correr na rua seminua. E estava certo.

Durante esse período, meu cativeiro tinha dupla função. Claro que eu ainda o considerava uma prisão, e as muitas portas atrás das quais ele me trancava criavam em mim um estado claustrofóbico no qual, em desespero, eu buscava por uma pequena fissura em um dos cantos, onde pudesse cavar um túnel secreto para o lado de fora. Mas não havia nenhuma. Ao mesmo tempo, a cela minúscula tornou-se o único local onde eu estava a salvo do sequestrador. Quando ele me levava para baixo nos fins de semana e me dava livros, vídeos e comida, eu sabia que, ao menos por três dias, não teria de trabalhar nem apanhar. Então limpava, arrumava e me sentava para uma tarde agradável assistindo à televisão. Frequentemente eu comia quase todas as rações do fim de semana na sexta-feira à tarde. Ficar de barriga cheia pelo menos uma vez me ajudava a esquecer que, depois, teria de passar fome.

No início de 2000, ganhei um rádio no qual podia ouvir estações austríacas. Ele sabia que, depois de dois anos de desaparecimento, a busca por mim havia sido abandonada e o interesse da mídia diminuíra, por isso me permitia ouvir as notícias também. O rádio era minha ligação com o mundo exterior, e os locutores tornaram-se meus amigos. Eu podia dizer quem estava de férias ou se aposentara. E tentava formar uma imagem do mundo exterior, ouvindo os programas transmitidos pela estação cultural e educativa, a Ö1. Na FM4, treinava meu inglês. Quando ameaçava perder o sentido de realidade, os *shows* rotineiros, nas transmissões matinais da Ö3-Wecker, com as pessoas telefonando do trabalho e pedindo músicas, eram minha salvação. Às vezes, eu tinha a sensação de que o rádio também era parte do elaborado *show* que o sequestrador criara ao meu redor, em que todos atuavam, incluindo os DJs, os participantes e os locutores das notícias. No fim, porém, quando algo surpreendente invadia os alto-falantes, eu era trazida de volta à realidade.

O rádio foi meu companheiro mais importante nesses anos. Ele me dava a certeza de que, além do martírio no porão, havia um mundo que continuava a girar – um mundo ao qual valia a pena voltar um dia.

Minha segunda paixão eram as histórias de ficção científica. Eu li centenas de livros das séries *Perry Rhodan* e *Orion*, em que os heróis viajavam para galáxias distantes. A possibilidade de trocar de espaço, tempo e dimensão de um momento para o outro me fascinava. Quando ganhei uma pequena impressora térmica, aos 12 anos, comecei a escrever meu próprio romance de ficção científica. Os personagens eram parecidos com a tripulação da nave Enterprise, de *Jornada nas estrelas: a nova geração*, mas eu passava horas e me esforçava para criar personagens femininos particularmente fortes, independentes e autoconfiantes. Criar histórias com meus personagens, que eu equipava com as últimas novidades tecnológicas, foi minha salvação nas noites escuras no cativeiro por vários meses. Durante horas, minhas palavras tornavam-se uma espécie de casulo protetor, que me envolvia e não permita que nada nem ninguém me machucasse. Hoje só tenho páginas vazias do romance. Ainda durante o cativeiro, as letras da impressora térmica desbotaram até desaparecer por completo.

Foram as séries e os livros cheios de viagens no tempo que me deram a ideia de fazer isso também. Uma vez, durante o fim de semana – eu tinha acabado de completar 12 anos –, a sensação de solidão me atingiu de tal modo que temi perder o controle. Acordei molhada de suor e desci com cuidado a escada estreita do beliche, na escuridão total. O espaço livre no chão do cativeiro se reduzira para cerca de dois ou três metros quadrados. Eu tropeçava, girando em círculos, sem senso de direção, batendo continuamente na mesa e na estante. Fora do espaço. Sozinha. Uma criança assustada, faminta e enfraquecida. Eu queria um adulto, uma pessoa que pudesse vir me salvar. Mas ninguém sabia onde eu estava. A única possibilidade era ser meu próprio adulto.

Antes eu já havia encontrado conforto imaginando como minha mãe me encorajaria. Agora, assumia seu papel e tentava transferir um pouco de sua força para mim. Imaginei Natascha adulta, me ajudando. Minha vida inteira passou diante de mim como um feixe cintilante de tempo que se estendia até o futuro. Lá estava eu aos 12 anos. E, diante de mim, me vi aos 18. Grande e forte, confiante e independente, como as mulheres de meu romance. Meu eu de 12 anos lentamente seguiu na direção do feixe, enquanto meu eu adulto vinha em minha direção. Na metade do caminho, meus dois eus se deram as mãos. O toque era macio e quente e, ao mesmo tempo, eu sentia a força do eu adulto sendo transferida para o mais jovem. A Natascha adulta abraçou a Natascha menor, que nem tinha mais esse nome, e a confortou, dizendo:

– Vou tirar você daqui, prometo. Você ainda não pode fugir, porque é muito pequena. Mas, quando tiver 18 anos, vou dominar o sequestrador e libertar você desta prisão. Não vou abandoná-la.

Naquela noite, fiz um pacto com meu próprio eu mais velho. E mantive a palavra.

ENTRE O DELÍRIO E O MUNDO PERFEITO

As duas faces do sequestrador

Às vezes, em pesadelos, você acorda e sabe que foi apenas um sonho. Durante o primeiro período no cativeiro, me apeguei à possibilidade de acordar daquele pesadelo também, e passava muitas das horas solitárias planejando os primeiros dias no mundo exterior. Durante esse tempo, o mundo que fora tirado de mim ainda era real. Ainda era habitado por pessoas reais, que eu sabia que se preocupavam comigo a cada segundo e faziam o máximo para me encontrar. Eu podia imaginar cada detalhe desse mundo: minha mãe, meu quarto, minhas roupas, nosso apartamento. Enquanto isso, o mundo em que caíra tinha as cores e o cheiro de um mundo irreal.

O cômodo era pequeno demais, e o ar, muito fedorento para ser real. O homem que me sequestrara estava surdo aos argumentos que se originavam do mundo exterior: que eles me encontrariam; que ele teria de me deixar sair; que o que ele estava fazendo comigo era um crime grave e haveria punição. E, ainda assim, diariamente eu percebia que estava presa nesse mundo subterrâneo e que não tinha mais nas mãos a chave de minha vida. Resisti, procurando me sentir à vontade naquele ambiente estranho, saído da fantasia de um criminoso que o projetara nos mínimos detalhes e me colocara nele como um objeto de decoração.

Mas não se pode viver para sempre em um pesadelo. Nós, seres humanos, temos a capacidade de criar a aparência de normalidade mesmo nas circunstâncias mais anormais, para não enlouquecer – para sobreviver. Às vezes, as crianças fazem isso melhor que os adultos. O menor canudo para respirar é suficiente para evitar que se afoguem. Para mim, esses canudos eram meus rituais, tais como as refeições juntos, a celebração de Natal coreografada ou a fuga para o mundo dos livros, vídeos e séries televisivas. Eram momentos que não eram totalmente sombrios, mesmo que hoje eu saiba que meus sentimentos se originavam de um mecanismo de defesa psicológico. Os horrores que vi durante anos seriam suficientes para enlouquecer uma pessoa. E esses pequenos momentos de suposta normalidade eram aqueles aos quais me agarrava, que garantiam minha sobrevivência. Um registro em meu diário sublinha claramente meu desejo de normalidade:

> Querido diário,
> Não tenho escrito há muito tempo porque estava em uma fase difícil de depressão. Por isso, vou contar rapidamente o que aconteceu. Em dezembro, colocamos o piso, mas não instalamos a descarga até o início de janeiro. E foi assim que passei a véspera de Ano Novo: dormi no andar de cima de 30 para 31 de dezembro e passei o dia inteiro sozinha. Mas, pouco antes da meia-noite, ele veio. Tomou banho e nós derramamos o chumbo.* À meia-noite, ligamos a televisão e ouvimos o sino tocar e os sons da valsa *Danúbio azul*. Enquanto isso, brindamos e olhamos pela janela para admirar os fogos de artifício. Mas minha felicidade foi estragada. Quando um foguete passou pelo nosso pinheiro, ouvi um trinado. Tenho certeza que era um passarinho que estava bastante assustado. Não gostei de ouvir o passarinho piar. Dei o limpador de chaminé que fiz para ele, e ele me deu uma moeda de chocolate, biscoitos de chocolate e uma miniatura de limpador de chaminé de chocolate. No dia anterior, ele já tinha me dado um bolo de limpador de chaminé. Em meu limpador de chaminé tinha Smarties, não, mini M&Ms, que eu dei para Wolfgang.

As coisas não são totalmente pretas ou brancas. E ninguém é totalmente bom ou mau. Isso também vale para o sequestrador. Essas são palavras que as pessoas não gostam de ouvir de uma vítima de sequestro. Porque os con-

---

* Costume tradicional na celebração de Ano Novo na Áustria. Derrete-se uma pequena quantidade de chumbo sobre uma vela que, então, é resfriada em água. O formato da vela indica a sorte para o ano seguinte. (N. da T.)

ceitos de bom e mau já estão claramente definidos, conceitos que as pessoas querem aceitar para não perder o rumo em um mundo cheio de tons de cinza. Quando falo sobre isso, posso ver a confusão e o repúdio no rosto de muitas pessoas que não estavam lá. A empatia que sentem pela minha história se congela e se transforma em negação. Pessoas que não têm ideia das complexidades do cativeiro me negam a capacidade de julgar minhas próprias experiências ao pronunciar três palavras: "síndrome de Estocolmo".

"Síndrome de Estocolmo é um termo usado para descrever um fenômeno psicológico em que os reféns manifestam sentimentos positivos em relação aos sequestradores. Esses sentimentos fazem com que as vítimas simpatizem ou mesmo colaborem com os criminosos" – isso é o que dizem os compêndios. Um diagnóstico classificatório que rejeito enfaticamente. Por mais simpático que pareça ser o uso do termo, seu efeito é terrível, pois transforma as vítimas em vítimas novamente, ao tirar delas a capacidade de interpretar a própria história e ao transformar as experiências mais significativas em produto de uma síndrome. O termo aproxima de algo censurável o próprio comportamento que contribui significativamente para a sobrevivência da vítima.

Aproximar-se do sequestrador não é uma doença. Criar um casulo de normalidade no âmbito de um crime não é uma síndrome. É justamente o oposto. É uma estratégia de sobrevivência em uma situação sem saída – e é muito mais verdadeiro que a ampla categorização dos criminosos como bestas sanguinolentas e das vítimas como cordeiros indefesos, na qual a sociedade quer se basear.

Para o mundo exterior, Wolfgang Priklopil parecia um homem cortês, tímido, que sempre parecia jovem demais em suas roupas bem cortadas. Usava calças limpas e camisas de botão ou polo. O cabelo parecia sempre recém-lavado e cuidadosamente penteado, em um corte um pouco antiquado para o início do novo milênio. Provavelmente parecia humilde para as poucas pessoas com quem lidava. Não era fácil perceber o que ocorria por trás daquela fachada, porque isso ele encobria completamente. Para

Priklopil, manter as convenções sociais era menos importante – ele era um escravo da manutenção das aparências.

Não era só uma questão de amar a ordem – ela era necessária para sua sobrevivência. A ausência de ordem, o caos e a sujeira o desconcertavam completamente. Ele passava boa parte do tempo mantendo os carros (além da caminhonete, também tinha um BMW vermelho), o jardim e a casa limpos e bem conservados. Para ele, não bastava limpar depois de preparar a comida. A bancada tinha de estar imaculada, cada tábua de cortar, cada faca usada para preparar a refeição tinha de ser lavada, mesmo que a comida estivesse no fogão.

As regras eram tão importantes quanto a ordem. Priklopil podia se ocupar durante horas lendo instruções, as quais seguia meticulosamente. Se as instruções para aquecer a refeição semipronta diziam "aquecer por quatro minutos", ele retirava a refeição do forno depois de exatos quatro minutos, sem se importar se estava quente ou não. Devia causar uma impressão tremenda nele o fato de que, apesar de seguir todas as regras, ele não podia manter sua vida sob controle. Isso devia aborrecê-lo tanto que, um dia, decidiu quebrar uma regra maior e me sequestrou. Mas, embora isso fizesse dele um criminoso, ele continuava a acreditar em regras, instruções e estruturas de modo quase religioso. Às vezes, me fitava pensativamente e dizia:

– Que ridículo você não vir com instruções de uso.

O fato de que sua nova aquisição – uma criança – não funcionasse sempre como deveria e que, em certos dias, ele não soubesse como fazer para ela voltar a funcionar o tirava do sério.

No início do cativeiro, suspeitei que o sequestrador fosse órfão e que a falta de carinho na infância o tivesse transformado em um criminoso. Agora que eu o conhecia melhor, percebia que criara uma falsa imagem dele. Ele tivera uma infância protegida, em um ambiente familiar clássico: pai, mãe, filho. Karl, o pai, trabalhava para uma grande empresa de bebidas alcoólicas como caixeiro-viajante, estava sempre fora e aparentemente traía a esposa, o que descobri depois. Mas as aparências eram mantidas. Os pais ficaram juntos. Priklopil me contou sobre as viagens de fim de semana ao lago Neusiedl, os feriados para esquiar e as caminhadas. A mãe se preocupava excessivamente com o filho. Talvez zelosa demais.

Quanto mais tempo eu passava no andar de cima da casa, mais estranha parecia a presença da mãe pairando sobre tudo na vida do sequestrador. Levei algum tempo para descobrir quem era a pessoa sinistra que ocupava a casa nos fins de semana, me forçando a passar dois ou três dias sozinha no cativeiro. Li o nome "Waltraud Priklopil" nas cartas próximas à porta de entrada. Eu comia a comida que ela preparava durante o fim de semana, uma refeição para cada dia em que o filho ficaria sozinho. E, às segundas-feiras, quando eu podia subir para a casa, percebia os vestígios que ela deixara: tudo estava perfeitamente limpo. Nem uma mancha de poeira indicava que alguém vivia ali. Todo fim de semana ela esfregava o chão e tirava a poeira para o filho, que, por sua vez, me fazia limpar a casa durante o resto da semana. Às quintas-feiras, ele me levava a cada um dos cômodos com um pano de chão. Tudo tinha que estar brilhando antes da chegada da mãe. Era como uma competição de limpeza absurda entre mãe e filho, cujo impacto eu tinha que aguentar. Assim, depois dos fins de semana solitários, eu sempre me animava ao descobrir sinais de que a mãe estivera ali: roupas recém-passadas, bolo na cozinha. Nunca vi Waltraud Priklopil em todos aqueles anos, mas, por meio desses pequenos sinais, ela se tornou parte de meu mundo. Eu gostava de pensar nela como uma amiga mais velha, e me imaginava sentada com ela à mesa da cozinha tomando uma xícara de chá. Mas nunca encontramos tempo para isso.

O pai de Priklopil morreu quando ele tinha 24 anos. Essa morte deve ter criado um vazio em sua vida. Raramente ele falava do pai, mas podia-se perceber que nunca superara sua perda. E parecia manter inalterado um cômodo no primeiro piso da casa para recordá-lo. Era decorado em estilo rústico, com um sofá acolchoado no canto e candelabros de ferro forjado – chamado de *Stüberl** na Áustria –, onde as pessoas costumavam jogar cartas e beber, quando o pai ainda era vivo. As amostras de produtos do fabricante de bebidas alcoólicas para o qual ele trabalhava ainda estavam nas prateleiras. Mesmo tendo reformado a casa, o sequestrador deixara aquele cômodo intocado.

---

* Pequeno quarto. (N. da T.)

Waltraud Priklopil também parecia ter sido atingida pela morte do marido. Não quero julgar sua vida ou interpretar coisas que talvez não sejam verdade, afinal nunca a vi. Mas, do meu ponto de vista, parecia que, após a morte do marido, ela se apegara mais ao filho, transformando-o em companheiro substituto. Priklopil, que havia se mudado para o próprio apartamento, voltou para a casa de Strasshof, onde nunca pôde resistir à influência da mãe. Constantemente esperava que ela vasculhasse o guarda-roupa e a roupa suja, e prestava atenção para ter certeza de que não havia vestígios de minha presença em alguma parte da casa. E definia o ritmo da semana e como lidar comigo de acordo com a mãe. Os mimos exagerados dela e o comportamento de Priklopil, que os aceitava, pareciam pouco naturais. Ela não o tratava como adulto, e ele não agia como um. Ele vivia na casa da mãe – ela se mudara para o apartamento de Priklopil, em Viena – e a deixava cuidar dele em todos os sentidos.

Não sei se ele vivia com o dinheiro dela também. Ele perdera o emprego como engenheiro de telecomunicações na Siemens, onde fizera estágio, antes do sequestro. Depois disso, provavelmente se registrara como desempregado por muitos anos. Às vezes, me dizia que ia para uma entrevista de emprego, mas agia de maneira estúpida para que não lhe dessem o cargo. Isso lhe permitia satisfazer a agência de empregos e, ao mesmo tempo, manter o auxílio-desemprego. Depois, ele passou a ajudar o amigo e parceiro de negócios, Ernst Holzapfel, a reformar apartamentos. Holzapfel – que conheci depois de fugir – descrevia Priklopil como alguém correto, decente e confiável. Talvez um pouco tímido, pois não tinha amigos nem namoradas. Mas, acima de tudo, uma pessoa comum.

Esse jovem elegante, incapaz de impor limites à mãe, educado com os vizinhos e decente de maneira pedante, também sabia manter as aparências. Ele punha seus sentimentos reprimidos no porão, permitindo que, depois, ressurgissem na cozinha escura. Onde eu estava.

Eu era testemunha das duas faces de Wolfgang Priklopil, que provavelmente eram desconhecidas de todos. Uma tinha forte tendência ao poder e à dominação; a outra, uma necessidade absolutamente insaciável de amor e aprovação. Ele me sequestrara e me "moldara" para que pudesse expressar essas duas faces contraditórias.

No ano de 2000, vi, ao menos no papel, quem se escondia por trás das aparências.

– Pode me chamar de Wolfgang – ele disse um dia, em tom casual, enquanto trabalhávamos.

– Qual seu nome completo? – perguntei.

– Wolfgang Priklopil – ele respondeu.

Era esse o nome que eu vira no andar de cima da casa, nas etiquetas de endereço dos folhetos de propaganda que ele empilhava cuidadosamente na mesa da cozinha. Agora eu tinha a confirmação. Ao mesmo tempo, percebi naquele momento que não sairia viva da casa. Caso contrário, ele nunca teria dito seu nome completo.

De vez em quando, eu o chamava de "Wolfgang" ou mesmo "Wolfi" – um apelido que aparentava certa intimidade, enquanto, ao mesmo tempo, sua maneira de me tratar alcançava um novo nível de violência. Olhando para trás, parece que eu tentava chegar até a pessoa que havia por trás da máscara, enquanto aquela diante de mim sistematicamente me torturava e me batia.

Priklopil era um doente mental. Sua paranoia ultrapassava até mesmo o nível que se esperaria de alguém que tranca uma criança sequestrada em um porão. Suas fantasias de onipotência misturavam-se à paranoia. Em muitas delas, ele desempenhava o papel de governante absoluto.

Por isso, ele me disse um dia que era um dos deuses egípcios da série de ficção científica *Stargate*, que eu gostava de assistir. Os "maus" entre os extraterrestres eram baseados nos deuses egípcios, que buscavam jovens como corpos hospedeiros. Eles penetravam no corpo pela boca ou pela nuca e viviam como parasitas, controlando completamente o hospedeiro no fim. Esses deuses tinham uma joia, que usavam para forçar as pessoas a se ajoelhar e para humilhá-las.

– Eu sou um deus egípcio – disse Priklopil, um dia, no cativeiro. – Você deve fazer o que eu mandar.

No começo, não sabia se era alguma piada estranha ou se ele estava usando minha série de televisão favorita para me forçar a mais humilhações. Suspeitei que ele realmente se considerava um deus, em cujo mundo de fantasia absurdo o único papel que me sobrara fora o de oprimida, que ao mesmo tempo o tornaria mais importante.

Suas referências aos deuses egípcios me assustavam. Afinal, eu realmente estava presa no subterrâneo, como em um sarcófago, enterrada viva em um cômodo que se tornara minha sepultura. Eu vivia no mundo patologicamente paranoico de um psicopata. Se não quisesse enlouquecer completamente, teria de tomar parte nele na medida do possível. Quando ele me disse para chamá-lo de "mestre", percebi por sua reação que eu não era apenas um peão de sua vontade, mas que tinha meios modestos à minha disposição para definir alguns limites. Do mesmo modo que o sequestrador abrira uma ferida em mim, na qual durante anos injetara o veneno de que meus pais haviam me abandonado, eu sentia que tinha uns poucos grãos de sal em minhas mãos que também poderiam ser dolorosos para ele.

– Você tem que me chamar de "meu senhor" – ele exigia.

Era absurdo que Priklopil, cuja posição de poder era óbvia, fosse tão dependente de demonstrações verbais de humildade.

Quando me recusei a chamá-lo de "meu senhor", ele gritou e se enfureceu, e uma vez até me bateu por isso. Mas, com a recusa, eu não apenas mantinha um pouco de dignidade pessoal, mas também encontrara uma alavanca que poderia ser útil. Mesmo que tivesse de pagar por isso com uma dor incomensurável.

Vivi a mesma situação quando ele me ordenou, pela primeira vez, que me ajoelhasse diante dele. Ele estava sentado no sofá, esperando que eu lhe servisse algo para comer, quando, do nada, ordenou:

– Ajoelhe-se!

Respondi calmamente:

– Não vou fazer isso.

Ele se levantou de um pulo, com raiva, e me empurrou para o chão. Fiz um movimento rápido para me apoiar com o bumbum, em vez de cair de joelhos. Ele não teria a satisfação – nem mesmo por um segundo – de me ver ajoelhar diante dele. Ele me agarrou, girou para o lado e dobrou minhas pernas como se eu fosse uma boneca de borracha. Pressionou minhas panturrilhas contra a parte de trás das coxas, erguendo-me do chão como um pacote atado com cordas, e tentou me empurrar novamente para que eu me ajoelhasse. Enrijeci, joguei todo o peso do corpo para baixo e girei desesperadamente para me libertar. Ele me socou e me chutou. Mas, no fim, levei a melhor. Durante todos os anos em que ele me ordenou veementemente que o chamasse de "senhor", eu nunca o fiz. E nunca me ajoelhei diante dele.

Talvez fosse mais fácil me ajoelhar, porque assim teria evitado levar alguns socos e pontapés. Mas, naquela situação de total opressão e completa dependência em relação ao sequestrador, eu tinha de preservar certo espaço de manobra. Os papéis que representávamos eram claros e, como prisioneira, eu era, sem dúvida, a vítima. No entanto, a batalha em torno da palavra "senhor" e de me ajoelhar tornou-se um palco secundário onde disputávamos o poder como em uma guerra. Eu estava em posição inferior quando ele me humilhava e me maltratava a seu bel-prazer. Eu estava em posição inferior quando ele me trancava, desligava a energia elétrica e me usava em trabalhos forçados. Mas, naquele momento, eu o enfrentei. Chamava-o de "criminoso" quando ele queria que o chamasse de "senhor". Às vezes, falava "benzinho" ou "querido", em vez de "meu senhor", para demonstrar o caráter grotesco da situação em que ele nos colocara. E ele sempre me punia por isso.

Foi necessária uma força tremenda para permanecer constante em meu comportamento em relação a ele durante todo o período do cativeiro. Sempre resistindo, sempre dizendo não, sempre me defendendo dos ataques e explicando calmamente que ele fora longe demais e que não tinha o direito de me tratar daquele jeito. Mesmo em dias em que eu parecia ter desistido de mim mesma, sentindo-me completamente desprezada, não podia demonstrar fraqueza. Em dias assim, dizia para mim mesma, em minha visão infantil das coisas, que eu fazia isso por ele, para que ele não se tornasse uma pessoa pior. Como se fosse minha responsabilidade evitar sua decadência completa em um abismo moral.

Quando ele tinha ataques de raiva e me batia com socos e pontapés, não havia o que fazer. Do mesmo modo, me sentia impotente para fazer qualquer coisa em relação ao trabalho forçado, a ser trancada ou passar fome e às humilhações que sofria enquanto limpava a casa. Esse tipo de opressão formava o contexto em que eu vivia; eram parte integral de meu mundo. O único modo de lidar com isso era perdoar as transgressões do sequestrador. Eu o perdoei por me sequestrar e por todas as vezes que me bateu e atormentou. Perdoá-lo me deu poder sobre minha experiência e tornou possível conviver com ela. Se eu não tivesse adotado essa atitude instintivamente desde o início, provavelmente teria me consumido em raiva e ódio – ou sido destruída pelas humilhações a que era submetida diariamente. Desse modo, eu teria sido eliminada; teria sofrido consequências ainda mais terríveis que o roubo de minha identidade, meu passado, meu nome. Ao perdoá-lo, afastei suas ações de mim. Elas não podiam mais me diminuir ou destruir, afinal eu as perdoara. Ele cometera ações más, e isso recairia apenas sobre ele, não mais sobre mim.

E eu tinha minhas pequenas vitórias. Recusar-me a chamá-lo de "meu senhor" ou "mestre", recusar-me a me ajoelhar. Meus apelos à sua consciência, que algumas vezes caíam em solo fértil. Tudo isso era essencial à minha sobrevivência e me dava a ilusão de que eu era uma parte igual na relação dentro de certos parâmetros – porque me dava uma espécie de capacidade de resistência contra ele e me mostrava algo muito importante: que eu ainda existia como pessoa e não fora degradada a um objeto sem vontade própria.

Paralelamente a suas fantasias de opressão, Priklopil alimentava um desejo profundo por um mundo perfeito. Eu, a prisioneira, deveria estar à sua disposição para isso, como um acessório e como pessoa. Ele queria fazer de mim a companheira que nunca tivera. Mulheres "reais" estavam fora de questão. Seu ódio pelas mulheres tinha raízes profundas, era irreconciliável e explodia de vez em quando em pequenas observações. Não sei se ele tivera contato com mulheres antes, ou mesmo uma namorada em sua estada em Viena. Durante o cativeiro, a única "mulher em sua vida" era a mãe – uma relação dependente com uma figura superidealizada. A libertação dessa dominação, que ele era incapaz de obter na vida real, deveria ocorrer no mundo do cativeiro, invertendo a relação – ao me colocar no papel de mulher submissa, que aquiesce e o admira.

Sua imagem de família ideal vinha da década de 1950. Ele queria uma mulherzinha que trabalhasse duro, preparasse o jantar quando ele voltasse para casa, não lhe respondesse e realizasse as tarefas domésticas com perfeição. Ele sonhava com "comemorações familiares" e passeios, gostava de nossas refeições juntos e celebrava os dias dos santos, aniversários e Natais como se não houvesse porão nem cativeiro para mim. Era como se ele estivesse vivendo uma vida através de mim e não pudesse fazer isso do lado de fora da casa. Como se eu fosse uma bengala que ele tivesse pego no meio-fio para apoiá-lo quando a vida não fosse do jeito que ele queria.

– Eu sou seu rei – ele dizia –, e você é minha escrava. Você me obedece.

Ou então:

– Sua família é um bando de proletários. Você não é dona de sua vida. Está aqui para me servir.

Ele precisava daquele crime insano para concretizar sua visão de um mundo perfeito e intacto. Mas, no fim, realmente queria apenas duas coisas de mim: aprovação e afeto. Como se o objetivo por trás de toda aquela crueldade fosse forçar uma pessoa a amá-lo incondicionalmente.

Quando fiz 14 anos, passei pela primeira vez a noite no andar de cima. Não foi uma sensação libertadora.

Deitei rígida de medo na cama do sequestrador. Ele trancou a porta e colocou a chave em um armário tão alto que só alcançava se ficasse na ponta dos pés. Eu não conseguiria alcançá-lo. Então, ele se deitou ao meu lado e prendeu meu pulso ao dele usando algemas de tiras plásticas.

Depois que fugi, uma das primeiras manchetes sobre o sequestrador foi: "O monstro sexual". Não vou falar sobre essa parte do sequestro – é a última porção de privacidade que eu gostaria de preservar, agora que minha vida no cativeiro foi esmiuçada em relatórios, interrogatórios, fotografias etc. Mas quero dizer uma coisa: em sua avidez pelo sensacionalismo, os jornalistas da imprensa marrom estavam completamente errados. Em muitos aspectos, o sequestrador era um monstro, muito mais cruel do que se pode imaginar. Mas, nesse sentido, não era. Naturalmente, ele me submeteu a assédios sexuais menores; eram parte dos abusos diários, como as pancadas, socos e chutes em minhas pernas. Mas, quando me algemava nas noites em que eu ficava no andar de cima da casa, não se tratava de sexo. O homem que me batia, me trancava no porão e me deixava sem comer queria alguém para abraçar. Algemada e sob controle, eu era algo que ele podia segurar durante a noite.

Eu poderia gritar quão dolorosamente paradoxal era minha situação. Mas eu não podia emitir nenhum som. Deitava a seu lado e tentava me mexer o menos possível. Minhas costas, em geral, estavam cheias de hematomas. Doíam tanto que eu não podia deitar direito, e as algemas cortavam minha pele. Eu sentia a respiração dele atrás do pescoço e enrijecia.

Permanecia algemada ao sequestrador até a manhã seguinte. Quando queria ir ao banheiro, tinha de acordá-lo, e ele ia comigo, com o pulso algemado ao meu. Quando ele dormia a meu lado, eu pensava em como quebrar as algemas – mas logo desisti. Quando eu virava o pulso e enrijecia os músculos, o plástico não cortava apenas meu braço, mas o dele também. Inevitavelmente ele acordaria e perceberia minha tentativa de fuga. Hoje sei que a polícia também usa tiras plásticas quando faz prisões. De qualquer modo, elas nunca se quebrariam com a força física de uma menina de 14 anos.

Então fiquei deitada, algemada ao sequestrador, pela primeira de muitas noites em sua cama. Na manhã seguinte, tomei café da manhã com ele. Por mais que eu gostasse do ritual quando era criança, me enojava a hipocrisia com que ele me forçava a sentar à mesa da cozinha, tomar leite e comer duas colheres de sopa de cereal e nem uma migalha a mais. Um mundo ideal, como se nada tivesse acontecido.

No verão, pela primeira vez, tentei o suicídio.

Nessa fase do cativeiro, eu não pensava mais em fugir. Aos 15 anos, a prisão psicológica estava completa. A porta da casa poderia até permanecer aberta – eu não teria dado um passo. Fugir, para mim, significava a morte. Para mim, para ele, para todos que me vissem.

Não é fácil explicar o que o isolamento, as surras e humilhações fazem a uma pessoa. Como, depois de tantos maus-tratos, o simples som de uma porta abrindo pode causar pânico e você não consegue nem respirar, que dirá correr. Como o coração dispara, o sangue pulsa nos ouvidos, e então subitamente algo no cérebro é acionado e você não sente nada, a não ser paralisia, que o deixa incapaz de agir e de raciocinar. A sensação de medo mortal marca inegavelmente sua mente, e todos os detalhes da época em que você sentiu medo pela primeira vez – os cheiros, os sons e as vozes – são preservados em seu subconsciente. Se um detalhe reaparece – uma mão erguida, por exemplo –, o medo retorna; mesmo que a mão não esteja apertando sua garganta, você se sente sufocar.

Assim como os sobreviventes de atentados a bomba podem entrar em pânico ao ouvir fogos de artifício no Ano Novo, eu sentia isso com milhares de outros detalhes. O som que ouvia quando as pesadas portas do cativeiro eram abertas. O zumbido do ventilador. A escuridão. A luz forte. O cheiro no andar de cima da casa. O deslocamento de ar antes de a mão dele me atingir, seus dedos em minha garganta, sua respiração em meu pescoço. Nosso corpo é programado para sobreviver e reage por meio da paralisia. Chega um momento em que o trauma é tão grande que mesmo o mundo exterior não produz alívio, mas se torna um terreno ameaçador associado ao medo.

Pode ser que o sequestrador soubesse o que eu estava passando, que entendesse que eu não fugiria quando me permitiu ficar no jardim pela primeira vez. Pouco tempo antes, ele me deixara tomar sol por curtos períodos. No primeiro andar da casa, havia um cômodo com janelas que iam até o chão, que ninguém podia ver do lado de fora quando ele fechava uma das persianas. Eu podia deitar em uma espreguiçadeira e receber a luz do sol. O sequestrador encarava isso como uma espécie de "manutenção". Ele sabia que uma pessoa não pode sobreviver sem a luz do sol, por isso queria que, de vez em quando, eu tomasse um pouco. Para mim, foi uma revelação.

A sensação dos raios quentes sobre a pele pálida era indescritível. Fechei os olhos. O sol fazia círculos vermelhos sob minhas pálpebras. Lentamente adormeci e sonhei que estava em uma piscina, ouvindo vozes alegres de crianças e sentindo a água fria, do modo como ela molha a pele quando você pula com o corpo quente. O que eu não daria para nadar, só uma vez!

Como o sequestrador, que, de tempos em tempos, aparecia em meu cativeiro vestindo calção de banho. Os vizinhos – parentes distantes dos Priklopil – tinham uma piscina igual à dele no jardim, só que a deles continha água e podia ser usada. Quando eles estavam fora, e o sequestrador tomava conta da casa ou molhava as plantas, algumas vezes ele nadava. Eu sentia muita inveja.

Um dia de verão, ele me surpreendeu ao dizer que eu poderia nadar com ele. Os vizinhos não estavam em casa, e os jardins das duas casas eram ligados por um caminho que ia direto até a piscina, sem que fosse visto da rua.

A grama fazia cócegas em meus pés nus, e o orvalho da manhã cintilava como diamantes em miniatura entre as folhas. Eu o segui pelo caminho estreito até o jardim dos vizinhos, me despi e entrei na água.

Era como renascer. Debaixo da água, o cativeiro, o porão, a opressão, tudo desapareceu por um momento. Toda a tensão se dissolveu na fria água azul. Emergi e boiei na superfície. As pequenas ondas turquesa cintilavam sob o sol. Acima de mim, erguia-se o infinito céu azul-celeste. Meus ouvidos estavam debaixo da água, e tudo ao meu redor não era mais que um murmúrio.

Quando o sequestrador nervosamente ordenou que eu saísse da água, precisei de um minuto para reagir. Era como se eu tivesse que retornar de um local muito distante. Segui Priklopil dentro de casa, da cozinha até o corredor, e dali para a garagem e o cativeiro. Então ele me trancou novamente e voltei a ter a lâmpada, controlada pelo temporizador, como única fonte de luz. Por um longo tempo, ele não me deixou voltar à piscina. Mas essa vez foi suficiente para me lembrar que, apesar do desespero e da impotência, eu ainda queria a vida. A memória daquele momento me mostrou que valia a pena esperar até que eu pudesse fugir.

Eu era imensamente grata ao sequestrador por esses pequenos prazeres, como o banho de sol ou o mergulho na piscina dos vizinhos. E mesmo hoje ainda lhe sou grata. Por mais estranho que pareça, posso ver que havia pequenos momentos de humanidade durante o cativeiro. O sequestrador era incapaz de se fechar completamente à influência da menina com quem passava tantas horas. Olhando para trás, eu me agarrava ao menor gesto humano, porque precisava ver bondade no mundo em que eu nada podia mudar, e em um sequestrador com quem tinha de lidar simplesmente porque não podia fugir. Esses momentos estavam lá e eram preciosos para mim. Momentos em que ele me ajudava a pintar, desenhar ou fazer alguma coisa, encorajando-me a começar de novo quando algo não dava certo. Quando me ajudava a revisar as matérias da escola, quando me passava problemas de matemática para resolver, mesmo que tivesse um prazer especial em corrigir meus erros e só prestasse atenção na gramática e na ortografia em minhas redações. As regras tinham de ser seguidas. Mas ele estava lá, passando comigo o tempo que eu tinha de sobra.

Pude sobreviver porque inconscientemente suprimi e afastei de mim os horrores que vivi. E, com as terríveis experiências durante o cativeiro, aprendi a ser forte. Talvez até a desenvolver uma força que não teria se estivesse em liberdade.

Hoje, anos depois da fuga, passei a evitar dizer estas coisas – que, no interior do mal, breves momentos de normalidade e mesmo de compreensão mútua eram possíveis. Foi isso que quis dizer quando afirmei que nem tudo é branco ou preto, nem na realidade nem em situações extremas, mas que há muitos tons sutis que fazem a diferença. Para mim, essas nuances eram decisivas. Quando percebia suas alterações de humor, eu era capaz de evitar uma surra. Ao apelar cada vez mais para a consciência do sequestrador, talvez ele tenha me poupado de coisas piores. Ao vê-lo como um ser humano, com um lado escuro e outro um pouco mais claro, também pude me manter humana, porque ele era incapaz de me derrotar.

Por isso, recuso veementemente ser classificada como vítima da síndrome de Estocolmo. A expressão surgiu depois de um assalto a banco em Estocolmo, em 1973. Os ladrões mantiveram quatro funcionários reféns durante cinco dias. Para a surpresa dos meios de comunicação, uma vez libertados, os reféns tinham mais medo da polícia que dos ladrões – e tinham desenvolvido uma compreensão dos criminosos. Algumas das vítimas pediram clemência para os ladrões e os visitaram na prisão. A opinião pública não compreendia a "simpatia" que elas demonstravam em relação aos criminosos e transformou o comportamento das vítimas em uma patologia. O achado: a compaixão pelo criminoso denotava uma doença. E a recém-criada doença foi chamada, desde então, de síndrome de Estocolmo.

Hoje, costumo observar as reações de crianças pequenas que esperam pelos pais que não viram durante o dia, e eles as cumprimentam com palavras desagradáveis, às vezes até batem nelas. Pode-se dizer que cada uma dessas crianças sofre da síndrome de Estocolmo. Elas amam as pessoas com quem vivem e de quem são dependentes, mesmo que estas não as tratem muito bem.

Eu também era criança quando começou meu cativeiro. O sequestrador me separou do mundo que eu conhecia e me colocou em seu próprio mundo. A pessoa que me roubou, que retirou minha família e minha identidade, se tornou minha família. Eu não tinha escolha a não ser aceitá-lo como tal, e aprendi a obter felicidade dessa afeição e a reprimir o que era negativo. Assim como qualquer criança que cresce em uma família disfuncional.

Depois da fuga, fiquei surpresa – não pelo fato de que eu, como vítima, fosse capaz de fazer essa diferenciação, mas de que a sociedade na qual entrara após meu cativeiro não permitisse a menor nuance. Como se eu não pudesse refletir de maneira alguma sobre a pessoa que fora a única em minha vida durante oito anos e meio. Não posso nem aludir ao fato de que preciso desse recurso para tentar superar o que aconteceu sem despertar incompreensão.

Ao mesmo tempo, percebi que, em certa medida, também idealizei a sociedade. Vivemos em um mundo em que mulheres apanham e são incapazes de abandonar o homem que bate nelas, embora, em tese, a porta esteja aberta. Uma em cada quatro mulheres é vítima de violência extrema. Uma em cada duas mulheres sofre assédio sexual durante a vida. Esses crimes estão em toda parte e podem ocorrer atrás de qualquer porta do país, em qualquer dia, e talvez só provoquem um dar de ombros ou uma indignação superficial.

Nossa sociedade precisa de criminosos como Wolfgang Priklopil para dar um rosto ao mal e afastá-lo dela mesma. É preciso ver imagens desses porões para que não se vejam os muitos lares em que a violência ergue sua face burguesa e conformista. A sociedade usa as vítimas desses casos sensacionalistas, como o meu, para se despir da responsabilidade pelas muitas vítimas sem nome dos crimes praticados diariamente, vítimas que não recebem ajuda – mesmo quando pedem.

Crimes assim, como o que foi cometido contra mim, formam a estrutura austera, em branco e preto, das categorias de Bom e Mau nas quais a sociedade se baseia. O criminoso deve ser um monstro, para que possamos nos ver ao lado dos bons. O crime deve ser acrescido de fantasias sadomasoquistas e orgias selvagens, até que seja tão extremo que não tenha mais nada a ver com nossa própria vida.

E a vítima deve ficar destruída e permanecer assim, para que a externalização do mal seja possível. A vítima que se recusa a assumir esse papel contradiz a visão simplista da sociedade. Ninguém quer ver isso, porque, caso contrário, as pessoas teriam de olhar para dentro de si mesmas.

Por essa razão, acabei estimulando a agressividade inconsciente de certas pessoas. Talvez o que aconteceu comigo desperte a agressividade, e, como sou a única ao alcance, depois do suicídio do sequestrador, elas atiram contra mim. De modo particularmente violento quando tento fazer a sociedade ver que quem me sequestrou também era um ser humano, que vivia entre nós. Quem é capaz de reagir anonimamente, postando comentários na Internet, descarrega seu ódio diretamente contra mim. É o ódio da própria sociedade que se volta contra ela mesma, levantando a questão de por que se permite que algo assim ocorra, por que pessoas entre nós desaparecem tão facilmente, sem que ninguém perceba, por mais de oito anos. Aqueles que se encontram comigo em entrevistas e eventos são mais sutis. Eles me transformam – a única pessoa que viveu o cativeiro – em vítima pela segunda vez, ao usar estas três palavras e dizer apenas: "síndrome de Estocolmo".

NA PIOR

Quando a dor física alivia o tormento psicológico

A ESCADA ERA ESTREITA, inclinada e escorregadia. Eu estava equilibrando uma tigela pesada de vidro que havia lavado no andar de cima e que estava carregando agora para o cativeiro. Não conseguia ver meus pés e tateava pelo caminho. Então aconteceu: escorreguei e caí. Bati a cabeça nos degraus e ouvi a tigela se partir em pedaços, fazendo um barulho alto. Apaguei por um instante. E, quando voltei a mim e ergui a cabeça, me senti mal. O sangue escorria de minha cabeça sem cabelos para os degraus. Wolfgang Priklopil estava bem atrás de mim, como sempre. Ele desceu, me ergueu e me carregou para o banheiro para lavar o sangue, xingando baixinho:

– Como você pode ser tão desajeitada!

Reclamava dos problemas que eu lhe arrumava. Eu era burra demais até para andar! Então, desajeitadamente, pôs um curativo no local para estancar o sangue e me trancou no cativeiro.

– Agora vou ter que pintar os degraus de novo – gritou, antes de aferrolhar a porta.

Na manhã seguinte, voltou com uma lata de tinta e pintou os degraus de concreto cinza, onde se viam feias manchas escuras.

Minha cabeça doía. Quando tentava erguê-la, uma dor aguda e pungente atravessava meu corpo e tudo ficava escuro. Passei alguns dias na cama sem poder me mover. Acho que tive uma concussão. Mas, naquelas longas noites, quando a dor me mantinha acordada, eu temia ter quebrado o crânio. Mas não ousava pedir para ver um médico. O sequestrador nunca quisera me ouvir falar de dor e me castigara também dessa vez por ter me machucado. Nas semanas seguintes, ele me bateu repetidamente no local do machucado.

Depois da queda, percebi que o sequestrador preferiria me deixar morrer a procurar ajuda numa emergência. Até aquele momento, eu simplesmente tivera sorte: não tinha contato com o mundo exterior e não corria o risco de pegar doenças. Priklopil preocupava-se de modo tão histérico em evitar germes que eu estava a salvo de doenças, apesar do contato com ele. Nunca tive mais que resfriados com um pouco de febre em todos os anos de cativeiro. Mas um acidente poderia ter acontecido a qualquer momento durante o trabalho pesado na casa e, às vezes, parecia um milagre que eu saísse das surras apenas com grandes hematomas, contusões e lesões, e que ele nunca tivesse me quebrado um osso. Mas agora eu tinha certeza de que qualquer doença grave, qualquer acidente que precisasse de tratamento médico significaria morte certa para mim.

Além disso, nossa "vida em comum" não era exatamente como ele imaginara. A queda nos degraus e o comportamento posterior dele eram característicos de uma fase de brigas duras que continuaria pelos dois anos seguintes. Uma fase em que eu oscilaria entre a depressão e pensamentos suicidas, por um lado, e a certeza, por outro, de que queria viver e que tudo daria certo no final. Uma fase em que ele lutava para harmonizar seus violentos ataques com o sonho de uma vida "normal" em comum. Ele tinha cada vez mais dificuldade de fazer isso, o que o atormentava.

Quando fiz 16 anos, a reforma da casa – na qual ele investira toda sua energia e meu trabalho – estava perto de acabar. A obra, que durante meses e anos lhe oferecera uma rotina diária, chegaria ao fim sem substitutos. A criança que ele sequestrara tornara-se uma jovem mulher – em outras palavras, transformara-se na personificação do que ele odiava profundamente. Eu não queria ser a marionete sem vontade própria – como ele talvez esperasse, para não se sentir humilhado. Eu era teimosa e, ao mesmo tempo, ficava cada vez mais deprimida, tentando me afastar sempre que podia. Às vezes, ele tinha que me forçar a sair do cativeiro. Eu chorava por longas horas e não tinha forças para ficar de pé. Ele odiava resistência e lágrimas, e a passividade o enfurecia, pois ele não tinha nada para enfrentar. Na época, deve ter ficado claro que ele não havia acorrentado apenas minha vida à dele, mas também a dele à minha. E que qualquer tentativa de romper essa corrente terminaria na morte de um de nós.

Wolfgang Priklopil se tornou cada vez mais instável com o passar das semanas, e sua paranoia aumentou. Ele me olhava desconfiado, sempre esperando que eu o atacasse ou fugisse. À noite, sempre que ele caía em estado de profunda ansiedade, me levava para sua cama, me algemava a ele e tentava se acalmar com o calor de meu corpo. Mas as variações de humor se intensificaram, e era em mim que ele descontava essas oscilações. Agora ele começava a falar de uma "vida em comum". Com maior frequência que nos anos anteriores, me informava de suas decisões e me falava de seus problemas. O fato de que eu era sua prisioneira e de que ele monitorava todos os meus movimentos era algo com que ele parecia não se importar em sua busca por um mundo ideal. Se eu pertencesse a ele completamente um dia – se ele tivesse certeza de que eu não escaparia –, então poderíamos ter uma vida melhor, dizia ele com os olhos brilhantes.

Ele tinha ideias vagas sobre o que significava essa vida melhor. Mas seu papel nela estava claramente definido: em todas as versões, ele se via como o dono da casa, reservando vários papéis para mim. Às vezes, eu era dona de casa e fazia trabalhos forçados para ele – desde construir até cozinhar e lavar. Outras vezes, era a companhia na qual ele encontrava apoio e também uma mãe substituta, o depósito do lixo psicológico, o saco de pancadas no qual ele costumava descontar sua impotência no mundo real. O que nunca mudou foi sua ideia de que eu tinha de estar completamente a seu dispor. Em seu roteiro de uma "vida em comum", ele nunca me representou com uma personalidade própria, com minhas necessidades ou mesmo um pouco de liberdade.

Minha reação a esses sonhos era ambígua. Por um lado, eles pareciam absurdos para mim. Ninguém que pensasse de modo claro imaginaria uma vida em comum com a pessoa que sequestrara, em quem batera durante anos e a quem aprisionara. Ao mesmo tempo, o mundo distante e atraente que ele pintara começou a criar raízes em meu subconsciente. Eu tinha um desejo imenso de normalidade. Queria ver outras pessoas, sair de casa, fazer compras, nadar. Ver o sol sempre que quisesse, conversar com outras pessoas sobre um assunto qualquer. Essa vida em comum na mente do sequestrador, em que ele me permitiria alguma liberdade, em que eu poderia deixar a casa sob sua supervisão, parecia, alguns dias, ser o máximo que eu conseguiria nesta vida. A liberdade, a verdadeira liberdade, era algo que dificilmente eu poderia imaginar depois de todos aqueles anos. Eu temia me aventurar fora da estrutura estabelecida – no interior da qual eu aprendera a tocar cada nota do teclado. Esquecera o som da liberdade.

Eu me sentia como um soldado que ouve que está tudo bem depois da guerra. Não importa que ele tenha perdido uma perna nesse meio-tempo – fazia parte da guerra. Para mim, tornara-se uma verdade irrefutável com o passar do tempo que eu tinha de sofrer antes de a "vida melhor" começar. Minha vida melhor no cativeiro.

– Você deveria estar feliz por eu tê-la encontrado. Você não podia mais viver do lado de fora. Quem ia querê-la, afinal? Você tem que me agradecer porque a tirei de lá.

A guerra acontecia em minha mente, que absorveu essas palavras como uma esponja.

Mas mesmo essa forma de cativeiro menos rigorosa era uma promessa para um futuro distante. E o sequestrador me culpava por tudo. Uma tarde, na cozinha, ele disse:

– Se você não fosse tão rebelde, teria uma vida melhor. Se eu tivesse certeza de que você não fugiria, não a trancaria nem a algemaria.

Quanto mais velha eu ficava, mais ele transferia para mim a responsabilidade pela prisão. Se eu apanhava e ficava trancada, era por minha culpa – se eu cooperasse mais, fosse mais humilde e obediente, poderia viver no andar de cima da casa com ele. E eu respondia:

– Mas foi você que me trancou! É você que me mantém prisioneira!

Mas parecia que havia muito tempo ele perdera a capacidade de enxergar a realidade. E, em certo sentido, me arrastava com ele.

Em dias bons, essa imagem – a dele, que se tornara minha também – se tornava palpável. Em dias ruins, ele se tornava mais imprevisível ainda. Com mais frequência que antes, me usava como um capacho para seu mau humor. E as noites em que ele não conseguia dormir por causa da sinusite que o atormentava eram as piores. Se ele não podia dormir, eu também não poderia. Nessas noites, se eu deitasse em minha cama no cativeiro, sua voz zumbia pelos alto-falantes durante horas. Ele me contava cada detalhe de como passara o dia e me perguntava sobre cada passo, cada palavra que eu lera, cada movimento:

– Você fez faxina? Como dividiu a comida? O que ouviu no rádio?

Eu tinha de responder, fornecendo todos os detalhes no meio da noite, e, se não tivesse nada para dizer, tinha de inventar algo para acalmá-lo. Em outras noites, ele simplesmente me perturbava:

– Obedeça! Obedeça! Obedeça! – gritava pelo interfone, repetidamente.

Sua voz ressoava pelo pequeno cômodo, ocupando cada canto:

– Obedeça! Obedeça! Obedeça!

E eu não podia evitá-la, mesmo que pusesse a cabeça debaixo do travesseiro. A voz estava sempre lá para me irritar. Eu não podia suprimi-la. Ela sinalizava para mim, dia e noite, que ele me tinha em seu poder. E sinalizava, dia e noite, que eu não podia desistir. Em momentos de maior objetividade, meu desejo de sobreviver e fugir era inacreditavelmente mais forte. Mas, na rotina diária, dificilmente tinha forças para pensar nisso até o fim.

A receita da mãe dele estava na mesa da cozinha. Eu a lera várias vezes para não cometer erros: separar os ovos, peneirar a farinha com o fermento em pó, bater as claras até ficarem firmes. Ele ficava observando atrás de mim, nervoso.

– Mamãe não bate os ovos desse jeito!

– Mamãe sabe fazer muito melhor!

– Você é muito desajeitada. Cuidado!

Um pouco de farinha caiu na bancada. Ele gritou e disse que estava demorando muito. Sua mãe, o bolo... Eu fazia o melhor que podia – mas, não importava o que fizesse, nunca era suficientemente bom para ele.

– Se sua mãe pode fazer melhor, por que não pede para ela fazer o bolo para você? – falei sem querer.

E foi o que bastou.

Ele me bateu como se fosse uma criança rebelde, jogou a tigela com a massa no chão e me empurrou contra a mesa da cozinha. Então me arrastou até o porão e me trancou. Era dia claro do lado de fora, mas ele não me permitiria luz alguma. Ele sabia como me torturar.

Deitei na cama e balancei, em silêncio, de um lado para o outro. Não conseguia chorar nem me imaginar longe daquilo. A cada movimento, a dor das contusões e dos hematomas gritava em mim. Mas eu continuava calada, deitada na escuridão absoluta, como se estivesse fora do tempo e do espaço.

O sequestrador não apareceu. O despertador fazia seu tique-taque baixinho e me assegurava que o tempo passava. Talvez eu tivesse cochilado nesse meio-tempo, mas não conseguia me lembrar. Tudo se misturava: sonhos se transformavam em delírios, nos quais eu me via caminhando no mar com jovens da minha idade. A luz em meu sonho era muito brilhante, e a água, azul-escura. Eu soltava uma pipa sobre a água, o vento mexia meus cabelos e o sol queimava meus braços. Era um sentimento de dissolução absoluta dos limites, uma intoxicação com a sensação de estar viva. Em minha fantasia, eu estava em um palco, e meus pais, na plateia; eu cantava uma canção em voz alta e forte. Minha mãe aplaudia, erguendo-se, e vinha me abraçar. Eu usava um belo vestido de tecido cintilante, leve e delicado. Sentia-me bonita, confiante, a salvo.

Quando acordei, ainda estava escuro. O despertador fazia o tique-taque monótono. Era o único sinal de que o tempo não parara. A escuridão durou o restante do dia.

O sequestrador não apareceu à noite nem veio na manhã seguinte. Eu sentia fome, meu estômago roncava e lentamente começaram as cólicas. Eu tinha um pouco de água no cativeiro e mais nada. Mas beber água não ajudava. Eu só conseguia pensar em comida. Teria feito qualquer coisa por uma fatia de pão.

Durante o dia, comecei a perder o controle sobre meu corpo e meus pensamentos. Sentia dor no estômago, fraqueza, tinha certeza de que ultrapassara meus limites e que agora ele me deixaria morrer uma morte terrível. Sentia como se estivesse a bordo do *Titanic*, que afundava. A luz já se fora e o barco, lenta e inexoravelmente, se inclinava para o lado. Não havia saída. Eu sentia a água escura e fria subindo. Eu a sentia nas pernas e nas costas, espirrando em meus braços, envolvendo as costelas, subindo cada vez mais... Aí! Um raio de luz brilhante me ofuscou momentaneamente a vista. Ouvi alguma coisa cair no chão com um som abafado. E uma voz:

– Tome. Isso é para você.

E uma porta bateu. Ainda estava muito escuro.

Confusa, ergui a cabeça. Estava molhada de suor e não tinha ideia de onde me encontrava. A água que queria me levar para as profundezas se fora. Mas tudo oscilava. Eu oscilava. E abaixo de mim não havia nada, mas era um nada escuro, sempre impedindo minha mão de chegar ao vazio. Não sei quanto tempo fiquei aprisionada nessa visão, até que percebi que estava deitada no beliche do cativeiro. Pareceu uma eternidade antes que eu pudesse reunir forças para tatear até a escada e descê-la de costas, degrau por degrau. Quando cheguei ao chão, comecei a engatinhar. Minha mão roçou uma pequena sacola plástica. Eu a rasguei avidamente, e minhas mãos tremiam tanto que deixei o conteúdo cair e rolar pelo chão. Tateei ao redor, em pânico, até sentir uma coisa longa e fria nos dedos. Uma cenoura? Limpei-a com a mão e a mordi. Ele jogara um saco de cenouras no cativeiro. De joelhos, deslizei pelo piso frio até encontrar todas. Então levei uma por uma para o beliche. Subir a escada era como subir uma imensa montanha, mas ativava a circulação e fazia a pressão subir. Finalmente, eu as devorei, uma após a outra. Minha barriga roncava alto e se contraía em cólicas. As cenouras desciam até o estômago como pedras, e a dor era terrível.

Somente dois dias depois o sequestrador me deixou subir para o andar de cima de novo. Nos degraus da garagem, tive de fechar os olhos, pois mesmo a parca claridade me ofuscava a vista. Respirei fundo por saber que sobrevivera mais uma vez.

– Vai ser boazinha agora? – ele perguntou quando alcançamos a casa. – Você tem que tentar ser melhor, senão vou ter que trancá-la de novo.

Eu estava fraca demais para contradizê-lo. No dia seguinte, vi que a pele da barriga e da parte interna das coxas se tornara amarelada. O betacaroteno das cenouras se depositara nos últimos vestígios de gordura sob a pele branca, quase transparente. Eu pesava trinta e oito quilos, tinha 16 anos e um metro e setenta e cinco.

Pesar-me diariamente transformara-se em obrigação, e eu observava o indicador da balança se mover para trás dia após dia. O sequestrador perdera todo o senso de proporção e ainda me acusava de estar gorda. E eu acreditava nele. Hoje sei que meu índice de massa corporal na época era de 14,8. Segundo a Organização Mundial da Saúde, um índice de massa corporal equivalente a 15 já indica subnutrição. O meu estava abaixo disso.

A fome é uma experiência física extrema. No início, ainda me sentia bem. Quando o alimento é retirado, o corpo é estimulado, a adrenalina flui, e eu me sentia cheia de energia. É provável que o corpo se utilizasse desse mecanismo para me sinalizar: "Ainda tenho reservas, mas você precisa usá-las para procurar comida". No entanto, trancada no subsolo, não era possível encontrar alimento. Os picos de adrenalina não serviam para nada. Então, o estômago começava a roncar e eu fantasiava o ato de comer. Só pensava na próxima mordida. Depois, perdi o contato com a realidade e comecei a delirar. Não sonhava mais, simplesmente oscilava entre dois mundos. Via bufês, grandes pratos de espaguete, bolos e doces à minha disposição. Miragens. As cólicas moviam todo meu corpo, e eu sentia como se o estômago estivesse se devorando. A dor que a fome pode causar é insuportável. Ninguém pode compreender isso se acha que fome é apenas quando a barriga ronca. Eu gostaria de nunca ter sentido cólicas como aquelas. Finalmente, me sentia fraca. Mal podia erguer o braço, a pressão baixava, e, quando eu ficava de pé, a visão escurecia e eu desmaiava.

Meu corpo já dava sinais de inanição e falta de luz. Eu era pele e ossos. Nas panturrilhas, havia marcas azuis e pretas sobre a pele branca. Não sei se eram consequência da fome ou dos períodos sem luz. Mas eram preocupantes, como marcas em um cadáver.

Quando o sequestrador me deixava sem comer por um longo período, lentamente voltava a me dar comida, até que eu estivesse forte o suficiente para trabalhar. Isso levava tempo, porque, depois de uma fase mais longa sem me alimentar, eu só conseguia comer algumas colheradas. Embora não conseguisse pensar em mais nada, durante vários dias o cheiro de comida me revirava o estômago. Quando me tornava "muito forte" para ele, ele começava novamente a me negar alimento. Priklopil usava a fome de maneira direcionada:

– Você está muito teimosa, tem muita energia – dizia, às vezes, antes de retirar a última porção de minhas pequenas refeições.

Ao mesmo tempo, seu próprio transtorno alimentar – que ele transferia para mim – também se intensificou. Suas tentativas de comer de modo saudável assumiram formas absurdas.

– Vamos beber uma taça de vinho todos os dias para evitar ataques cardíacos – disse certa vez.

E, a partir de então, eu tinha de beber um copo de vinho diariamente. Tomava só alguns goles, porque o gosto não me agradava. Engasgava, como se estivesse tomando um remédio amargo. Ele também não gostava de vinho, mas se forçava a beber uma taça pequena durante a refeição. Para ele, não era uma questão de prazer, mas de introduzir uma nova regra que ele teria de seguir rigorosamente – e eu também.

Em seguida, declarou que os carboidratos eram o grande inimigo:

– Agora vamos seguir a dieta cetogênica.

Açúcar, pão e frutas eram proibidos. Ele me dava alimentos ricos em gorduras e proteínas, em pequenas porções, e meu corpo esquelético piorava com esse tratamento. Sobretudo quando eu ficava trancada durante vários dias no cativeiro, sem comida, e depois recebia carnes gordurosas e um ovo no andar de cima. Quando eu comia com o sequestrador, devorava minha ração rapidamente. Se eu terminasse antes dele, talvez ele me desse mais um pouco, pois achava desagradável que eu o observasse comendo.

A pior coisa era ter de cozinhar quando estava faminta. Um dia, ele pôs no balcão uma das receitas da mãe e um pacote com pedaços de bacalhau. Descasquei as batatas, passei o bacalhau na farinha, separei os ovos e mergulhei os pedaços de peixe na gema. Em seguida, aqueci um pouco de óleo na frigideira, passei o peixe na farinha de rosca e o fritei. Como sempre, ele se sentou na cozinha e comentou:

– Mamãe faz isso dez vezes mais rápido.

– Não está vendo que o óleo está ficando muito quente, vaca estúpida?

– Não descasque a batata desse jeito. Assim você desperdiça.

O cheiro de peixe frito invadiu a cozinha, me deixando maluca. Eu tirava as porções da frigideira e as colocava sobre papel-toalha para secar.

Minha boca se enchia de água. Havia peixe suficiente para um banquete. Será que eu podia comer duas porções? E um pouco de batata também?

Não lembro exatamente o que fiz de errado nesse momento. Só sei que Priklopil se levantou de um pulo, tirou de minha mão o prato que eu queria usar para levar a comida à mesa e gritou:

– Você não vai ganhar nada hoje!

Nesse momento, perdi totalmente o controle. Eu sentia tanta fome que podia matar alguém por um pedaço de peixe. Agarrei o prato com uma das mãos, peguei um pedaço de peixe e tentei enfiá-lo inteiro na boca. Mas ele foi mais rápido e o tirou de minha mão. Tentei pegar um segundo pedaço, mas ele agarrou meu pulso e o apertou com tanta força que eu o larguei. Abaixei-me para pegar os pedaços que haviam caído no chão durante a briga. Tentei pôr um pequeno pedaço na boca. Mas ele imediatamente me segurou pela garganta, me ergueu, me arrastou até a pia e empurrou minha cabeça. Com a outra mão, afastou meus dentes e me estrangulou até que eu cuspisse o peixe proibido.

– Isso vai lhe ensinar uma lição.

Então pegou o prato de servir da mesa e o levou para o corredor. Parei em frente aos armários da cozinha, humilhada e indefesa.

O sequestrador me mantinha fraca usando esses métodos – e me prendia em uma mistura de dependência e gratidão. Não se morde a mão que o alimenta. Para mim, havia apenas uma mão que podia me salvar da fome. Era a mão do mesmo homem que sistematicamente retirava minha comida. Desse modo, as pequenas rações de comida às vezes pareciam presentes generosos. Lembro-me claramente da salada de frios que a mãe dele preparava de vez em quando, nos fins de semana, e que ainda hoje considero um prato especial. Quando eu podia voltar para o andar de cima, depois de dois ou três dias no cativeiro, às vezes ele me dava uma pequena tigela dessa salada. Geralmente só sobravam no molho cebolas e uns poucos pedaços de tomate, pois ele retirava os frios e os ovos cozidos. Mas esses restos eram um banquete para mim. E, quando ele me dava mais uma porção de seu prato ou mesmo um pedaço de bolo, eu ficava radiante. É muito fácil se ligar a alguém que tira sua comida.

Em 1º de março de 2004, teve início, na Bélgica, o julgamento do assassino em série Marc Dutroux. Eu me lembro muito bem do caso, ocorrido na minha infância. Eu tinha 8 anos quando a polícia invadiu a casa dele, em agosto de 1996, e libertou duas meninas – Sabine Dardenne, de 12 anos, e Laetitia Delhez, de 14. Os corpos de quatro outras meninas foram encontrados.

Durante meses, acompanhei as notícias sobre o julgamento no rádio e na televisão. Ouvi sobre o martírio de Sabine Dardenne e sofri com a acareação entre ela e o criminoso no tribunal. Ela também fora jogada em uma caminhonete e sequestrada a caminho da escola. O quarto onde fora trancada era ainda menor que o meu, e sua história no cativeiro foi diferente. Ela vivera o pesadelo com que o sequestrador me ameaçava. Embora houvesse diferenças significativas, o crime, descoberto dois anos antes de meu sequestro, pode ter servido como modelo para o plano doentio de Wolfgang Priklopil. No entanto, não há provas disso.

O julgamento me emocionou, mesmo que, naquele momento, eu não me visse refletida em Sabine Dardenne. Ela fora libertada após oitenta dias de cativeiro. Estava muito zangada e sabia que estava certa. Chamou o sequestrador de "monstro" e "canalha", e exigiu que ele se retratasse na corte, o que não aconteceu.

O tempo do cativeiro de Sabine fora curto demais para que ela perdesse o juízo. Na época, eu estava presa havia 2.200 longos dias e noites. Minha percepção começara a se alterar fazia muito tempo. Intelectualmente, eu sabia que era vítima de um crime. Mas, emocionalmente, o longo período de contato com o sequestrador, necessário à minha sobrevivência, me fez internalizar suas fantasias psicopatas. Elas se tornaram minha realidade.

Aprendi duas coisas com aquele julgamento. Primeiro, que nem sempre se acredita nas vítimas de crimes violentos. O país inteiro parecia convencido de que Marc Dutroux era apenas o testa de ferro de uma grande organização, que chegava até ao alto escalão. No rádio, ouvi sobre os insultos a que Sabine Dardenne era submetida porque se recusava a confirmar essas teorias, insistindo no fato de que nunca vira outra pessoa com Dutroux. E, em segundo lugar, aprendi que a compaixão e a empatia em relação à vítima não são ilimitadas e podem se transformar rapidamente em agressividade e rejeição.

Na mesma época, ouvi meu nome no rádio pela primeira vez. Sintonizara a estação cultural austríaca Ö1, para ouvir um programa baseado em fatos reais, quando dei um pulo: "Natascha Kampusch". Durante seis anos, não ouvira ninguém pronunciar meu nome. A única pessoa que podia fazê-lo tinha me proibido de mencioná-lo. O locutor do rádio o mencionou em conexão com um novo livro escrito por Kurt Totzer e Günther Kallinger, intitulado *Spurlos: die spektakulärsten Vermisstenfälle der Interpol* [Sem vestígios: os casos de pessoas desaparecidas mais espetaculares da Interpol]. Os autores falaram da pesquisa que fizeram – e de mim, um caso misterioso em que não havia vestígios nem corpo, diziam. Sentei diante do rádio e quis gritar:

– Estou aqui! Estou viva!

Mas ninguém podia me ouvir.

Depois da transmissão de rádio, minha situação ficou mais desesperadora do que nunca. Sentei na cama e subitamente vi tudo muito claro. Eu sabia que não podia passar minha vida daquele jeito, e também sabia que não seria mais resgatada. Fugir parecia impossível. Só havia uma saída.

Aquele dia não foi a primeira vez que tentei o suicídio. Simplesmente desaparecer no nada distante, onde não havia dor nem sentimentos, na época me pareceu um ato de autonomia. Caso contrário, eu teria muito pouco poder para tomar decisões sobre minha vida, meu corpo, minhas ações. Tirar minha própria vida era meu último trunfo.

Aos 14 anos, tentei várias vezes me estrangular usando peças de roupas, mas não consegui. Aos 15, quis cortar os pulsos. Cortei a pele com uma agulha de costura grande e continuei até não aguentar mais. A dor no braço era insuportável, mas, ao mesmo tempo, liberava a dor que eu sentia por dentro. Às vezes, era um alívio quando a dor física abafava o tormento psicológico por alguns instantes.

Dessa vez, eu queria escolher outro método. Era uma daquelas tardes em que o sequestrador me trancara no cativeiro e eu sabia que ele não voltaria até o dia seguinte. Arrumei o cômodo, dobrei minhas poucas camisetas e dei uma última olhada no vestido de flanela com que fora sequestrada e que agora estava pendurado debaixo do beliche. Em pensamento, despedi-me de minha mãe:

– Perdoe-me por ir embora agora. E por ter saído sem me despedir de você – sussurrei.

O que poderia acontecer?

Então andei lentamente em direção à chapa elétrica e a acendi. Quando ela aqueceu, pus papel e rolos de papel higiênico em cima dela. Levou algum tempo para o papel começar a queimar, mas funcionou. Então subi no beliche e me deitei. O cativeiro se encheria de fumaça e eu seria gentilmente conduzida, como havia planejado, para fora de uma vida que já não me pertencia.

Não sei quanto tempo fiquei deitada na cama esperando pela morte. Pareceu uma eternidade, mas provavelmente foi tudo muito rápido. Quando a fumaça asfixiante chegou a meus pulmões, comecei a inspirar profundamente. Mas então a vontade de viver, que eu acreditava estar perdida, veio à tona com mais força ainda. Cada fibra de meu ser se preparou para fugir. Comecei a tossir, segurei o travesseiro diante da boca e desci depressa a escada. Abri a torneira, molhei alguns panos e os joguei sobre o papel. A água fez um chiado e a fumaça engrossou. Tossindo e com lágrimas nos olhos, girei a toalha em torno do cômodo para dispersar a fumaça. Eu tentava pensar em algo para esconder do sequestrador minha tentativa de me asfixiar. O suicídio era o ato derradeiro de desobediência, a pior ofensa imaginável.

Mas, na manhã seguinte, o cativeiro ainda cheirava como uma casa de defumação. Priklopil entrou e inspirou o ar, que o irritou. Ele me arrancou da cama, me sacudiu e gritou comigo. Como eu ousava tentar escapar?! Como me aproveitara de sua confiança dessa maneira?! Seu rosto refletia uma mistura de raiva e medo ilimitados. Medo de que eu pudesse arruinar tudo.

MEDO DA VIDA

A prisão interior se completa

Socos e pontapés, estrangulamento, arranhões, contusão e esmagamento do punho, espremido no batente da porta. Atingida por um martelo (pesado) e socos no estômago. Hematomas: no quadril (lado direito); antebraço (5 x 1 cm) e braço (cerca de 3,5 cm de diâmetro) direitos; nas coxas esquerda e direita, no lado externo (esquerda: 9-10 cm de comprimento, coloração de preta profunda a arroxeada, cerca de 4 cm de largura), assim como nos dois ombros. Lesões e arranhões em ambas as coxas e na panturrilha esquerda.

Trecho do diário, janeiro de 2006

EU TINHA 17 ANOS quando o sequestrador trouxe para o cativeiro o filme *Pleasantville: a vida em preto e branco*. Era a história de um casal de irmãos que vivia nos Estados Unidos na década de 1990. Na escola, os professores falavam sobre as sombrias perspectivas de emprego, a aids e a ameaça de destruição do planeta em virtude das mudanças climáticas. Em casa, os pais divorciados brigavam pelo telefone para ver quem ficaria com as crianças no fim de semana. Com os amigos, só problemas. O irmão foge para o mundo das séries de televisão da década de 1950: "Bem-vindo a Pleasantville! Moral e decência. Cumprimentos carinhosos: 'Querida, cheguei!' A comida certa. 'Você quer biscoitos?' Bem-vindo ao mundo perfeito de Pleasantville. Apenas no TV Time!" Em Pleasantville, a mãe serve o jantar quando o pai chega em casa do trabalho. As crianças se vestem bem e sempre acertam na cesta quando jogam basquete. O mundo tem somente duas ruas, e os bombeiros têm apenas uma tarefa: tirar gatos de árvores, porque ali não há incêndios.

Depois de brigar pelo controle remoto, os irmãos subitamente chegam a Pleasantville. Eles estão presos nesse estranho lugar, onde não há cores e os habitantes vivem de acordo com regras que os dois consideram incompreensíveis. Quando se adaptam e se integram à sociedade, descobrem que viver em Pleasantville pode ser muito agradável. Mas, quando eles quebram as regras, os amáveis habitantes se transformam em uma multidão furiosa.

O filme era uma parábola da vida que eu levava. Para o sequestrador, o mundo exterior era sinônimo de Sodoma e Gomorra: perigos, sujeira e vício espreitavam por toda parte. Um mundo que, para ele, se tornara símbolo de seu fracasso e que ele queria manter longe – dele e de mim. Nosso mundo por trás das paredes amarelas deveria ser como Pleasantville: "Você quer biscoitos?" "Obrigado, querida." Era uma ilusão – que ele invocava repetidamente em suas conversas – de que poderíamos ter uma vida melhor, na casa brilhante e com a mobília que quase se sufocava na própria convencionalidade. Mas ele continuava a trabalhar nessa fachada, investindo em sua – em nossa – nova vida, para, no minuto seguinte, demoli-la a socos.

No filme, havia uma cena em que alguém dizia: "Minha realidade é tudo o que conheço". Hoje, quando folheio meu diário, às vezes fico chocada ao ver como me adaptei ao roteiro de Priklopil, com todas as suas contradições:

> Querido diário,
>
> É hora de abrir meu coração, sem reservas, sobre a dor que sinto. Tudo começou em outubro. Eu não sei como estavam as coisas, mas o que aconteceu não foi muito bom. Ele estava plantando arbustos de tuia, que pareciam muito bonitos. Às vezes ele não ia muito bem, e, quando não estava bem, transformava minha vida em um inferno. Sempre que ele tinha dor de cabeça e tomava um comprimido, tinha uma reação alérgica e seu nariz começava a escorrer. Mas o médico havia receitado gotas. De qualquer maneira, era complicado. Havia cenas desagradáveis. No fim de outubro, a nova mobília do quarto chegou com o sonoro nome de Esmeralda. Os cobertores, travesseiros e colchões vieram um pouco depois. Tudo tinha que ser hipoalergênico e lavável em alta temperatura. Quando a cama chegou, tive que ajudá-lo a desmontar o antigo guarda-rou-

> pa. Isso levou três dias. Tínhamos que desmontar as peças, carregar as pesadas portas espelhadas para o escritório, e os lados e prateleiras para baixo. Então fomos à garagem e abrimos toda a mobília e parte da cama. A mobília incluía duas mesinhas de cabeceira com duas gavetas cada e maçanetas de latão dourado, duas cômodas, uma alta e estreita com... [interrompido]

Maçanetas de latão dourado, polidas pela dona de casa perfeita, que punha o jantar na mesa e cozinhava de acordo com as receitas da mãe dele, mais que perfeita. Enquanto eu fazia tudo direito e transitava entre os cenários, a ilusão funcionava. Mas, se houvesse qualquer mudança no roteiro e eu não percebesse, era severamente punida. A imprevisibilidade do sequestrador havia se tornado meu maior inimigo. Mesmo quando estava convencida de que fizera tudo direito, mesmo quando pensava que sabia que requisito era necessário e em que momento, não tinha nenhuma garantia de estar segura. Se eu o fitasse por muito tempo, se colocasse o prato errado na mesa – aquele que no dia anterior fora o correto –, ele tinha um ataque de raiva.

Um pouco mais tarde, escrevi:

> Socos violentos na cabeça, no ombro direito, no estômago, nas costas e no rosto, além da orelha e do olho. Ataques de raiva incontroláveis, imprevisíveis e súbitos. Gritos, xingamentos e empurrões enquanto eu descia as escadas. Ele me estrangulou, sentou em cima de mim e apertou minha boca, me sufocando. Sentou nas juntas dos braços, se ajoelhou em meus dedos e apertou meus braços com as mãos. Nos antebraços, tenho hematomas com marcas de dedos, um arranhão e uma lesão na axila esquerda. Ele se sentou em minha cabeça ou, ajoelhado em meu tronco, bateu minha cabeça no chão com força. Fez isso várias vezes, com toda força, me deixando com dor de cabeça e enjoada. Depois levei socos e ele jogou objetos em mim, me empurrando com violência contra a mesinha de cabeceira. [...]

A mesinha com as maçanetas de latão.

Então ele me deixava fazer coisas que me davam a ilusão de que se importava. Por exemplo, deixou meu cabelo crescer de novo. Mas isso era parte da encenação, porque então eu tinha de pintar o cabelo de loiro para me adequar à imagem que ele tinha da mulher ideal: loira, obediente e trabalhadora.

Eu passava cada vez mais tempo no andar de cima da casa, cada vez mais horas limpando, arrumando e cozinhando. Como sempre, ele não me perdia de vista nem por um segundo. O desejo de me controlar completamente fez com que ele empenasse as portas dos banheiros – ele não podia me perder de vista nem por dois minutos. Essa presença permanente me levava ao desespero.

Mas ele também era prisioneiro do próprio roteiro. Sempre que me trancava no cativeiro, precisava me dar comida e outras coisas. Sempre que me levava para o andar de cima, precisava me controlar a cada minuto. Seus métodos eram sempre os mesmos. Mas a pressão sobre ele crescia. E se centenas de socos não fossem suficientes para me controlar? Então ele também fracassaria em sua Pleasantville. E não haveria volta.

Priklopil sabia dos riscos. Por isso, fazia tudo para que eu entendesse o que me aguardava se ousasse deixar seu mundo. Lembro de uma vez em que ele me humilhou tanto que imediatamente corri para dentro de casa.

Uma tarde, eu estava trabalhando no andar de cima e pedi que ele abrisse a janela. Tudo o que eu queria era um pouco mais de ar e ouvir os pássaros no lado de fora. Mas ele gritou:

– Você só quer que eu abra a janela para poder gritar e fugir!

Jurei que não ia fugir:

– Vou ficar, juro. Nunca vou fugir.

Ele me olhou desconfiado, então me agarrou pelo braço e me levou até a porta da frente. Era dia e, embora a rua estivesse vazia, era uma manobra arriscada. Ele abriu a porta e me empurrou para o lado de fora, sem soltar meu braço:

– Vai! Corre! Vai! Veja até onde você vai vestida assim!

Fiquei paralisada de medo e vergonha. Eu não vestia praticamente nada e tentava cobrir o corpo com a mão livre. A vergonha por um estranho me ver tão magra, cheia de hematomas e com o cabelo curtinho era maior do que a pouca esperança de que alguém pudesse ver a cena e achar estranho.

Ele fez isso algumas vezes, me empurrando nua na frente da casa e dizendo:

– Vai! Corre! Veja até onde você chega!

E, a cada vez, o mundo lá fora parecia mais e mais ameaçador. Eu enfrentava um grande conflito entre o desejo de conhecer o mundo e o medo de dar esse passo. Durante meses, pedi que ele me deixasse ir até o lado de fora por pouco tempo, e ele sempre me perguntava:

– O que você quer lá fora? Você não está perdendo nada! O lado de fora é igual ao de dentro. Além disso, se você gritar, vou ter que matá-la.

Ele, por sua vez, oscilava entre a paranoia patológica, o medo de ter o crime descoberto e o sonho de uma vida normal, em que teríamos de sair para o mundo exterior. Era um círculo vicioso e, quanto mais ele se sentia ameaçado por seus próprios pensamentos, mais agressivamente se voltava contra mim. Como antes, ele se baseava em uma mistura de violência física e psicológica. Pisoteava sem piedade o que restara de minha autoestima e repetia as mesmas palavras de sempre:

– Você não vale nada. Deveria me agradecer por ter pegado você. Ninguém mais ia querer.

E dizia que meus pais estavam na cadeia e que ninguém vivia em nosso apartamento.

– Para onde você iria se fugisse? Ninguém a quer. Você voltaria rastejando, cheia de remorso.

E me lembrava com insistência que mataria qualquer pessoa que testemunhasse minha tentativa de fuga. As primeiras vítimas, segundo ele, provavelmente seriam os vizinhos. E eu certamente não queria ser culpada por isso, queria?

Ele se referia às pessoas que viviam na casa ao lado. Desde que começara a nadar na piscina de vez em quando, me sentia ligada a eles de modo particular, como se fossem os únicos que me permitissem desfrutar de minha pequena fuga da vida cotidiana na casa. Eu nunca os vi, mas à tarde, no andar de cima da casa, às vezes podia ouvi-los chamando os gatos. As vozes pareciam amigáveis e preocupadas, de pessoas que cuidam com carinho de quem depende delas. Priklopil tentou reduzir ao mínimo o contato com eles. Às vezes, traziam um bolo ou uma lembrança das viagens. Uma vez, tocaram a campainha enquanto eu estava na casa, e tive de me esconder rapidamente na garagem. Ouvi a voz deles quando estavam na porta da frente com o sequestrador, oferecendo-lhe comida caseira. Ele sempre jogava a comida fora imediatamente. Com sua obsessão por limpeza, nunca comia nada, porque a comida dos outros lhe causava nojo.

Quando ele me levou para fora pela primeira vez, não tive uma sensação de liberdade. Eu queria tanto ser finalmente levada para fora da prisão. No entanto, me sentei no banco do carona e fiquei paralisada de medo. O sequestrador repetira o que eu deveria dizer se alguém me reconhecesse:

– Primeiro, você tem que fingir que não sabe do que estão falando. Se isso não funcionar, tem que dizer: "Não, vocês estão enganados". E, se alguém perguntar quem você é, diga que é minha sobrinha.

Havia muito Natascha deixara de existir. Então ele ligou o carro e saiu lentamente da garagem.

Dirigiu pela Heinestrasse, em Strasshof: jardins, cercas vivas e casas atrás delas. A rua estava vazia. Eu sentia o coração querendo sair pela boca. Pela primeira vez em sete anos, saía da casa do sequestrador. Ele dirigia por um mundo que eu conhecia apenas de minhas lembranças e de pequenos vídeos que ele fizera para mim anos antes. Imagens que mostravam Strasshof e, de vez em quando, algumas pessoas. Quando ele virou em direção à rua principal, mais movimentada, vi, de canto de olho, um homem caminhando na calçada. Ele andava de modo estranho e monótono, nunca parava, não fazia um movimento inesperado, como um soldado de corda com uma chave saindo das costas.

Tudo o que eu via parecia irreal. Era como a primeira vez em que fora para o jardim à noite, aos 12 anos – duvidei da existência das pessoas, que se moviam pelas redondezas de modo tão natural e tranquilo, em um ambiente que eu conhecia, mas que se tornara estranho para mim. A luz clara que banhava todas as coisas parecia vir de um imenso holofote. Naquele momento, tive certeza de que o sequestrador arranjara tudo. Era tudo um cenário de filme, como o cenário gigantesco do filme *O show de Truman*. Todas as pessoas eram figurantes, tudo era encenado para me fazer acreditar que eu estava do lado de fora, quando, na realidade, continuava aprisionada em uma cela maior. Só mais tarde percebi que meu cativeiro se transformara em uma prisão psicológica.

Saímos de Strasshof, seguindo pelo campo por algum tempo, e paramos em um pequeno bosque. Por alguns instantes, pude sair do carro. O ar tinha cheiro de plantas e madeira, a luz do sol atravessava as agulhas secas dos pinheiros. Ajoelhei-me e toquei o chão com cuidado. As agulhas me picaram, deixando marcas vermelhas na palma da mão. Andei alguns passos na direção de uma árvore e encostei a testa no tronco. A casca áspera estava quente do sol e exalava um odor intenso de resina. Assim como as árvores que eu lembrava de minha infância.

No caminho de volta, nenhum de nós falou. Quando o sequestrador me deixou sair do carro na garagem e me trancou no cativeiro, uma tristeza profunda me invadiu. Eu tinha ansiado por tanto tempo pelo mundo exterior, imaginando-o em cores tão vívidas. E agora eu o tinha atravessado como se fosse um mundo imaginário. Minha realidade se transformara no papel de parede da cozinha. Esse era o ambiente em que eu sabia como me mover. Do lado de fora, caminhava sem rumo, como se estivesse no filme errado.

Essa impressão diminuiu quando pude sair novamente. O sequestrador se animara com minha atitude submissa e assustada nos primeiros passos hesitantes do lado de fora da casa. Poucos dias depois, me levou a uma farmácia na cidade. E me prometera algo bonito de lá. Estacionou na frente da loja e sussurrou para mim novamente:

– Nem uma palavra. Senão todos aí dentro vão morrer.

Então saiu, deu a volta no carro e abriu a porta para mim.

Caminhei até a loja na frente dele. Podia ouvi-lo respirando baixinho bem atrás de mim e imaginava sua mão no casaco da jaqueta segurando uma pistola, disposto a atirar em todos se eu fizesse um único movimento errado. Mas eu seria boazinha. Não queria pôr ninguém em risco. Não ia correr. Só queria sentir um pouquinho o que era a vida das outras garotas da minha idade e andar pela seção de cosméticos da farmácia. Embora eu não pudesse usar maquiagem – o sequestrador não me deixava nem usar roupas normais –, conseguira permissão para escolher dois itens que eram parte da vida normal de uma adolescente. Para mim, rímel era indispensável. Eu lera sobre isso nas revistas para adolescentes que o sequestrador trazia para o cativeiro de vez em quando. Lia várias vezes as páginas com dicas de maquiagem, me imaginando maquiada para a primeira ida ao clube. Rindo e me arrumando com as amigas na frente do espelho, experimentando uma blusa, depois outra. *Meu cabelo está bom? Vamos logo!*

E agora lá estava eu, entre as longas prateleiras com inúmeros frascos e tubos que eu não conhecia e que exerciam uma atração mágica sobre mim, mas também me perturbavam. Era muita coisa de uma só vez, e eu não sabia o que fazer, com medo de derrubar algo.

– Vamos! Rápido! – disse a voz atrás de mim.

Rapidamente peguei uma embalagem de rímel e um pequeno frasco de óleo essencial de menta em uma prateleira de madeira. Eu queria mantê-lo aberto no porão, na esperança de que disfarçasse o cheiro de mofo. Durante todo o tempo, o sequestrador ficou parado atrás de mim. Ele me deixava nervosa; eu me sentia como uma criminosa que ainda não fora reconhecida, mas que a qualquer momento seria descoberta. Fiz um esforço para andar até o caixa da forma mais tranquila possível. Uma mulher gorda, com cerca de 50 anos e cachos cinza meio bagunçados, estava sentada no balcão. Quando me disse um alegre "Olá", dei um salto. Eram as primeiras palavras que um estranho me dirigia em mais de sete anos. A última vez que falara com alguém que não fosse eu ou o sequestrador, eu ainda era uma criança pequena e gorducha. Agora a caixa me cumprimentava como uma cliente adulta de verdade. Ela me tratou com um formal "senhora" e sorriu enquanto eu colocava, em silêncio, os dois produtos na esteira rolante. Fiquei agradecida à mulher por prestar atenção em mim, por ver que eu existia. Eu poderia ter ficado de pé no balcão do caixa durante horas, apenas para sentir a proximidade com outra pessoa. Nunca me ocorreu lhe pedir ajuda. O sequestrador estava a apenas alguns centímetros de mim, e eu tinha certeza de que estava armado. Eu nunca poria em risco a vida da mulher que, apenas por um momento, me deu a sensação de estar viva.

Nos dias seguintes, as surras aumentaram. O sequestrador passou a me trancar com mais frequência, e eu deitava na cama coberta de hematomas, lutando comigo mesma. Eu não podia me deixar consumir pela dor, não podia desistir, não podia me entregar ao pensamento de que a prisão era a melhor coisa que já me acontecera. Tinha de repetir para mim mesma que eu não tinha sorte por estar viva com o sequestrador, apesar de ele dizer isso constantemente. Suas palavras caíam sobre mim como armadilhas. Sempre que eu deitava no escuro consumida pela dor, sabia que ele estava errado. Mas o cérebro humano rapidamente suprime o sofrimento. E, no dia seguinte, ficava satisfeita por me submeter à ilusão de que ele não era de todo mal e por acreditar em seus devaneios.

Mas, se eu quisesse fugir do cativeiro, teria que me libertar dessas armadilhas.

I want once more in my life some happiness
And survive in the ecstasy of living
I want once more see a smile and a laughing for a while
*I want once more the taste of someone's love**

Trecho do diário, janeiro de 2006

Nessa época, comecei a escrever mensagens curtas para mim mesma. Quando você vê algo em branco e preto, as coisas se tornam mais tangíveis. Elas se tornam realidade em um nível do qual seu pensamento tem mais dificuldade de escapar. A partir de então, passei a escrever sobre cada surra, de maneira sóbria e sem emoção. Ainda tenho esses registros. Alguns deles foram feitos em um caderno escolar de formato A5, em letra

* Escrito por Natascha em inglês: "Quero novamente felicidade em minha vida/ E sobreviver no êxtase da vida/ Quero novamente ver um sorriso e uma gargalhada por um instante/ Quero novamente o sabor do amor de alguém". (N. da T.)

clara e precisa. Outros foram escritos em folhas verdes A4, com linhas muito próximas umas das outras. As anotações naquela época tinham o mesmo objetivo que hoje, porque, olhando para trás, as pequenas experiências positivas durante o cativeiro estão mais presentes em minha mente do que os horrores inacreditáveis a que fui submetida ao longo de anos.

20 de agosto de 2005. Wolfgang me bateu pelo menos três vezes no rosto, me deu uma joelhada no cóccix umas quatro vezes e uma vez no púbis. Ele me forçou a me ajoelhar diante dele e me cortou com um chaveiro no cotovelo esquerdo, fazendo um hematoma e uma lesão com secreção amarela. Então veio a gritaria e o tormento. Seis socos na cabeça.

21 de agosto de 2005. Queixas matinais. Xingamentos sem motivo. Depois, socos e surra. Pontapés e empurrões. Seis tapas no rosto, um soco na cabeça. Xingamentos e tapas no rosto, um soco na cabeça. Xingamentos e tapas, café da manhã sem cereal. Depois, escuridão lá embaixo/sem discussão/frases tolas para me manipular. E arranhou minha gengiva com o dedo. Apertou meu queixo e me estrangulou.

22 de agosto de 2005. Socos na cabeça.

23 de agosto de 2005. Pelo menos 60 tapas no rosto. 10-15 socos na cabeça que me deixaram com náusea, quatro tapas com a palma da mão aberta na cabeça, um soco com toda a força na orelha direita e na mandíbula. Minha orelha ficou preta. Estrangulamento, soco no queixo, fazendo a mandíbula estalar, mais ou menos 70 golpes com o joelho no cóccix e no bumbum. Socos no cóccix e na coluna, na costela e entre os seios. Golpes com uma vassoura no cotovelo esquerdo e braço (hematoma preto-amarronzado) e no pulso esquerdo. Quatro socos no olho que me fizeram ver luzes azuis. E muito mais.

24 de agosto de 2005. Joelhadas no estômago e nos genitais (queria que eu me ajoelhasse). E na base da coluna também. Tapas na cara, um soco forte na orelha direita (coloração preta e azul). Depois a escuridão do cativeiro, sem comida ou ar.

25 de agosto de 2005. Socos no quadril e no esterno. Em seguida, os xingamentos de sempre. Escuridão no cativeiro. Durante todo o dia, comi sete cenouras cruas e bebi um copo de leite.

26 de agosto de 2005. Socos com o punho na parte posterior da coxa e no bumbum (tornozelo). Tapas no bumbum, costas, laterais das coxas, ombro direito, axilas e peito, que deixaram pústulas vermelhas.

Esse era o horror de uma única semana, que se repetiu inúmeras vezes. De vez em quando, era tão ruim que eu tremia a ponto de não poder segurar a caneta. Rastejava até a cama, choramingando, cheia de medo de que as imagens do dia me assombrassem à noite também. Então falava com meu outro eu, que esperava por mim e me levaria pela mão, não importava o que acontecesse. Eu imaginava que o outro eu podia me ver no espelho de três partes, que agora estava pendurado sobre a pia, no cativeiro. Se eu me olhasse por tempo suficiente, poderia ver meu eu forte refletido em meu rosto.

Da próxima vez – prometera para mim mesma – eu não ignoraria uma possibilidade de ajuda. E teria força para pedir socorro a alguém.

Uma manhã, o sequestrador me trouxe uma calça *jeans* e uma camiseta. Ele queria que eu o acompanhasse até uma loja de material de construção. Minha coragem começou a diminuir quando viramos na estrada para Viena. Se ele continuasse naquela estrada, iríamos na direção de meu antigo bairro. Era o mesmo caminho que eu tomara no dia 2 de março de 1998, na direção oposta – agachada na traseira da caminhonete. Na época, eu temia morrer. Agora, aos 17 anos, sentada no banco da frente, eu temia viver.

Seguimos até Süssenbrunn, a apenas algumas ruas da casa de minha avó. Tudo parecia perdido para sempre, como se fosse de um século distante. Vi as ruas, as casas, os paralelepípedos familiares, onde eu brincava de amarelinha. Mas eu não fazia mais parte daquilo.

– Olhe para o chão – ordenou Priklopil, ao meu lado. Obedeci imediatamente. Estar tão próxima dos lugares de minha infância me deu uma sensação de aperto na garganta e tentei evitar as lágrimas. Em alguma parte do lado direito, estava a rua para Rennbahnweg. Em alguma parte do lado direito, no grande conjunto habitacional, minha mãe talvez estivesse sentada à mesa da cozinha. Com certeza, ela agora achava que eu estava morta, mas ali estava eu, passando por ela, a poucas centenas de metros. Eu me senti abatida e muito, muito mais distante do que aquelas poucas ruas entre nós.

Essa impressão aumentou quando o sequestrador virou em direção ao estacionamento da loja de construção. Inúmeras vezes, minha mãe esperara no sinal vermelho da esquina para virar à direita, porque ali ficava o apartamento de minha irmã. Hoje sei que a mãe do sequestrador, Waltraud Priklopil, também morava ali perto.

O estacionamento da loja estava lotado. Um casal fazia fila em um estande de comida na entrada. Outros empurravam carrinhos de compras até o carro. Operários de calça azul manchada carregavam vigas de madeira no estacionamento. Meus nervos estavam a ponto de explodir. Eu olhava para fora da janela. Uma daquelas muitas pessoas me veria e perceberia que algo não estava certo. O sequestrador parecia ler meus pensamentos.

– Você vai ficar sentada. Vai sair quando eu disser. Então vai ficar na minha frente e andar lentamente até a entrada. Não quero ouvir nem um pio!

Caminhei até a loja na frente dele. Ele me orientava com uma leve pressão da mão em meu ombro. Podia perceber que ele estava nervoso, pois os músculos dos dedos estavam tensos.

Observei o longo corredor à minha frente. Homens de uniforme estavam parados diante das prateleiras, segurando listas e ocupados com as próprias tarefas. Com quem eu deveria falar? O que deveria dizer? Olhava cada um deles com o canto do olho. Mas, quanto mais eu olhava, mais o rosto deles se deformava em caretas. Subitamente, eles me pareceram hostis e pouco amigáveis, pessoas ocupadas consigo mesmas e cegas para o que acontecia à sua volta. Eu não conseguia parar de pensar. De repente, pareceu absurdo pedir ajuda a alguém. Quem acreditaria em mim, uma adolescente esquelética, confusa, que mal conseguia falar? O que aconteceria se eu me virasse para uma dessas pessoas e perguntasse se ela podia me ajudar?

"Minha sobrinha faz isso sempre. Coitadinha. Infelizmente ela tem problemas mentais e precisa de remédios", diria Priklopil, e todos assentiriam, enquanto ele me arrastaria pelo braço e me levaria para fora da loja. Por um instante, pude ouvir gargalhadas insanas. O sequestrador não precisaria matar ninguém para esconder seu crime! Tudo se encaixava. Ninguém ligava para mim. Ninguém pensaria que eu estava dizendo a verdade ao pedir ajuda: "Por favor, me ajude! Fui sequestrada!"

Sorria, você está no programa de pegadinhas! E o apresentador disfarçado sairia detrás das prateleiras e revelaria a piada. Ou talvez o simpático tio por trás da garota estranha. Vozes gritavam enlouquecidas em minha mente: "Meu Deus! Lamento por ele. Não deve ser fácil cuidar de alguém assim... Mas que bom que toma conta dela".

– Posso ajudar?

A pergunta ecoou em meus ouvidos como uma zombaria. Precisei de um momento para entender que ela não vinha da confusão de vozes em minha mente. Um vendedor da seção de limpeza estava parado à nossa frente.

– Posso ajudar? – repetiu. Seu olhar passou por mim e fixou-se no sequestrador. Que ingênuo! *Sim, você pode me ajudar! Por favor!* Comecei a tremer, e manchas de suor se formaram na camiseta. Eu estava enjoada e meu cérebro se recusava a me obedecer. O que eu queria dizer agora há pouco?

– Obrigado, está tudo certo – disse a voz atrás de mim.

Em seguida, sua mão agarrou meu braço. *Obrigado, está tudo certo. E, caso eu não veja você, bom dia, boa tarde e boa noite*. Assim como em *O show de Truman*.

Como em um transe, continuei pela loja de construção. Acabou. Acabou. Eu perdera a oportunidade. Talvez ela nem tivesse existido. Eu me sentia como se estivesse presa em uma bolha transparente. Podia mover braços e pernas, afundar na massa gelatinosa, mas era incapaz de romper a película. Vacilava pelos corredores e via gente em toda parte. Mas eu não era mais um deles. Não tinha direitos. Eu era invisível.

Depois dessa experiência, percebi que seria incapaz de pedir ajuda. O que as pessoas do lado de fora sabiam sobre o mundo obscuro em que eu fora presa? E quem eu arrastaria para dentro dele? O vendedor não podia me impedir de aparecer em sua loja. Que direito eu tinha de fazê-lo correr o risco de Priklopil enlouquecer? Embora a voz do sequestrador soasse neutra e dissimulasse o nervosismo, eu quase podia ouvir o coração batendo em seu peito. Então senti o aperto no braço, seus olhos me fitando durante todo o percurso na loja e a ameaça de que ele matasse todos ali, somada à minha fraqueza, incapacidade e incompetência.

Fiquei acordada durante muito tempo aquela noite, pensando no pacto que havia feito com meu outro eu. Eu tinha 17 anos. O momento em que planejara cumprir o pacto se aproximava. O incidente na loja de construção me mostrara que eu tinha de fazê-lo sozinha. Ao mesmo tempo, sentia minha força se dissipar e me via afundando cada vez mais no mundo bizarro e paranoico que o sequestrador construíra para mim. Mas como meu eu fraco e assustado se tornaria o eu forte que me pegaria pela mão e me conduziria para fora da prisão? Eu não sabia. A única coisa que sabia era que precisaria de muita força e autodisciplina. Onde quer que as encontrasse.

O que me ajudava na época eram as conversas com meu segundo eu e minhas anotações. Iniciei uma segunda série de páginas. Agora eu não registrava as surras, mas tentava me encorajar a escrever, pois, sempre que estivesse deprimida, poderia lê-las em voz alta para mim mesma. Às vezes era como atirar flechas na floresta escura, mas funcionava.

> Não fique deprimida quando ele diz que você é muito burra para alguma coisa.
> Não fique deprimida quando ele bate em você.
> Não responda quando ele diz que você é incapaz.
> Não responda quando ele diz que você não pode viver sem ele.
> Não reaja quando ele apaga a luz.
> Perdoe-o por tudo e não fique zangada com ele.
> Seja forte.

Não desista.

Nunca, nunca desista.

Não permita que ele a deixe deprimida, nunca desista. Mas era mais fácil escrever do que pôr em prática. Por muito tempo, meus pensamentos se concentraram em sair do porão, em sair da casa. Agora, isso acabara. E nada mudara. Eu estava tão confinada do lado de fora quanto do lado de dentro. As paredes externas pareciam se tornar mais permeáveis, mas as internas estavam cimentadas como nunca. Além disso, havia o fato de que nossas "saídas" levavam Wolfgang Priklopil ao limite do pânico. Dividido entre o sonho de uma vida normal e o medo de que eu pudesse destruir tudo tentando escapar ou apenas por meu comportamento, ele se tornava cada vez mais instável. Seus ataques de raiva se tornaram mais frequentes. Ele naturalmente me culpava e afundava em um estado alucinatório paranoico, recusando-se a se acalmar diante de meu comportamento tímido e ansioso em público. Não sei se secretamente suspeitava que eu fingia estar apreensiva. Mas minha incapacidade de fingir tornou-se evidente em outra saída para Viena, que poderia ter acabado com meu cativeiro.

Estávamos seguindo pela Brünnerstrasse quando o tráfego ficou mais lento. Era uma *blitz*. Vi o carro da polícia e os guardas, que desviavam os veículos para o acostamento. Priklopil respirou fundo e não se mexeu no banco, mas pude observar suas mãos segurando firme o volante e as juntas dos dedos ficarem brancas. Ele aparentava calma ao parar o carro no acostamento e abrir a janela.

– Carteira de motorista e documento do carro, por favor.

Lentamente ergui a cabeça. O rosto do policial parecia surpreendentemente jovem sob o quepe, e o tom de voz era firme, mas simpático. Priklopil procurou os documentos, enquanto o policial o observava. Seus olhos fitaram os meus por um instante. Uma palavra tomou forma em minha mente, uma palavra que parecia flutuar no ar, como se estivesse em uma grande bolha, como nas histórias em quadrinhos: *socorro!* Eu podia vê-la tão claramente diante de mim que não acreditava que o policial não reagisse imediatamente. Mas ele pegou os documentos, imperturbável, e os examinou.

Socorro! Tire-me daqui! Você acabou de parar um criminoso! Pisquei e revirei os olhos, como se falasse em código Morse. Deve ter parecido que eu estava tendo algum tipo de ataque. Mas era apenas um SOS desesperado, comunicado pelas pálpebras de uma adolescente magricela no banco do carona de uma caminhonete branca.

Um turbilhão de pensamentos me passou pela cabeça. Talvez eu pudesse pular da caminhonete e correr. Eu poderia ir até o carro de polícia. Afinal, ele estava na minha frente. Mas o que eu diria? Será que eles me ouviriam? O que aconteceria se eles fossem embora? Priklopil me pegaria novamente, se desculparia pela cena e por sua sobrinha retardada que estava fazendo aquela confusão. E mais: uma tentativa de fuga era o que de pior eu poderia fazer. Se eu falhasse, não ia querer nem imaginar o que o sequestrador reservaria para mim. Mas o que aconteceria se funcionasse? Então imaginei Priklopil pisando no acelerador e cantando pneus. Ele entraria no tráfego em sentido contrário e pisaria nos freios. Haveria estilhaços de vidro, sangue e morte. E Priklopil penderia sem vida sobre a direção, as sirenes se aproximando.

– Obrigado. Está tudo em ordem! Boa viagem!

O policial sorriu brevemente, enfiando os documentos de Priklopil pela janela. Ele não fazia ideia de que acabara de parar a caminhonete na qual uma criança fora sequestrada oito anos antes, e que ela era mantida prisioneira havia quase oito anos no porão do sequestrador. Também não fazia ideia de quão próximo estivera de resolver um crime e de se tornar testemunha da tentativa desesperada de fuga de Priklopil. Uma palavra minha teria sido suficiente, uma frase corajosa. Em vez disso, eu me afundei no banco do carro e fechei os olhos quando o sequestrador ligou o motor.

Eu provavelmente havia acabado de perder a maior oportunidade de deixar para trás aquele pesadelo. Somente mais tarde percebi que nunca pensara em outra opção: simplesmente me dirigir ao policial. Meu medo de que Priklopil fizesse algo a alguém com quem eu tivesse contato tornara-se totalmente paralisante.

Eu era uma escrava, uma subordinada. Valia menos que um animal de estimação. Eu não tinha mais voz.

Durante o cativeiro, sonhara várias vezes em esquiar no inverno. O céu azul, o sol brilhante sobre a neve reluzente, cobrindo a passagem como um cobertor de flocos imaculados. O estalo sob os sapatos, o frio que deixava as bochechas vermelhas. E depois um chocolate quente, como ocorria quando eu patinava.

Priklopil era um bom esquiador e saíra em constantes viagens para as montanhas nos últimos anos do cativeiro. Enquanto eu arrumava as coisas, de acordo com listas meticulosamente organizadas, ele ficava bastante animado. Cera de esqui. Luvas. Barra de cereais. Protetor solar. Hidratante labial. Gorro. Sempre morria de vontade de ir, mas ele me trancava no cativeiro e deixava a casa para esquiar na neve das montanhas sob o sol. Eu não podia imaginar nada melhor.

Pouco antes do meu décimo oitavo aniversário, ele falava com frequência em me levar para esquiar em um desses passeios. Para ele, era o passo mais importante em direção à vida normal. Talvez quisesse satisfazer um de meus pedidos. Mas, sobretudo, o que ele queria era obter a confirmação de que o crime terminara com êxito. Se nas montanhas eu não rompesse a corrente que nos prendia, a seus olhos ele teria feito tudo corretamente.

Os preparativos levaram dias. O sequestrador revisou o velho equipamento de esqui, separando alguns objetos para que eu os experimentasse. Um dos casacos me serviu, uma coisa peluda da década de 1970. Mas eu ainda precisava de calças de esqui.

– Vou comprá-las para você – prometeu o sequestrador. – Vamos juntos.

Por um momento, ele parecia animado e feliz.

No dia em que fomos ao *shopping center*, eu não havia comido nada. Estava gravemente subnutrida e mal podia ficar de pé quando entrei no carro. Era uma sensação estranha voltar ao *shopping* onde eu havia passeado tantas vezes com meus pais. Hoje ele está a apenas duas paradas de metrô de Rennbahnweg. Na época, eram duas paradas de ônibus. O sequestrador obviamente se sentia muito seguro.

O Donauzentrum é um *shopping center* típico do subúrbio de Viena. As lojas ocupam dois andares, uma ao lado da outra. O ambiente cheira a batata-frita e pipoca, e a música, apesar de muito alta, dificilmente abafa as vozes dos adolescentes, que se reúnem em frente às lojas por falta de outro local. Mesmo quem está acostumado a aglomerações logo acha o movimento excessivo e anseia por um momento de paz e ar fresco. Eu não era capaz de me orientar em meio àquele barulho, às luzes e à multidão, que mais pareciam um muro ou um matagal impenetrável. Fiz um esforço para me lembrar. Não fora naquela loja que eu estivera com minha mãe? Por um breve momento, me vi pequena novamente, experimentando meia-calça. Mas as imagens do presente se sobrepuseram às lembranças. Havia gente em toda parte: adolescentes, adultos com sacolas grandes e coloridas, mães com carrinhos de bebê, uma confusão. O sequestrador me levou para uma grande loja de roupas. Um labirinto de araras, objetos expostos e manequins com sorrisos sem expressão, apresentando a moda do inverno.

As calças na seção de adultos não couberam em mim. Enquanto Priklopil me dava dezenas de calças para experimentar, uma triste figura me fitava no espelho. Eu estava branca como uma folha de papel, o cabelo loiro estava desalinhado, e era tão magra que até o tamanho PP ficava grande em mim. A constante troca de roupa era uma tortura, e me recusei a repetir o procedimento de vestir e despir no departamento infantil. O sequestrador teve então de pôr as calças de esqui na frente do meu corpo para verificar o tamanho. Quando finalmente ficou satisfeito, eu não conseguia mais ficar de pé.

Fiquei aliviada por voltar para o carro. Na volta para Strasshof, minha cabeça parecia que ia explodir. Depois de oito anos de isolamento, eu não era mais capaz de processar tantos estímulos.

Os preparativos para a viagem também diminuíram minha alegria. Havia uma atmosfera de barulhenta tensão. O sequestrador estava agitado e irritado, fazendo as contas de quanto ia gastar comigo. Ele me fez elaborar um mapa com o número exato de quilômetros até a estação de esqui e calcular os gastos com gasolina, além daqueles com bilhetes, aluguel de esquis e alimentação. Em sua avareza patológica, ele gastaria somas incríveis. E para quê? Para que eu o desobedecesse e abusasse de sua confiança.

Quando seu punho bateu no tampo da mesa a meu lado, larguei a caneta com medo.

– Você está explorando minha boa vontade! Você não é nada sem mim! Nada!

Não responda quando ele diz que você não pode viver sem ele. Levantei a cabeça e o olhei. Fiquei surpresa ao ver o medo em seu rosto contorcido. Aquela viagem era um grande risco. Um risco que ele não ia assumir apenas para satisfazer a um antigo desejo meu. Tudo fora encenado para que ele pudesse viver suas fantasias. Esquiando com sua "parceira", enquanto ela o admirava por esquiar tão bem. Aparências perfeitas, uma autoimagem alimentada por minha humilhação e opressão, pela destruição do meu eu.

Perdi o desejo de continuar com aquela encenação absurda. No caminho até a garagem, disse-lhe que queria ficar em casa. Vi seus olhos escurecerem, e então ele explodiu:

– O que você pensa que está fazendo?! – gritou, erguendo o braço, enquanto segurava a alavanca que usava para abrir a passagem até o cativeiro.

Respirei fundo, fechei os olhos e tentei não me importar, mas ele bateu com toda força a alavanca em minha coxa, que começou a sangrar.

Ele estava tenso enquanto dirigia pela estrada, no dia seguinte. Por outro lado, eu sentia apenas um vazio. Ele me deixara com fome e desligara a eletricidade para me disciplinar. Minha perna doía. Mas agora eu estava bem, tudo estava bem, e nós íamos para as montanhas. As vozes gritavam de modo caótico em minha mente: *Você tem que pegar a barra de cereais no casaco de esqui! No bolso tem algo para comer!*

Nesse meio-tempo, uma vozinha delicada dizia: *Você tem que fugir! Tem que fazer isso desta vez.*

Saímos da estrada próximo à cidade de Ybbs. Lentamente as montanhas emergiram da neblina à nossa frente. Em Göstling, paramos em uma loja de aluguel de esquis. O sequestrador tinha um medo particular dessa etapa. Afinal, ele teria de ir comigo até uma loja onde o contato com funcionários seria inevitável. Eles me perguntariam se o tamanho das botas estava certo e eu teria de responder.

Antes de entrarmos, ele repetiu que mataria qualquer pessoa a quem eu pedisse ajuda – e a mim também.

Quando abri a porta do carro, uma incômoda sensação de estranheza me invadiu. O ar estava frio e cheirava a neve. As casas inclinavam-se ao longo do rio e, com neve nos telhados, pareciam fatias de bolo com creme. As montanhas se projetavam à direita e à esquerda, e não me admiraria se o céu fosse verde, de tão surreal que me parecia a cena.

Quando Priklopil me empurrou pela porta da loja de aluguel de esquis, o ar quente e úmido atingiu meu rosto. Havia pessoas suando debaixo dos casacos no balcão do caixa, rostos em alegre expectativa, risos e, de vez em quando, o som agudo das fivelas das botas. Um funcionário veio em nossa direção. Bronzeado e jovial, um típico instrutor de esqui, de voz alta e rouca, que gostava de contar as piadas costumeiras. Ele me trouxe um par de botas tamanho 37 e se ajoelhou na minha frente para vê-las em meus pés. Priklopil não tirava os olhos de mim nem por um segundo, enquanto eu dizia ao funcionário que elas não estavam apertadas. Não podia imaginar um local menos adequado para chamar atenção para um crime do que aquela loja. Todos felizes, tudo ótimo, uma eficiência alegre a serviço da diversão. Fiquei quieta.

– Não podemos andar no teleférico. É muito perigoso. Você poderia falar com alguém – disse o sequestrador quando chegamos ao estacionamento na estação de Hochkar, no fim de uma estrada longa e sinuosa. – Vamos direto para a pista.

Paramos o carro um pouco longe. As pistas de neve erguiam-se dramaticamente à esquerda e à direita. À frente, podia-se ver um teleférico. Eu podia ouvir baixinho a música do bar na estação do vale. Hochkar é uma das poucas estações de esqui facilmente acessíveis de Viena. É pequena – seis teleféricos e um par de telesquis levam os esquiadores até os três picos. As pistas são estreitas, e quatro delas estão marcadas em preto – a categoria mais avançada.

Fiz um esforço para me lembrar. Quando tinha 4 anos, estivera ali uma vez com minha mãe e uma família amiga. Mas nada lembrava a menininha que na época andava na neve profunda em uma roupa de esqui grossa e cor-de-rosa.

Priklopil me ajudou a pôr as botas e a subir no esqui. Insegura, deslizei através da neve escorregadia. Ele me puxou sobre os montes de neve da beira da estrada e me empurrou para a borda, diretamente para a ladeira. Parecia perigosamente íngreme para mim, e eu estava apavorada com a velocidade com que desceria. Os esquis e as botas provavelmente pesavam mais que minhas pernas. Eu não tinha os músculos necessários para guiar e provavelmente esquecera como se fazia aquilo. As únicas aulas de esqui que tivera na vida foram na época da escola – na semana que passamos em um albergue em Bad Aussee. Senti medo e, no início, não quis cooperar, tão vívidas eram as memórias do braço quebrado. Mas o instrutor de esqui era simpático e me animou a tentar dar um impulso. Devagar, fiz progressos e participei da grande corrida na pista de treinamento no último dia. Ao fim, ergui os braços e comemorei. Então caí na neve. Nunca me sentira tão livre e orgulhosa.

Livre e orgulhosa – uma vida que estava a anos-luz de distância.

Tentei frear desesperadamente. Mas, na primeira tentativa, fiquei presa e caí na neve.

– O que você está fazendo? – criticou Priklopil, parando perto de mim e me erguendo. – Você tem que esquiar fazendo curvas! Assim!

Levou algum tempo para que eu fosse capaz de ficar sobre os esquis, pelo menos por um instante, e para avançarmos alguns metros. Meu desamparo e minha fraqueza pareciam tranquilizar o sequestrador, que decidiu comprar bilhetes para o teleférico para nós dois. Entramos na longa fila de esquiadores, que riam, se acotovelavam e mal podiam esperar pelo teleférico que os deixaria no próximo pico. Em meio àquelas pessoas de roupas coloridas, eu me sentia uma criatura de outro planeta. Recuava quando elas passavam bem perto de mim. E recuava sempre que nossos esquis e bastões se enganchavam, quando eu subitamente me via entre estranhos, que provavelmente não prestavam atenção em mim, mas cujos olhares eu acreditava perceber. *Você não faz parte disso. Este não é o seu lugar*. Priklopil me empurrava.

– Acorda! Anda! Anda!

Depois do que pareceu uma eternidade, finalmente sentamos no teleférico. Eu flutuava através da paisagem gelada da montanha – um momento de paz e tranquilidade, que eu tentava saborear. Mas meu corpo se rebelava contra o esforço desconhecido. Minhas pernas tremiam e eu congelava miseravelmente. Quando o teleférico adentrou a estação da montanha, entrei em pânico. Não sabia como pular e, em minha agitação, me atrapalhei com os bastões. Priklopil me xingou, me agarrou pelo braço e me puxou do teleférico no último minuto.

Depois de algumas tentativas, voltei a ter um pouco de autocontrole. Eu podia me manter firme por algum tempo, para aproveitar pequenas corridas antes de cair na neve novamente. Sentia a animação retornando e, pela primeira vez em muito tempo, experimentei uma espécie de felicidade. Parava sempre que podia para ver a paisagem. Wolfgang Priklopil, orgulhoso por conhecer a geografia local, descrevia as montanhas que víamos à nossa volta. Do cimo de Hochkar, podia-se ver além da sólida Ötscher, atrás da qual as cadeias de montanhas desapareciam na névoa.

– Ali está a Estíria – explicava. – E lá, do outro lado, pode-se ver quase toda a República Tcheca.

A neve brilhava ao sol, e o céu era de um azul intenso. Respirei profundamente várias vezes, querendo parar o tempo. Mas o sequestrador me apressava:

– Este dia está me custando uma fortuna! Vamos aproveitar ao máximo agora!

– Preciso ir ao banheiro!

Priklopil me fitou, aborrecido.

– Preciso ir!

A única coisa que ele podia fazer era esquiar comigo até o alojamento seguinte. Ele decidiu pela menor estação do vale, pois os banheiros ficavam em um edifício separado, sem que fosse preciso atravessar a área do restaurante. Retiramos os esquis. O sequestrador me levou ao banheiro e disse para eu me apressar. Ele ia esperar por mim e controlar o tempo. De início, me admirei por ele não ter entrado comigo, afinal ele podia dizer que se enganara, mas preferiu permanecer do lado de fora.

Quando entrei, o banheiro estava vazio. Mas, quando estava na cabine, ouvi a porta se abrindo. Eu estava apavorada – tinha certeza de que demorara muito e que o sequestrador entrara no banheiro feminino para me tirar de lá à força. Mas, quando voltei correndo para a pequena antessala, havia uma mulher loira diante do espelho. Pela primeira vez desde o início do cativeiro, eu estava sozinha com outra pessoa.

Não lembro exatamente o que disse. Lembro apenas que reuni todas as forças e falei com ela. Mas o som que saiu foi um ruído baixinho.

A mulher de cabelos loiros sorriu para mim, simpática, virou-se e saiu. Ela não entendera o que eu dissera. Pela primeira vez eu falara com alguém e, como em meus piores pesadelos, as pessoas não podiam me ouvir. Eu me tornara invisível e não tinha esperança de obter ajuda.

Somente depois que fugi, descobri que a mulher era uma turista da Holanda e simplesmente não entendera o que eu estava dizendo. Na época, a reação dela foi um golpe para mim.

Tenho uma lembrança confusa do restante da viagem. Novamente eu perdera a oportunidade. À noite, quando voltei para o cativeiro, estava mais desesperada do que jamais estivera.

Em pouco tempo chegaria a data decisiva: meu aniversário de 18 anos. Era a data que eu antecipara por dez anos, e eu estava determinada a comemorar o dia adequadamente – mesmo que estivesse no cativeiro.

Nos anos anteriores, o sequestrador me deixara preparar um bolo. Dessa vez, eu queria algo especial. Eu sabia que o sócio dele organizava festas em um armazém distante. O sequestrador me mostrara vídeos com casamentos turcos e sérvios. Ele queria usá-los para fazer um vídeo de divulgação do local do evento. Eu absorvia avidamente aquelas imagens de pessoas comemorando, pulando em círculos, de mãos dadas, dançando de maneira esquisita. Em uma daquelas festas, um tubarão inteiro estava no bufê; em outra, havia uma fileira de tigelas com comidas estranhas. Mas o que mais me fascinava eram os bolos. Obras de arte em camadas, com flores de marzipã ou pão de ló em formato de carro. Eu queria um bolo assim, no formato de um "18" – o símbolo da maioridade.

Quando subi para a casa na manhã de 17 de fevereiro de 2006, lá estava, em cima da mesa da cozinha: um "1" e um "8" de pão de ló macio, coberto com glacê rosa e decorado com velas. Não lembro que outros presentes ganhei aquele dia. Havia muitos outros, porque Priklopil gostava de comemorar esses dias especiais. Mas, para mim, aquele "18" foi o ponto alto da minha pequena celebração. Era um símbolo de liberdade. Era *o* símbolo, o sinal de que chegara o momento de cumprir minha promessa.

SÓ RESTA MORRER

Minha fuga para a liberdade

AQUELE DIA COMEÇOU como os outros – sob o comando do temporizador. Eu estava deitada no beliche quando a luz do cativeiro se acendeu, me acordando de um sono confuso. Fiquei na cama por algum tempo, tentando decifrar o significado dos fragmentos do sonho. Mas, por mais que tentasse juntá-los, eles sempre escapavam de mim. Restou apenas um sentimento vago sobre o qual eu refletia, espantada. Uma profunda determinação. Não me sentia assim havia muito tempo.

Pouco depois, a fome me fez levantar. Eu não havia jantado e minha barriga roncava. Desci a escada, pensando em comer alguma coisa. Antes de chegar ao chão, lembrei que não havia nada para comer. Na véspera, o sequestrador me dera um pequeno pedaço de bolo para o café da manhã no cativeiro, mas eu já o comera. Frustrada, escovei os dentes para tirar da boca o gosto amargo do estômago vazio. Então, olhei em volta sem saber o que fazer. Naquela manhã, o cativeiro estava uma grande bagunça. Havia roupas espalhadas por toda parte e papel empilhado na mesa. Em outros dias, eu teria começado a arrumar tudo imediatamente, organizando e tornando meu pequeno cômodo mais confortável. Mas, naquela manhã, não sentia vontade de fazer nada. Tive uma sensação estranha e distante em relação àquelas quatro paredes que haviam se tornado meu lar.

Com um vestido curto cor de laranja do qual me sentia orgulhosa, esperei o sequestrador abrir a porta. Além do vestido, tinha apenas calças *legging* e camisetas com manchas de tinta, um pulôver de gola alta, que era do sequestrador, para os dias frios, e algumas peças limpas e simples para as poucas saídas dos últimos meses. Com o vestido, eu parecia uma garota normal. O sequestrador o comprara para mim como recompensa pelo trabalho no jardim. Na primavera, depois de meu décimo oitavo aniversário, ele me permitira trabalhar de vez em quando do lado de fora, sob sua supervisão. Ele se tornara menos cauteloso, mas sempre havia o risco de os vizinhos me verem. Duas vezes, cumprimentaram-me do outro lado da cerca, enquanto eu arrancava as ervas daninhas.

– Ajuda temporária – disse o sequestrador a título de explicação, quando o vizinho me cumprimentou.

O homem pareceu satisfeito com a informação, e fui incapaz de dizer algo.

Quando a porta do cativeiro finalmente se abriu, vi Priklopil parado no degrau de quarenta centímetros. Era uma visão que sempre me assustava, mesmo depois de tanto tempo. Ele parecia tão grande, uma sombra dominadora, distorcida pela lâmpada na antessala – como o carcereiro de um filme de horror. Mas aquele dia ele não me pareceu ameaçador. Senti-me forte e confiante.

– Posso vestir a calcinha? – perguntei, antes mesmo de cumprimentá-lo.

O sequestrador olhou para mim, surpreso.

– Claro que não – respondeu.

Dentro de casa, eu sempre trabalhava seminua e, no jardim, não podia vestir a calcinha. Era uma de suas táticas para me manter sob controle.

– Mas é mais confortável – acrescentei.

Ele balançou a cabeça com energia.

– De jeito nenhum. Que ideia é essa? Venha!

Eu o segui até a passagem, esperando que ele engatinhasse até o outro lado. A porta de concreto pesada e arredondada, que se tornara um acessório permanente no cenário de minha vida, estava aberta.

Sempre que via diante de mim aquele colosso feito de concreto armado, sentia um nó na garganta. Nos últimos anos, eu tivera muita sorte. Qualquer acidente com o sequestrador seria uma sentença de morte para mim. A porta não abria pelo lado de dentro e não podia ser encontrada pelo lado de fora. Eu imaginava toda a cena. Como eu perceberia depois de alguns dias que o sequestrador desaparecera, como eu correria enlouquecida pelo cômodo, como um medo mortal me dominaria, como eu tentaria derrubar as duas portas de madeira com minhas últimas forças. Mas a porta de concreto seria o fator decisivo para minha vida ou morte. Diante dela, eu morreria de fome ou de sede. Era um alívio sempre que eu atravessava a estreita passagem atrás do sequestrador. Mais uma vez era um novo dia, e ele abrira a porta, sem me deixar em uma situação difícil. Mais uma vez, eu saíra da sepultura subterrânea. Quando subi as escadas da garagem, inspirei fundo. Eu estava no andar de cima.

O sequestrador me mandou pegar duas fatias de pão com geleia na cozinha para ele. Eu o observava comer com prazer, enquanto minha barriga roncava. Os dentes dele não deixavam marcas. O pão parecia delicioso e crocante, com manteiga e geleia de damasco, mas não pude comer nada, porque já recebera o bolo. E não ousaria dizer a ele que comera a fatia seca na véspera.

Depois que Priklopil terminou o café da manhã, lavei a louça e fui até o calendário na cozinha. Como fazia todas as manhãs, arranquei a página com o número em negrito e rasguei-a em pedacinhos. Olhei para a data por um longo tempo: 23 de agosto de 2006. Eu estava presa havia 3.096 dias.

Naquele dia, Wolfgang Priklopil estava de bom humor. Seria o início de uma nova era, a aurora de um período menos difícil, sem preocupações financeiras. Naquela manhã, ele daria dois passos decisivos. Primeiro, queria se livrar da antiga caminhonete, usada oito anos e meio antes para me sequestrar. E, em segundo lugar, anunciara na Internet um apartamento que havíamos reformado nos últimos meses. Ele o havia comprado seis meses antes, na esperança de que o valor do aluguel reduzisse a constante pressão financeira sob a qual o crime o pusera. O dinheiro, conforme me dissera, vinha dos negócios com Holzapfel.

Pouco antes do meu décimo oitavo aniversário, ele me contara a notícia, animado:

– Temos uma nova reforma. Por isso, vamos agora para Hollergasse.

Sua satisfação era contagiante, e eu precisava de uma mudança de cenário. A data mágica de entrada na idade adulta passara e nada mudara. Eu continuava oprimida e monitorada como antes. Exceto pelo botão que fora desativado dentro de mim. Minha incerteza sobre se o sequestrador, afinal, estaria certo e se eu estaria melhor com ele que do lado de fora desaparecia lentamente. Agora eu era adulta. Meu outro eu me mantinha firme, e eu sabia que não queria continuar a viver daquela maneira. Eu sobrevivera à minha adolescência como escrava do sequestrador, como seu saco de pancadas e sua companhia. Eu mesma fizera daquela casa meu lar, porque não havia outra opção. Mas agora essa época havia acabado. Sempre que eu estava no cativeiro, me lembrava dos planos que fizera, desde criança, para esse momento de minha vida. Eu queria ser independente, queria ser atriz, escrever livros, tocar um instrumento, conhecer outras pessoas, ser livre. Nunca quis aceitar o fato de que era prisioneira de sua fantasia para toda a eternidade. Eu só tinha de esperar pela oportunidade certa. Talvez fosse a reforma do apartamento. Depois dos anos passados acorrentada à casa, pela primeira vez eu poderia trabalhar em outro local. Sob a supervisão rigorosa do sequestrador, mas ainda assim poderia ser uma oportunidade.

Lembro-me de nossa primeira viagem até o apartamento em Hollergasse. O sequestrador não pegara a via mais rápida na estrada – era muito pão-duro para pagar o pedágio. Em vez disso, enfrentou o congestionamento no Gürtel de Viena. Era de manhã e os últimos apressadinhos da hora do *rush* forçavam passagem de ambos os lados da caminhonete. Observei as pessoas por trás do volante. Homens com aparência cansada olhavam para nós de caminhonetes próximas. Espremidos no banco, obviamente trabalhadores da Europa Oriental, selecionados pelas construtoras austríacas durante a manhã ao longo das estradas principais, para ser novamente dispensados à noite. Imediatamente senti simpatia por aqueles trabalhadores temporários: sem documentos, sem permissão de trabalho, totalmente explorados. E essa era a realidade que eu tinha tanta dificuldade para suportar aquela manhã. Afundei no banco e sonhei acordada: eu estava no caminho para um serviço normal e regular com meu chefe – como os outros que também viajavam nos carros próximos. Tornara-me uma especialista em minha área, e meu chefe atribuía grande importância à minha opinião. Eu vivia em um mundo adulto, onde eu tinha uma voz que era ouvida.

Já havíamos atravessado quase toda a cidade quando Priklopil virou na estação de trem ocidental, na Mariahilferstrasse, afastando-se do centro e passando ao lado de um pequeno mercado, onde apenas metade dos estandes estava ocupada. Então virou em uma pequena rua lateral e parou o carro.

O apartamento ficava no primeiro andar de um prédio antigo. O sequestrador esperou um longo tempo antes de me deixar sair. Ele temia que alguém nos visse e só queria me deixar sair para a calçada quando a rua estivesse vazia. Passei os olhos pela rua: pequenas oficinas mecânicas, quitandas turcas, estandes de *kebab* e bares apertados e suspeitos estavam espalhados entre os edifícios antigos de cor cinza, construídos durante o *Gründerzeit*, a "Época dos Fundadores" de Viena, após a depressão, no fim do século XIX, e que serviam de abrigo para as massas trabalhadoras pobres das terras da Coroa. Mesmo agora a área era habitada, sobretudo, por imigrantes. Muitos dos apartamentos não tinham banheiros, que ficavam no corredor e eram compartilhados pelos vizinhos. O sequestrador comprara um desses apartamentos.

Ele esperou até que a rua estivesse vazia e em seguida me levou até a escada. A pintura das paredes estava descascada, e a maioria das caixas de correio, aberta. Quando ele abriu a porta de madeira do apartamento e me empurrou para dentro, mal pude acreditar em como era pequeno. Dezenove metros quadrados – apenas quatro vezes maior que o cativeiro. Uma sala com janela virada para o pátio na parte de trás. O ar fedia a suor, mofo e óleo de cozinha velho. O carpete, que provavelmente fora verde em algum momento, adquirira uma cor cinza-amarronzada indefinida. Na parede, uma grande mancha úmida com larvas. Respirei fundo. Eu teria muito trabalho ali.

Daquele dia em diante, ele me levou ao apartamento de Hollergasse várias vezes por semana. Apenas quando tinha de fazer longas viagens é que me trancava no cativeiro o dia inteiro. A primeira coisa que fizemos foi arrastar a mobília velha e gasta do apartamento para a rua. Quando saímos do edifício, uma hora depois, ela sumira: fora levada por vizinhos que tinham tão pouco que até aquela mobília servia para eles. Começamos então a reforma. Gastei dois dias inteiros apenas para arrancar o carpete. Um segundo carpete apareceu embaixo do primeiro, com uma grossa camada de poeira. A cola aderira de tal forma ao piso ao longo dos anos que tive de raspar centímetro por centímetro. Então, nivelamos o chão com uma camada de concreto e sobre ela colocamos o piso laminado – igual ao do cativeiro. Quando tiramos o papel de parede antigo, preenchemos as rachaduras e os buracos e colamos um papel novo, que depois pintamos de branco. Montamos os armários da cozinha minúscula e do pequeno banheiro, pouco maior que o *box* e o tapete novo à sua frente.

Eu trabalhava feito um peão de obra. Tinha de cortar, carregar, lixar, nivelar e assentar o piso. Colava o papel de parede no teto, de pé, sobre uma tábua equilibrada entre duas escadas, e arrastava a mobília. O trabalho, a fome e a luta constante contra a queda de pressão eram tão grandes que eu nem pensava em fugir. No início, ficava esperando o momento em que o sequestrador me deixaria sozinha. Mas esse momento nunca chegava. Eu era constantemente vigiada. Os esforços que ele fazia para evitar minha fuga eram impressionantes. Sempre que ele ia até o corredor para usar o banheiro, empurrava tábuas e vigas na frente da janela para que eu não pudesse abri-la nem gritar. Quando ele sabia que teria de sair por mais de cinco minutos, parafusava as tábuas. Até ali ele construíra uma prisão para mim. Quando a chave girava na fechadura, eu era transportada em pensamento para o cativeiro. O medo de que algo pudesse acontecer a ele e de que eu pudesse morrer naquele apartamento me invadia novamente. Cada vez que ele voltava, eu respirava aliviada.

Hoje esse medo me parece estranho. Afinal, em um prédio de apartamentos, eu poderia gritar ou bater nas paredes. Lá eu poderia ser encontrada rapidamente. Não havia razão para temer. Mas meu medo emergia de meu cativeiro interior.

Um dia, um homem desconhecido subitamente apareceu no apartamento.

Tínhamos acabado de trocar o laminado do primeiro piso. A porta estava entreaberta quando um homem de cabelos grisalhos entrou e nos cumprimentou. Ele falava alemão tão mal que eu quase não o entendia. Ele nos deu as boas-vindas e provavelmente queria bater papo sobre o tempo e a reforma. Priklopil me puxou para trás e se livrou dele com respostas curtas. Eu senti o medo crescer dentro dele e me deixei contaminar também. Embora aquele homem pudesse significar minha salvação, eu também me sentia ameaçada por sua presença. Já internalizara a perspectiva do sequestrador.

Naquela noite, no cativeiro, deitei no beliche e reencenei o que ocorrera mais cedo. Será que eu agira errado? Será que deveria ter gritado? Será que perdera outra oportunidade decisiva? Eu precisava treinar para agir com mais decisão da próxima vez. Em minha mente, imaginava a distância entre minha posição atrás do sequestrador e o vizinho desconhecido como um pulo sobre um abismo intransponível. Eu me imaginava correndo em sua direção, aumentando a velocidade na beira do abismo e pulando. Mas não conseguia me ver chegando ao outro lado. Por mais que tentasse, não conseguia formar uma imagem. Mesmo em minha fantasia, o sequestrador sempre agarrava minha camiseta e me puxava. As poucas vezes em que eu conseguia me soltar, flutuava no ar por alguns segundos antes de me precipitar no abismo. Essa imagem me atormentou a noite inteira, como uma espécie de aviso de que eu estava prestes a fazer isso, mas que falharia no momento decisivo.

Uns dias depois, o vizinho voltou. Dessa vez, trazia uma pilha de fotografias. O sequestrador me puxou de lado, mas pude vê-las por alguns instantes. Eram fotos de família, que mostravam sua antiga casa na Iugoslávia e um time de futebol. Ele falava sem parar, enquanto segurava as fotografias debaixo do nariz de Priklopil. Eu entendia apenas fragmentos da conversa. Não. Não havia possibilidade de pular sobre o abismo. Como eu seria compreendida por esse homem? Será que ele entenderia se eu sussurrasse algo em um momento em que o sequestrador não estivesse me observando, o que talvez nunca acontecesse? *Natascha quem? Quem foi sequestrada?* Mesmo que ele me entendesse, o que faria? Chamaria a polícia? Será que ele tinha telefone? E depois? Dificilmente a polícia acreditaria nele. Mesmo que uma viatura viesse até Hollergasse, o sequestrador teria muito tempo para me agarrar e me colocar de volta no carro sem ser percebido. E eu nem podia imaginar o que aconteceria depois.

Não. Aquele apartamento não me oferecia oportunidades de fuga. Mas a chance viria. Estava convencida disso agora. Só precisava reconhecer a oportunidade na hora certa.

Naquela primavera de 2006, o sequestrador percebeu que eu estava tentando me livrar dele. Ele estava incontrolável e de mau humor, e a sinusite crônica o atormentava, sobretudo à noite. Durante o dia, ele redobrava os esforços para me dominar. E eles se tornavam cada vez mais absurdos.

– Não responda! – gritava assim que eu abria a boca, mesmo que ele tivesse perguntado algo.

Ele queria obediência absoluta.

– Que cor é essa? – gritou uma vez, apontando para uma lata de tinta preta.

– Preta – respondi.

– Não! É vermelha! E é vermelha porque estou dizendo. Diga que é vermelha!

E, se eu me recusasse a obedecer, ele tinha um ataque de raiva, que agora durava mais tempo do que antes. Depois vinham os socos. Algumas vezes, ele me batia tanto que pareciam horas. Mais de uma vez, quase perdi a consciência antes que ele me levasse para baixo de novo, me trancasse e apagasse a luz.

Percebi como me era cada vez mais difícil resistir. Seria tão mais fácil entregar os pontos. Era como uma corrente que me arrastava inexoravelmente para as profundezas, enquanto eu ouvia minha própria voz sussurrando: *É um mundo perfeito. É um mundo perfeito. Está tudo bem. Nada pode dar errado.*

Eu tinha que nadar contra a corrente com todas as minhas forças e construir um pequeno bote para mim – as minhas anotações, nas quais eu novamente descrevia as surras. Hoje, quando seguro o bloco em que registrava essas brutalidades com letra legível, completando-as com desenhos dos ferimentos, me sinto mais leve. Na época, eu as escrevia para mantê-las a distância, como se fossem uma prova da escola:

15 de abril de 2006.

Ele bateu tão forte e durante tanto tempo em minha mão direita que senti o sangue literalmente formando uma poça do lado de dentro. O dorso da mão ficou azul e vermelho, e os hematomas se estendiam até a palma da mão e se espalhavam até cobri-la toda. Além disso, ele me deu um soco no olho (também do lado direito), deixando um roxo que originalmente se localizava no canto externo e se tornou uma mancha vermelha, azul e verde e, em seguida, se deslocou para a parte de cima da pálpebra.

Outras surras que ocorreram recentemente, se é que me lembro bem delas e não as reprimi: no jardim, ele me atacou com a tesoura de poda porque tive medo de subir na escada. Eu tinha um corte de cor esverdeada abaixo do tornozelo esquerdo e a pele descascava facilmente. Uma vez ele jogou uma lata pesada contra minha bacia e fiquei com um feio hematoma marrom-avermelhado. Outra vez me recusei a voltar para o andar de cima com ele, por medo. Ele arrancou as tomadas da parede, jogou o temporizador em cima de mim e o que mais ele tinha nas mãos contra a parede. Eu tinha uma marca profunda e vermelha no lado externo do joelho direito e na panturrilha. Além disso, tinha um hematoma preto e violeta no braço esquerdo, com cerca de oito centímetros, que eu nem sei como consegui. Ele me deu socos e pontapés muitas vezes, até na cabeça. Repetidamente, fez meus lábios sangrarem; certa vez fiquei com um caroço do tamanho de uma ervilha no lábio inferior. Outra vez, ele me bateu e fiquei com o lado direito abaixo da boca inchado. Tenho também um corte no queixo (não lembro como aconteceu). E ele jogou a caixa de ferramentas nos meus pés, deixando hematomas verde-claros. Bateu muitas vezes no dorso da minha mão com uma chave inglesa, chave de fenda ou coisa parecida. Tenho dois hematomas simétricos, pretos, abaixo das omoplatas e na coluna.

Hoje ele me deu um soco no olho direito que me fez ver luzes, e na orelha direita, e senti a dor da pancada, um ruído e um estalo. E ele continuou batendo na minha cabeça.

Em dias melhores, ele imaginava um futuro feliz.

– Se eu pudesse acreditar que você não vai fugir... – suspirava, sentado à mesa da cozinha. – Eu a levaria a qualquer lugar comigo. Levaria você ao lago Neusiedl ou ao lago Wolfgang e lhe compraria um vestido de verão. Nós nadaríamos e, no inverno, esquiaríamos. Mas eu teria que confiar cem por cento que você não fugiria.

Em momentos como esse, sentia pena do homem que me perseguira durante oito anos. Eu não queria magoá-lo; queria que ele tivesse o futuro cor-de-rosa que tanto desejava. Ele parecia tão desesperado e sozinho consigo mesmo e com seu crime que, às vezes, eu esquecia que era a vítima – e que não era responsável pela felicidade dele. Mas nunca me deixei sucumbir totalmente à ilusão de que tudo daria certo se eu cooperasse. Você não pode obrigar alguém a ser eternamente obediente e certamente não pode forçar ninguém a amar você.

Mesmo assim, nessas horas eu jurava que ficaríamos juntos e o confortava, dizendo:

– Eu não vou fugir. Prometo. Vou ficar sempre com você.

É claro que ele não acreditava em mim, e me partia o coração ter que mentir. Nós dois oscilávamos entre a realidade e as aparências.

Eu estava presente fisicamente, mas minha mente já o abandonara. Contudo, ainda não conseguia me imaginar chegando ao outro lado em segurança. A ideia de subitamente emergir no mundo real, do lado de fora, me assustava tremendamente. Algumas vezes, eu chegava a acreditar que me mataria assim que o fizesse, assim que deixasse o sequestrador. Não podia suportar a ideia de que minha liberdade o colocaria atrás das grades por muito tempo. É óbvio que eu queria que as outras pessoas fossem protegidas daquele homem, que era capaz de qualquer coisa. Naquele momento, eu ainda providenciava essa proteção, absorvendo toda sua energia violenta. Depois, seria responsabilidade da polícia e da justiça evitar que ele cometesse outros crimes. Ainda assim, a ideia não me alegrava. Não sentia nenhum desejo de vingança contra ele – ao contrário. Parecia que, se eu o entregasse à polícia, apenas inverteria o crime que ele cometera contra mim. Primeiro ele me trancou, então eu o faria ser trancado. Em minha visão de mundo às avessas, o crime não seria anulado, mas intensificado. O mal no mundo não diminuiria, mas se multiplicaria.

Essas ideias eram, de certo modo, o ápice lógico da insanidade emocional a que eu fora submetida durante anos, pelas duas faces do sequestrador, pela alternância entre violência e pseudonormalidade, por minha estratégia de sobrevivência de bloquear o que ameaçava me matar. Até que o preto deixou de ser preto e o branco deixou de ser branco, e tudo se tornou apenas uma névoa cinzenta, fazendo com que eu perdesse as referências. Eu internalizara tudo isso a tal ponto que, às vezes, trair o sequestrador tinha mais importância que trair minha própria vida. Talvez eu devesse ter sucumbido ao meu destino, pensei mais de uma vez, quando estava em risco de afundar e perder de vista meu bote salva-vidas.

Outras vezes, eu quebrava a cabeça, pensando em como o mundo exterior reagiria à minha volta depois de todos aqueles anos. As imagens do julgamento de Dutroux ainda estavam presentes em minha mente. Eu não queria ser apresentada como as vítimas daquele caso, pensava. Durante oito anos eu fora a vítima, e não queria passar o resto da vida como vítima. Imaginava como lidaria com os meios de comunicação. E preferia que me deixassem em paz. Mas, se falassem de mim, que nunca usassem meu primeiro nome. Queria voltar à vida como uma mulher adulta. E queria poder selecionar os meios de comunicação com os quais conversaria.

Era uma noite no início de agosto e eu estava sentada à mesa da cozinha, comendo com o sequestrador. No fim de semana, a mãe dele havia feito a salada de frios e guardado na geladeira. Ele me deu os legumes e empilhou os frios e o queijo em seu prato. Mastiguei lentamente um pedaço de pimentão, na esperança de obter energia de cada fibra vermelha. Nesse meio-tempo, havia engordado um pouco e agora pesava quarenta e dois quilos, mas o trabalho no apartamento em Hollergasse me cansara bastante, e eu me sentia fisicamente exaurida. Em pensamento, porém, estava alerta. Agora que a reforma acabara, uma outra fase do cativeiro também chegara ao fim. O que viria em seguida? A loucura cotidiana? O refúgio de verão no lago Wolfgang, que começaria com surras, acompanhadas de humilhações e, como tratamento especial, um vestido? Não. Eu não queria mais aquela vida.

No dia seguinte, trabalhamos na garagem. A distância, pude ouvir uma mãe chamando alto pelos filhos. De vez em quando, uma leve brisa trazia o cheiro do verão e da grama recém-cortada até a garagem, onde reformávamos o piso da velha caminhonete branca, na qual eu fora sequestrada e que agora ele queria vender. Não era apenas o mundo de minha infância que estava se afastando – agora todos os componentes dos primeiros anos de cativeiro estavam desaparecendo também. A caminhonete era minha ligação com o dia do sequestro. E eu ajudava a apagar tudo isso: a cada pincelada, parecia que eu cimentava meu futuro no porão.

– Você criou uma situação para nós em que apenas um vai poder sair vivo – eu disse, subitamente.

O sequestrador me olhou, surpreso. Não me calei:

– Sou grata por você não ter me matado e por ter cuidado de mim. Foi muita gentileza sua. Mas não pode me forçar a ficar com você. Sou uma pessoa com necessidades próprias. Essa situação tem que acabar.

Em resposta, Wolfgang Priklopil tirou o pincel de minha mão sem dizer uma palavra. Vi em seu rosto que ele estava bastante assustado. Por todos aqueles anos, ele temera esse momento. O momento em que teria certeza de que sua opressão não dera frutos, de que não fora capaz de me dobrar. E continuei:

– É natural que eu vá embora. Você deveria ter imaginado isso desde o começo. Um de nós tem que morrer, não há outra saída. Ou você me mata ou me deixa ir embora.

Priklopil balançou a cabeça devagar.

– Você sabe que nunca farei isso – disse baixinho.

Esperei que a dor explodisse em alguma parte de meu corpo e me preparei mentalmente para isso. *Não desista. Não desista. Não vou desistir de mim.* Mas nada aconteceu, ele apenas continuou parado diante de mim. Então respirei fundo e disse coisas que mudaram tudo:

– Já tentei me matar tantas vezes... E aqui estou: a vítima sou eu. Seria bem melhor se você se matasse. Você não vai encontrar outra saída. Se você se matasse, todos os problemas acabariam na mesma hora.

Naquele momento, alguma coisa dentro dele pareceu morrer. Vi o desespero em seus olhos quando ele se afastou e mal pude aguentar. Aquele homem era um criminoso – mas era a única pessoa que eu tinha no mundo. Vi cenas específicas do passado diante de meus olhos, como se eu as rebobinasse. Hesitei e me ouvi dizer:

– Não se preocupe. Se eu fugir, me jogo na frente de um trem. Nunca colocaria sua vida em perigo.

O suicídio parecia um tipo de liberdade suprema, uma libertação de tudo, de uma vida que já fora há muito arruinada.

Naquele momento, eu quis não ter dito essas coisas. Mas agora já havia dito: eu fugiria na próxima oportunidade. E um de nós não sobreviveria.

Três semanas depois, eu estava na cozinha olhando para o calendário. Joguei no lixo a página que arrancara e me virei. Não podia pensar muito sobre as coisas, pois o sequestrador estava me chamando para o trabalho. Na véspera, eu o ajudara a terminar os anúncios do apartamento em Hollergasse. Priklopil trouxera um mapa de Viena e uma régua. Medi a rota do apartamento até a estação de metrô mais próxima, verifiquei a escala e calculei quantos metros essa distância daria a pé. Depois ele me chamou no corredor e ordenou que eu andasse rapidamente de um extremo a outro, enquanto cronometrava com o relógio de pulso. Então calculei quanto tempo levaria para sair do apartamento e ir até a estação de metrô e à parada de ônibus seguinte. O sequestrador era tão meticuloso que queria saber a distância exata do apartamento até o transporte público, incluindo os segundos. Quando finalizamos os anúncios, ele telefonou para um amigo, que deveria divulgá-los na Internet. Respirou fundo e sorriu.

– Agora tudo será mais fácil.

Ele parecia ter esquecido completamente nossa discussão sobre fuga e morte.

Pouco antes do meio-dia, no dia 23 de agosto de 2006, fomos ao jardim. Os vizinhos não estavam lá. Colhi os últimos morangos diante da cerca viva de alfenas e todos os damascos no chão ao redor da árvore. Em seguida, lavei as frutas na cozinha e guardei-as na geladeira. O sequestrador acompanhou meus passos e em nenhum momento tirou os olhos de mim.

Por volta do meio-dia, ele me levou aos fundos da propriedade à esquerda, onde o depósito do jardim era separado da pequena trilha por uma cerca. Priklopil sempre fechava o portão do jardim. E o trancava mesmo quando saía por um breve momento para espanar a sujeira dos tapetes do BMW vermelho. A caminhonete – que seria levada nos próximos dias – estava parada entre o depósito e o portão. Priklopil pegou o aspirador de pó, ligou na tomada e ordenou que eu limpasse cuidadosamente o interior, os bancos e os tapetes do carro. Enquanto eu limpava, o celular dele tocou. Ele se afastou alguns passos do carro, cobriu o ouvido com a mão e perguntou duas vezes:

– Quem está falando?

Dos poucos fragmentos que ouvi em meio ao barulho do aspirador, deduzi que se tratava de alguém interessado no apartamento. Priklopil estava radiante. Absorvido na conversa, ele se virou e se afastou alguns metros na direção da piscina.

Eu fiquei só. Pela primeira vez desde o início do cativeiro, o sequestrador me deixara longe de sua vista, do lado de fora da casa. Fiquei imóvel diante do carro por alguns segundos, enquanto segurava o aspirador, e uma sensação de paralisia se espalhou por meus braços e pernas. Minhas costelas pareciam me apertar, como se fossem um espartilho de ferro. Eu mal podia respirar. Lentamente abaixei a mão que segurava o aspirador. Imagens confusas e desordenadas invadiram minha mente: Priklopil voltando, percebendo que eu havia fugido. Ele procuraria por mim e então começaria a atirar. Um trem em alta velocidade. Meu corpo sem vida. O corpo dele sem vida. Viaturas. Minha mãe. O sorriso de minha mãe.

Então tudo aconteceu muito rápido. Com uma força sobre-humana, me livrei da areia movediça paralisante que envolvia minhas pernas. A voz do meu outro eu falava em minha mente: *Se você tivesse sido sequestrada hoje, estaria correndo agora. Você tem que agir como se não conhecesse o sequestrador. Ele é um estranho. Corra! Corra! Corra, droga!*

Larguei o aspirador e fui até o portão do jardim. Estava aberto.

Hesitei por um momento. *Vou para a direita ou para a esquerda? Onde estão as pessoas? Onde estão os trilhos do trem? Não posso perder o controle nem sentir medo agora. Não olhe em volta, apenas ande.* Apressei-me até a pequena trilha, virei para a Blasselgasse e corri na direção do conjunto habitacional na rua ao lado – havia pequenos jardins entre casinhas construídas em antigos loteamentos. Meus ouvidos zumbiam e meus pulmões doíam. E eu tinha certeza de que o sequestrador se aproximava a cada segundo. Pensei ter ouvido seus passos e senti seus olhos em minhas costas. Eu o imaginava atrás de mim e pensei ter sentido sua respiração em minha nuca. Mas não me virei. Perceberia quando ele me jogasse no chão, me arrastasse de volta para casa e me matasse. Qualquer coisa seria melhor que voltar para o cativeiro. E eu já escolhera a morte, com o trem ou com o sequestrador. A liberdade de escolher, a liberdade de morrer. Pensamentos confusos me atravessavam a mente enquanto eu corria. Somente quando vi três pessoas caminhando em minha direção na rua soube que queria viver. E que conseguiria.

Corri até eles e, ofegante, falei:

– Vocês têm que me ajudar! Preciso de um celular para chamar a polícia! Por favor!

Os três me fitaram, surpresos: um senhor, um menino de uns 12 anos e um homem, provavelmente pai do garoto.

– Não podemos – ele disse.

E os três deram a volta por mim e continuaram caminhando. O senhor virou-se mais uma vez e disse:

– Lamento. Não trouxe meu celular.

Lágrimas subitamente encheram meus olhos. Afinal, o que eu era para o mundo exterior? Eu não tinha uma vida ali. Era alguém em situação ilegal, uma pessoa sem nome nem história. O que aconteceria se ninguém acreditasse em mim?

Parei, tremendo, no meio-fio, com a mão apoiada em uma cerca. Para onde iria? Eu tinha que sair da rua. Priklopil já devia ter percebido que eu fora embora. Dei uns passos para trás, pulei a cerca de um dos jardins e toquei a campainha. Mas nada aconteceu; parecia não haver ninguém. Corri, pulei cercas vivas e canteiros, de um jardim para o outro. Finalmente avistei uma senhora através de uma janela aberta em uma das casas. Bati na moldura da janela e pedi:

– Por favor, me ajude! Chame a polícia! Fui sequestrada. Chame a polícia!

– O que você está fazendo no meu jardim? O que você quer? – interrompeu a voz através da janela. A senhora me olhava com desconfiança.

– Chame a polícia, por favor! Rápido! – repetia sem fôlego. – Fui vítima de um sequestro. Meu nome é Natascha Kampusch... Chame a polícia de Viena. Diga a eles que é um caso de sequestro. Peça que venham em um carro sem identificação. Meu nome é Natascha Kampusch.

– Por que você veio justo até a minha casa?

Recuei. Mas então percebi que ela hesitou.

– Espere na cerca viva! E não pise no gramado!

Assenti em silêncio enquanto ela se afastava e desaparecia de meu campo de visão.

Pela primeira vez em sete anos eu dissera meu nome. Eu estava de volta.

Parei ao lado da cerca viva e aguardei. Passaram-se alguns segundos. Eu estava com o coração na boca. Sabia que Wolfgang Priklopil estava me procurando e temia que ele estivesse completamente furioso. Após alguns instantes, vi duas viaturas com luzes azuis próximas à cerca do jardim. Ou a mulher não transmitira meu pedido de um carro sem identificação ou a polícia não o levara em consideração. Dois jovens policiais desceram e entraram no pequeno jardim.

– Fique onde está e ponha as mãos para cima! – gritou um deles.

Não era desse jeito que eu havia imaginado meu primeiro encontro com a liberdade recém-descoberta. Com as mãos para cima, como uma criminosa, parada ao lado da cerca, disse ao policial quem eu era.

– Meu nome é Natascha Kampusch. Você deve ter ouvido falar do meu caso. Fui sequestrada em 1998.

– Kampusch? – perguntou um deles.

E me lembrei das palavras do sequestrador: "Ninguém vai sentir sua falta. Todos estão felizes porque você se foi".

– Data de nascimento? Domicílio?

– 17 de fevereiro de 1988, residente em Rennbahnweg 27, bloco 38, 7º andar, apartamento 18.

– Sequestrada quando e por quem?

– Em 1998. Fui mantida em cativeiro em uma casa na Heinestrasse 60. O nome do sequestrador é Wolfgang Priklopil.

Não poderia haver um contraste maior entre a sóbria verificação dos fatos e a mistura de euforia e pânico que literalmente me invadia.

A voz do policial, que se comunicava por rádio para confirmar minhas declarações, chegava aos meus ouvidos com dificuldade. A tensão estava quase me destruindo interiormente. Eu havia corrido poucas centenas de metros; a casa do sequestrador ficava a um passo dali. Tentei inspirar e expirar para controlar o medo. Não duvidei nem por um segundo de que seria fácil para ele eliminar os dois policiais. Fiquei de pé junto à cerca, paralisada, e me esforcei para ouvir algo. O pio dos passarinhos, um carro a distância. Mas parecia a calmaria antes da tempestade. Tiros seriam ouvidos a qualquer momento. Retesei os músculos. Eu dera o salto e finalmente chegara ao outro lado. E estava pronta para lutar pela liberdade recém-descoberta.

EXTRA

Caso Natascha Kampusch: Mulher alega ser pessoa desaparecida

Polícia tenta comprovar sua identidade

Viena (APA) – O caso de Natascha Kampusch, desaparecida por mais de oito anos, sofreu uma reviravolta surpreendente. Uma jovem alega ser a menina que desapareceu em 2 de março de 1998 em Viena. A Delegacia de Polícia Criminal Federal austríaca iniciou uma investigação para comprovar a identidade da mulher. "Não sabemos se, de fato, ela é a desaparecida Natascha Kampusch ou se está apenas desorientada", disse Erich Zwettler, da Delegacia de Polícia Criminal Federal, à APA. A mulher está na delegacia de polícia em Deutsch-Wagram, na Baixa Áustria.

23 de agosto de 2006

Eu não era uma jovem desorientada. Era doloroso para mim que pensassem algo assim. Mas, para a polícia, que teve de comparar as fotografias que mostravam uma menina rechonchuda em idade escolar com a jovem magricela diante deles, era uma possibilidade.

Antes de entrarmos no carro, pedi um cobertor. Não queria que o sequestrador me visse, porque eu pensava que ele ainda estava nas redondezas ou que alguém pudesse estar filmando a cena. Não havia cobertor, mas os policiais me protegeram da visão das pessoas.

Entrei no carro e me encolhi no banco. Quando o policial ligou o motor e o carro começou a se mover, uma onda de alívio me invadiu. Eu conseguira. Havia fugido.

Na delegacia de polícia de Deutsch-Wagram, fui recebida como uma criança desaparecida.

– Mal posso acreditar que você está aqui! Que está viva!

Os policiais que haviam trabalhado no meu caso se juntaram ao meu redor. A maioria deles estava convencida de quem eu era; apenas um ou dois queriam esperar pelo teste de DNA. Eles me disseram que por muito tempo haviam procurado por mim. Que forças-tarefa especiais haviam sido formadas e substituídas por outras. Suas vozes vinham de toda parte. Eu tentava me concentrar, mas estava atônita, por causa do longo tempo que não falava com ninguém. Fiquei parada, sem poder fazer nada no meio daquelas pessoas, me sentindo muito fraca, até que comecei a tremer, usando apenas o vestido fino. Então uma policial me deu seu casaco.

– Você está gelada. Vista isso – disse carinhosamente.

Gostei dela na mesma hora.

Lembrando de tudo, fico impressionada que eles não tenham me levado direto para um local tranquilo e esperado pelo menos um dia antes de me interrogar. Afinal, eu estava completamente em pânico. Durante oito anos e meio, acreditara no sequestrador quando ele me dizia que as pessoas morreriam se eu fugisse. Agora eu fizera isso e nada acontecera. Mas eu podia sentir o medo me assombrando, e não me sentia segura ou livre na delegacia de polícia. Não tinha ideia de como lidar com a chuva de perguntas e com a simpatia. Sentia-me completamente desprotegida. Hoje, acho que eles deveriam ter me deixado descansar um pouco, sob cuidados.

Na época, não questionei a confusão. Sem parar para respirar, sem ter um segundo de descanso, fui levada para uma sala contígua depois que anotaram minhas informações pessoais. A policial simpática que me dera o casaco foi a responsável pelo interrogatório.

– Sente-se e conte-me tudo calmamente – disse.

Olhei em volta, insegura. Estávamos em uma sala com muitos arquivos policiais e uma atmosfera ligeiramente abafada, que transpirava eficiência. O primeiro lugar em que passei algum tempo depois do cativeiro. Havia me preparado tanto para esse momento, mas a situação toda ainda me parecia surreal.

A primeira coisa que a policial me perguntou foi se poderia me chamar de "você". Ela disse que seria mais fácil para mim também. Mas eu não queria isso. Eu não queria ser a "Natascha", que podia ser tratada como criança e levada para qualquer parte. Eu tinha fugido, era adulta e ia brigar para ser tratada assim.

A policial assentiu, me fez perguntas sem importância e pediu alguns sanduíches.

– Coma alguma coisa. Você está que é só pele e ossos – falou.

Peguei o sanduíche que ela me ofereceu, mas não sabia o que fazer. Estava tão confusa que as tentativas de ajuda e as sugestões bem intencionadas pareciam ordens às quais eu não me sentia capaz de obedecer. Eu estava muito tensa para comer; ficara tanto tempo sem alimento que sabia que teria cólicas estomacais terríveis se comesse um sanduíche inteiro naquele momento.

– Não consigo comer agora – sussurrei.

Mas o hábito de obedecer a ordens prevaleceu. Como um rato, mordisquei a beirada do sanduíche. Levou algum tempo para a tensão diminuir, para que eu pudesse me concentrar na conversa.

A policial imediatamente me fez perceber que eu podia confiar nela. Enquanto os policiais me intimidavam, e eu os olhava com extrema cautela, sentia que podia baixar um pouco a guarda com uma mulher. Fazia tanto tempo que não ficava próxima a uma mulher que não podia deixar de observá-la, fascinada. O cabelo escuro estava repartido de lado, e uma mecha mais clara suavizava a aparência. Um pingente dourado em formato de coração balançava no pescoço e ela usava brincos. Eu me sentia segura com ela.

Comecei a lhe contar minha história, desde o início. As palavras literalmente escorriam da minha boca, e senti que um peso saía de mim a cada frase que falava sobre o cativeiro. Como se pôr tudo aquilo em palavras, na sóbria sala da delegacia de polícia, ditando-as para um relatório policial, pudesse levar embora todo o horror. Falei de como sonhava com uma vida adulta, na qual tomaria minhas próprias decisões, de meu desejo de ter um apartamento, um trabalho e depois uma família. Sentia que fizera uma amiga. Ao fim do interrogatório, a policial me deu seu relógio de pulso. Isso me fez sentir como se eu realmente fosse dona do meu tempo de novo. Não recebia mais ordens de ninguém, não dependia mais do temporizador, que decretava quando estava claro e quando estava escuro.

– Por favor, não dê entrevistas – eu disse ao nos despedirmos. – Mas, se você falar com a imprensa, diga alguma coisa boa sobre mim.

Ela riu.

– Prometo que não vou dar entrevistas. Quem ia querer me fazer perguntas!

A policial a quem eu confiara minha vida só conseguiu manter a promessa por algumas horas. No dia seguinte, não resistiu à pressão dos meios de comunicação e apareceu na televisão, revelando detalhes do interrogatório. Mais tarde, ela me pediu desculpas. Ela lamentava – assim como todos os outros – o fato de ter sido completamente dominada pela situação.

Seus colegas policiais em Deutsch-Wagram também trataram a situação com uma ingenuidade incrível. Ninguém estava preparado para o circo que se armou quando as notícias da fuga vazaram. Depois do interrogatório, segui o plano que havia elaborado durante meses, mas a polícia não tinha uma estratégia pronta.

– Por favor, não diga nada à imprensa – eu repetia sempre.

E eles riam:

– A imprensa não vem.

Mas estavam muito enganados. Ao sair para ser transferida para a delegacia de polícia em Viena, naquela tarde, o prédio já estava cercado. Felizmente, eu tivera presença de espírito para pedir que colocassem um cobertor sobre minha cabeça antes de deixar a delegacia. Mas, mesmo debaixo do cobertor, podia sentir os *flashes* das câmeras fotográficas.

– Natascha! Natascha! – ouvia de todos os lados.

Amparada por dois policiais, caminhei até o carro. A imagem das pernas brancas, cheias de hematomas, debaixo de um cobertor azul, revelando apenas uma faixa do vestido laranja, percorreu o mundo.

A caminho de Viena, descobri que a busca por Wolfgang Priklopil avançava. A polícia fora até a casa, mas não encontrara ninguém.

– Está ocorrendo uma caçada humana – disse um dos policiais. – Nós ainda não o encontramos, mas todos os nossos homens estão trabalhando nisso. O sequestrador não tem para onde ir. Nem para o estrangeiro. Nós o pegaremos.

Desse momento em diante, aguardei as notícias de que Wolfgang Priklopil tinha se matado. Eu detonara uma bomba. O estopim estava aceso e não havia como apagá-lo agora. Eu escolhera a vida. Só restava a morte para o sequestrador.

Reconheci minha mãe imediatamente ao vê-la entrar na delegacia de polícia em Viena. Um total de 3.096 dias haviam se passado desde a manhã em que deixara o apartamento de Rennbahnweg sem dizer adeus. Oito anos e meio, durante os quais eu ficara de coração partido por não poder me desculpar. Toda minha adolescência longe da família. Oito Natais, os aniversários de 11 a 18 anos, noites incontáveis em que eu queria uma palavra, um toque. Agora ela estava na minha frente e quase não mudara, como um sonho que subitamente se torna realidade. Ela soluçava alto, ria e chorava ao mesmo tempo quando correu em minha direção e me abraçou.

– Minha filha! Minha filha! Você está aqui! Eu sempre soube que você voltaria!

Respirei fundo seu perfume.

– Você está aqui – minha mãe sussurrava repetidamente. – Natascha, você está aqui!

Nós nos abraçamos por muito tempo. Eu estava tão desacostumada de contato físico que essa proximidade me fez ficar tonta.

Minhas irmãs chegaram à delegacia pouco depois. Ao me abraçarem, também choraram. Meu pai veio depois. Ele correu até mim, olhando sem acreditar, e primeiro procurou a cicatriz de um machucado da época de criança. Então me abraçou, me ergueu e soluçou:

– Natascha! É você!

O grande e forte Ludwig Koch chorava feito um bebê, e eu também.

– Te amo – sussurrei quando ele me pôs no chão pouco depois, assim como nas muitas vezes em que me deixara em casa depois de passarmos o fim de semana juntos.

É estranho como, depois de tanto tempo separados, todos nós queríamos fazer perguntas triviais.

– Meus gatos ainda estão vivos?

– Você e seu namorado ainda estão juntos?

– Como você parece jovem!

– Como você cresceu!

Como se precisássemos de tempo para nos conhecer melhor. Como se fosse uma conversa com uma pessoa estranha de quem – por educação ou porque não há mais nada a dizer – você não quer chegar tão perto. Para mim, em particular, era uma situação inacreditavelmente difícil. Eu passara os últimos anos me reprimindo, e não podia simplesmente apertar um botão para derrubar o muro que sentia que havia entre mim e minha família, apesar da proximidade física. Como se eu estivesse em uma redoma e os observasse rir e chorar enquanto minhas lágrimas secavam. Eu vivera em um pesadelo por tempo demais; minha prisão psicológica ainda estava lá, entre mim e minha família. Em minha percepção, eles pareciam os mesmos de oito anos antes, enquanto eu deixara de ser uma menina em idade escolar e me transformara em mulher. Sentia como se fôssemos prisioneiros em bolhas de tempo diferentes, que por um breve momento haviam se tocado e agora se afastavam rápido demais. Não fazia ideia de como eles haviam passado os últimos anos e o que acontecera em seu mundo. Mas sabia que para o que eu vivera não havia palavras – e que eu não podia deixar aflorarem as emoções que causavam meu redemoinho interior. Eu as bloqueara por tanto tempo que não conseguia abrir tão facilmente a porta para meu cativeiro emocional.

O mundo ao qual eu retornara não era aquele que deixara. E eu também não era mais a mesma. Nada seria como antes – nunca. Isso ficou claro quando perguntei para minha mãe:

– Como está a vovó?

Ela baixou os olhos e disse:

– Ela faleceu há dois anos. Sinto muito.

Engoli em seco e imediatamente ocultei a notícia triste atrás da grossa armadura que eu construíra durante o cativeiro. Minha avó. Lembranças começaram a girar em minha mente. O cheiro do unguento e as velas da árvore de Natal. O avental, a sensação de proximidade e o fato de que pensar nela me ajudara em muitas noites no cativeiro.

Agora que meus pais já haviam me identificado, foram acompanhados até a saída. Minha obrigação era estar disponível para os procedimentos policiais. E eu ainda não tivera um momento de paz.

A polícia disponibilizou uma psicóloga para me apoiar nos dias seguintes. Sempre me perguntavam como eles podiam fazer com que o sequestrador se entregasse. Eu não sabia responder. Tinha certeza de que ele se mataria, mas não tinha ideia de como ou onde. Em Strasshof, segundo ouvi, a casa fora examinada em busca de explosivos. No fim da tarde, os policiais descobriram o cativeiro. Enquanto eu estava sentada na delegacia, especialistas de uniforme branco examinavam o cômodo que fora minha prisão e meu refúgio por oito anos. Havia poucas horas eu acordara lá.

Naquela noite, fui levada para um hotel em Burgenland em um carro de polícia sem identificação. Após as tentativas malsucedidas da polícia de Viena de me encontrar, uma força-tarefa de Burgenland assumira o caso. Fui entregue à supervisão deles. Já era tarde da noite quando chegamos ao hotel. Acompanhada da psicóloga da polícia, os policiais me conduziram até um quarto com uma cama de casal e um banheiro. O andar inteiro fora interditado e estava guardado por policiais armados. Eles temiam que o sequestrador – que ainda estava à solta – tentasse se vingar.

Passei a primeira noite em liberdade com a psicóloga, que falava sem parar e cujas palavras vinham em um fluxo constante. Novamente eu fora afastada do mundo exterior – dessa vez, para minha proteção, me diziam os policiais.

Provavelmente eles estavam certos, mas eu quase enlouqueci naquele quarto. Eu me sentia trancada e queria apenas uma coisa: ouvir o rádio. Descobrir o que acontecera com Wolfgang Priklopil.

– Isso não é bom para você – dizia a psicóloga repetidamente.

Interiormente eu não conseguia me acalmar, mas segui suas instruções. Mais tarde, naquela noite, tomei um banho de banheira. Mergulhei na água e tentei relaxar. Eu podia contar nos dedos quantas vezes havia tomado banho de banheira durante os anos de cativeiro. Agora, podia tomar banho sozinha e colocar a quantidade de espuma que quisesse. Mas não consegui aproveitar. Em alguma parte lá fora, havia um homem que, durante oito anos e meio, fora a única pessoa em minha vida e que agora procurava um modo de se matar.

Ouvi a notícia no dia seguinte, na viatura que me levava de volta a Viena.

– Alguma notícia do sequestrador? – foi a primeira coisa que perguntei ao entrar no carro.

– Sim – disse o policial cautelosamente. – O sequestrador está morto. Ele cometeu suicídio se jogando na frente de um trem, às 20h59, próximo a Nordbahnhof, em Viena.

Ergui a cabeça e olhei pela janela. Do lado de fora, a plana paisagem de verão de Burgenland passava por mim na estrada. Um bando de pássaros levantou voo. O sol estava baixo no céu e banhava as planícies do verão tardio com uma luz quente. Respirei fundo e abri os braços. Uma sensação de calor e segurança atravessou meu corpo, movendo-se do estômago para as pontas dos dedos das mãos e dos pés. Minha mente estava leve. Não havia mais nenhum Wolfgang Priklopil. Estava tudo acabado.

Eu estava livre.

EPÍLOGO

You don't own me
I'm not just one of your many toys
*You don't own me**

PASSEI NA ALA PSIQUIÁTRICA para Crianças e Adolescentes do Hospital Geral de Viena os primeiros dias de minha nova vida em liberdade. Era um longo e cauteloso retorno à vida normal – e também uma prévia do que me aguardava. Recebi toda atenção possível, mas eu não podia sair da ala fechada. Separada do mundo exterior para o qual eu acabara de fugir, na enfermaria, passava o tempo conversando com jovens anoréxicas e crianças que praticavam violência contra si mesmas. Do lado de fora, para além dos muros protetores, crescia o frenesi dos meios de comunicação. Fotógrafos subiam em árvores para obter minha primeira imagem. Repórteres tentavam entrar no hospital, disfarçadas de enfermeiras. Meus pais foram bombardeados com pedidos de entrevista. Segundo os especialistas em comunicação, meu caso foi o primeiro em que os meios de comunicação da Alemanha e da Áustria – normalmente mais contidos – tentaram obter notícias a todo custo. Imagens do cativeiro apareceram nos jornais. A porta de concreto estava aberta agora. Minhas poucas coisas – os diários e algumas peças de roupa – haviam sido jogadas sem cuidado algum pelos homens de uniforme branco. Marcadores amarelos com números podiam ser vistos claramente na mesa e na cama. Fui forçada a observar meu pequeno mundo particular – trancado há tanto tempo – chegar às primeiras páginas dos jornais. Tudo o que eu tentara esconder, inclusive do se-

* Não sou sua/ Não sou um de seus brinquedos/ Não sou sua (da música *You Don't Own Me*, letra de John Mandara e David White).

questrador, era agora trazido à esfera pública, que tentava impor sua própria versão da verdade.

Duas semanas depois da fuga, decidi pôr um fim às especulações e contar minha história. Dei três entrevistas: para a emissora de televisão ORF, para o jornal mais lido da Áustria, o *Kronenzeitung*, e para a revista *News*.

Antes de dar esse passo publicamente, fui aconselhada por muita gente a mudar meu nome e a me esconder. Eles me diziam que, de outro modo, eu nunca teria a chance de levar uma vida normal. Mas que tipo de vida é essa, em que você não pode mostrar o rosto, não pode ver sua família e renega o próprio nome? Que tipo de vida seria essa, especialmente para alguém como eu, que, durante os anos de cativeiro, lutara para não perder a identidade? Apesar da violência, do isolamento, de ser trancada no escuro e de todos os outros tormentos, continuei sendo Natascha Kampusch. Após minha fuga, eu nunca abriria mão do bem mais importante: minha identidade. E me apresentei diante das câmeras com meu nome completo e sem disfarces, e ofereci um vislumbre do tempo de cativeiro. Mas, apesar de minha franqueza, os meios de comunicação não me deixavam em paz. Eram dezenas de manchetes, e especulações cada vez mais absurdas dominavam o noticiário. Parecia que a verdade terrível não era terrível o bastante, então eles acrescentavam coisas muito além do suportável, negando, com isso, minha autoridade como intérprete do que eu vivera. A casa onde eu fora forçada a passar os anos de minha adolescência vivia cercada de curiosos. Todos queriam sentir o calafrio do terror. Para mim, seria absolutamente terrível se um admirador pervertido do sequestrador comprasse a casa e ela se tornasse um local de peregrinação para aqueles que viam suas fantasias mais obscuras transformadas em realidade. Por isso, certifiquei-me de que ela não fosse vendida, mas doada a mim como indenização. Assim, conquistei e passei a controlar uma parte de meu passado.

No primeiro momento, a onda de simpatia era impressionante. Eu recebia milhares de cartas de pessoas completamente estranhas que se alegravam com minha fuga. Após algumas semanas, me mudei para a residência das enfermeiras, próxima ao hospital, e, poucos meses depois, para meu apartamento. As pessoas me perguntavam por que eu não morava com minha mãe novamente. Mas a questão parecia tão estranha que nem sequer tinha uma resposta. Afinal, sempre fizera parte dos meus planos, aos 18 anos, me tornar independente das pessoas que haviam me sustentado até ali. Agora eu queria que isso fosse real; queria andar com meus próprios pés e finalmente tomar conta de minha vida. Eu tinha a sensação de que precisava descobrir o mundo. Eu era livre e tinha o direito de fazer o que quisesse, qualquer coisa: tomar um sorvete em uma tarde de verão, dançar, retomar a escola. Eu andava em um mundo grande, colorido e barulhento, que me intimidava e me deixava eufórica, e absorvia aquilo tudo avidamente, nos mínimos detalhes. Havia muitas coisas que eu não compreendia, depois de ficar isolada por tanto tempo. Eu precisava aprender como o mundo funcionava, como os jovens interagiam, que códigos e gestos usavam e o que queriam expressar com suas roupas. Eu desfrutava de minha liberdade e aprendia, aprendia, aprendia. Perdera toda a minha adolescência e tinha muito o que pôr em dia.

Mas, pouco a pouco, fui percebendo que caíra em outra prisão. Centímetro a centímetro, as paredes que substituíram o cativeiro se tornaram visíveis. Eram mais sutis, construídas com o interesse público excessivo, que julgava cada movimento meu. Assim, coisas simples como pegar o metrô ou ir ao *shopping* em paz se tornaram impossíveis para mim. Nos primeiros meses depois da fuga, uma equipe de conselheiros organizou minha vida, dando-me pouco espaço para refletir sobre o que eu realmente queria fazer. Acreditei que, ao satisfazer à curiosidade da mídia, seria capaz de retomar minha história. Só depois descobri que uma tentativa como essa nunca teria êxito. Nesse mundo que buscava por mim, a questão não era eu. Eu me tornara conhecida por causa de um crime terrível. O sequestrador estava morto – não havia um caso Priklopil. Eu era o caso: o caso Natascha Kampusch.

A simpatia oferecida à vítima é enganadora. As pessoas amam a vítima apenas quando se sentem superiores a ela. Já nas primeiras cartas, recebi dúzias de mensagens que despertavam uma sensação nauseante. Havia muitos perseguidores, cartas de amor, pedidos de casamento e cartas anônimas perversas. Mas mesmo as ofertas de ajuda indicavam o que ocorria no íntimo das pessoas em muitos casos. É um reflexo humano que faz com que a pessoa se sinta melhor quando ajuda alguém mais fraco, a vítima. Isso funciona quando os papéis estão definidos claramente. A gratidão em relação a quem doa é maravilhosa – mas, quando é usada de forma incorreta, para evitar que o outro desenvolva seu pleno potencial, toda essa história adquire uma conotação negativa. "Você poderia viver comigo e me ajudar com as tarefas domésticas. Ofereço salário e moradia. Embora seja casado, tenho certeza de que daremos um jeito", escreveu um homem. "Você pode trabalhar na minha casa para que aprenda a limpar e a cozinhar", escreveu uma mulher, que achava que aquela "atenção" era o bastante. Nos últimos anos, eu quase só fizera limpar. Não me entendam mal. Eu ficava profundamente emocionada com as genuínas expressões de simpatia e com todo o interesse honesto em minha pessoa. Mas é difícil ser reduzida a uma garota que precisa de ajuda. Esse é um papel com o qual eu não concordei e que não gostaria de assumir no futuro.

Resisti a todo o lixo psicológico e às fantasias obscuras de Wolfgang Priklopil e não me permiti ser dominada. Agora eu estava do lado de fora, e era isso que as pessoas queriam ver: uma pessoa enfraquecida, que nunca se recuperaria e sempre dependeria da ajuda dos outros. Mas, no momento em que me recusei a carregar a marca de Caim pelo resto da vida, o humor mudou.

Pessoas muito prestativas, que me enviavam roupas velhas e me ofereciam serviços de limpeza em sua casa, perceberam e desaprovaram o fato de que eu queria viver de acordo com minhas próprias regras. E rapidamente fui rotulada de ingrata, chegando a ouvir que tentava ganhar dinheiro com minha situação. As pessoas achavam estranho que eu pudesse pagar um apartamento. Histórias sobre somas enormes em troca de entrevistas começaram a surgir. Pouco a pouco, a simpatia transformou-se em ressentimento e inveja – e, algumas vezes, em ódio declarado.

O que as pessoas menos toleravam era que eu me recusasse a julgar o sequestrador do modo como o público esperava que eu fizesse. Ninguém queria ouvir que não há mal absoluto nem preto e branco. É claro que o sequestrador roubara minha adolescência, me trancara e atormentara – mas, durante os anos mais importantes, dos 11 aos 18, ele fora a única referência em minha vida. Ao escapar, eu não apenas me libertara de meu torturador, mas também perdera uma pessoa que era, por força das circunstâncias, próxima a mim. Mas tristeza, mesmo que fosse difícil de compreender, era algo que não me era permitido. Assim que comecei a pintar uma imagem mais nuançada do sequestrador, as pessoas disfarçaram e desviaram a atenção. Todos se sentem desconfortáveis quando categorias como Bem e Mal começam a ruir e é preciso enfrentar o fato de que o Mal personificado tem um rosto humano. O lado escuro não cai simplesmente do céu, e ninguém nasce um monstro. Somos formados pelo contato com o mundo, com as outras pessoas, e é isso que nos torna quem somos. Temos, portanto, a responsabilidade final pelo que acontece em nossa família, em nosso ambiente. Admitir isso para nós mesmos não é fácil. E mais difícil ainda é quando alguém segura um espelho que nos obriga a enxergar. Com meus comentários, botei o dedo nessa ferida, e, com minhas tentativas de discernir o lado humano por trás das aparências de torturador e senhor limpinho, despertei a incompreensão. Depois da fuga, me encontrei com Holzapfel, amigo de Wolfgang Priklopil, para falar sobre o sequestrador, pois queria entender por que ele se tornara a pessoa que fizera aquilo comigo. Mas rapidamente abandonei tais tentativas. Não me era permitido elaborar minhas experiências dessa maneira – simplesmente fui rotulada como vítima da síndrome de Estocolmo.

As autoridades também começaram a me tratar de modo diferente com o passar do tempo. Fiquei com a impressão de que, de certo modo, eles se ressentiam do fato de que eu me libertara sozinha. Nesse caso, eles não eram os salvadores, mas aqueles que haviam falhado durante anos. A frustração crescente de todos os responsáveis veio à tona em 2008. Herwig Haidinger, ex-diretor da Delegacia de Polícia Criminal Federal, revelou que líderes políticos e policiais encobriram os próprios erros no caso após minha fuga. Ele divulgou a pista do adestrador de cães que, seis semanas após o sequestro, apontara Priklopil como o sequestrador – uma pista que a polícia não investigou, apesar de ter tentado de todas as formas me encontrar, como alegavam.

A força-tarefa especial, que mais tarde assumiu o caso, nada sabia sobre essa evidência essencial. O arquivo "desaparecera". Herwig Haidinger o encontrou depois de examinar todos os arquivos do caso após minha fuga. E alertou a ministra do Interior sobre o erro. Mas ela não quis enfrentar um escândalo político logo após as eleições do outono de 2006 e interrompeu as investigações. Apenas em 2008, após sua transferência, Haidinger revelou essa história e divulgou o seguinte *e-mail* que enviara ao parlamentar Peter Pilz em 26 de setembro de 2006, um mês depois da minha fuga:

> Prezado Comandante,
>
> O teor das instruções iniciais a mim enviadas era a de que nenhuma investigação da segunda pista (isto é, do adestrador de cães da polícia de Viena) deveria ser feita. De acordo com a chefia do ministério, segui essas instruções – ainda que sob protesto. As instruções também continham um segundo aspecto: aguardar o fim das eleições gerais no domingo seguinte.
>
> Entretanto, mesmo após as eleições, ninguém ousou tratar do assunto, e todas as informações pertinentes foram encobertas.

Quando Haidinger veio a público em 2008, suas declarações quase geraram uma crise no governo. Criou-se uma nova comissão para as investigações. Por mais estranho que pareça, os esforços não foram dirigidos à investigação dos erros, mas ao questionamento das minhas declarações. Recomeçou a busca por cúmplices, e a comissão me acusou de acobertá-los – eu, que sempre estivera à mercê de apenas uma pessoa e que não poderia saber o que ocorria ao meu redor. Fui interrogada por horas, mesmo durante a preparação deste livro. Eles não me tratavam mais como vítima, mas quase me acusavam de abafar ou ocultar peças-chave, chegando a especular se eu estaria sendo chantageada pelos cúmplices. Parece mais fácil para as autoridades acreditar na grande conspiração por trás de um crime desses do que admitir que negligenciaram um único bandido que agia sozinho e parecia inofensivo. As novas investigações terminaram sem êxito. Em 2010, o caso foi encerrado. A descoberta das autoridades: não havia cúmplices. Wolfgang Priklopil agiu sozinho. Fiquei aliviada com essa conclusão.

Agora, quatro anos após a fuga, posso respirar e me dedicar a encerrar o capítulo mais difícil em relação ao que aconteceu: acertar as contas com o passado e olhar para o futuro. Novamente vejo pessoas – anônimas, na maioria – que reagem de modo agressivo ao que eu digo. Entretanto, a maior parte das pessoas que conheci me apoiou ao longo do caminho. Lenta e cuidadosamente, estou dando um passo de cada vez e aprendendo a confiar novamente.

Nesses quatro anos, me reaproximei de minha família e voltei a ter uma relação carinhosa com minha mãe. Obtive o certificado de conclusão do ensino médio e no momento estou estudando idiomas. Meu cativeiro é algo com que vou ter de lidar durante toda a minha vida, mas, aos poucos, acredito que não serei mais dominada por ele. Ele é parte de mim, mas não é tudo. Existem muitos outros lados da vida que eu gostaria de experimentar. Ao escrever este relato, tentei encerrar o capítulo mais longo e sombrio de minha vida. Sinto-me aliviada, porque pude encontrar palavras para o que considero indescritível e contraditório. Rever tudo em minha mente, em branco e preto, me ajuda a olhar para o futuro com confiança. O que vivi me dá força – sobrevivi ao cativeiro no porão, fugi e permaneci de pé. Sei que posso viver minha vida em liberdade também. E essa liberdade começa agora, quatro anos depois do dia 23 de agosto de 2006. Somente agora, nestas páginas, posso deixar o passado para trás e dizer verdadeiramente: Estou livre.

Este livro foi composto na tipografia
Adobe Garamond, em corpo 12/15,4, e impresso em
papel off-white no Sistema Digital Instant Duplex
da Divisão Gráfica da Distribuidora Record.